反반
포퓰
리즘
선언!

That Is Not Who We Are!

Populism and Peoplehood

by **Rogers M. Smith**

미국의 석학
로저스 스미스의

反반
포퓰
리즘
선언!

THAT IS NOT WHO WE ARE! Populism and Peoplehood

민주주의의 위기와 정체성 서사

로저스 M. 스미스 지음 | 김주만·김혜미 옮김

한울
아카데미

차례

1장
서사들의 불협화음

2장
무엇이 훌륭한 국민 정체성 서사를 만드는가?

3장

오늘날 '우리 미국인들'은 누구인가?

추천사

민주주의는 보통 일반 시민들의 공적 참여의 이상으로 표현되는데, 이때 그 공동체를 하나의 (정치적) 집합체로 규정하는 특유의 서사가 종종 전제되곤 한다. 그러나 민주주의 공동체에서 순수하고 통일된 집합 정체성을 너무 강조하게 되면, 역설적이게도 민주주의가 노정할 수 있는 최악의 상태인 민족주의적 포퓰리즘을 부지불식간에 조장할 수 있다. 이 간결하면서도 날카로운 통찰을 담은 책에서 로저스 스미스는 다원주의라는 사회적 사실에 기반하여 어떻게 하면 좀 더 포용적이면서도 공공 의식을 높이고, 또 더 민주적인 방식으로 시민의 집합 정체성을 재확립하고 배양할 수 있는지를 보여준다. 현재 기승을 부리는 정치적 양극화를 극복하고 민주주의 시민성을 회복하여 더욱 발전시키기를 바라는 한국인이라면 누구나 반드시 검토해야 할 필독서다.

김성문 _홍콩시티대학교(City University of Hong Kong) 공공국제정책학과 교수 겸
인문사회과학대학 부학장

혈연이나 지연 등 민족의 물질적 질료가 부재한 이민자의 나라인 미국에서 "우리는 누구인가"라는 질문은 때때로 불온하고 정치적인 함의를 띨 수 있다. 실제로 어떤 민족 서사에 의해 국가의 경계를 구축하고 그 정치집단의 자아상을 규정할 것인지에 대한 담론투쟁은 미국 정치사의 핵심 주제를 이루어왔다. 이런 맥락에서 민족 내러티브 경쟁의 틀로 포퓰리즘 시대 미국의 정치를 분석하는 로저스 스미스의 역작은 현재 미국 내부 갈등의 본질을 파악하려는 노력이자, 미국 민주주의 위기의 근본적 원인을 설명하려는 시도이다. 대한민국 내부에서도 갈수록 정치적 양극화와 부족주의가 극성을 부리고, 남북한 사이의 관계도 더욱더 악화하여 가는 이 시기에 어떻게 더 포용적이고 민주적인 '우리'에 대한 정체성 서사를 개발할 수 있을지 고민하는 저자의 문제의식은 시사하는 바가 대단히 크다.

차태서 _성균관대학교 정치외교학과 교수

민주주의 위기에 대한 진단은 넘쳐나고 있지만 처방을 제공하는 저작은 많지 않다. 스미스 교수는 그가 재해석한 밀의 자유 개념이 포용과 관용이라는 민주주의 원리와 어떻게 연결되는지를 설득력 있게 설명하면서, 건강한 국민 정체성의 형성과 공유가 민주주의 회복의 전제 조건임을 역설하고 있다. 국가를 바로 세우려는 서사가 특정 이념집단의 전유물로 폄훼되어서는 안 된다는 교훈은 최근 정치권과 학계를 중심으로 남용·오용되고 있는 포퓰리즘 논쟁이 역설적으로 민주주의의 필수불가결한 요인임을 깨닫게 해준다.

하상응 _서강대학교 정치외교학과 교수

우리가 오늘날 세계 곳곳의 전혀 다른 지역에 살고 있다고 하더라도, 로 저스 스미스가 이 책에서 분석하는 문제와 그가 모색한 해법을 외면하는 것은 불가능하다. 우리 모두와 깊은 관련이 있기 때문이다. 스미스는 현 대 포퓰리즘 서사에 대한 훌륭한 분석을 제공하는 데 그치지 않고, 각 정 치공동체가 병리적 포퓰리즘 서사에 맞서서 스스로 '우리가 누구이고 또 누가 되어야 하는가'에 대한 더 나은 대안적 집합 서사를 상상할 수 있는 기준을 마련해 준다. 집단 정체성과 정치 소속감의 의미를 새기고 새로 운 사유를 시작하길 원하는 모든 이들에게 이 책을 강력히 추천한다.

쥐스틴 귀샤르(Justine Guichard) _파리시테대학교(Université Paris Cité) 동아시아학과 교수

한국어판 서문

　인류와 지구의 역사상 2020년대는 아마도 가장 중요한 시기로 판명날 것이다. 기후변화로 인해 세계 곳곳에 도래할 파국을 막기 위해서는 지구의 기온 상승을 1.5도 이하로 제한해야 하는데, 이 문제 때문에 전 세계적으로 많은 국가들이 엄청나게 어려운 선택들에 직면해 있다. 그러나 이 책이 처음 미국에서 출판됐던 2020년에는 코로나바이러스감염증Covid-19 팬데믹이 기후변화 완화를 위한 여러 대책을 무력화했다. 다가올 미래에 일어날 수 있는 기후변화에 따른 파국처럼 전 지구적인 차원에서 벌어지는 전염병의 위험을 아주 극적으로 보여주면서 말이다. 지구 생태계의 모든 종 가운데 특별히 수백만의 인명을 구하기 위해서라도 오늘날 자연환경과 인류 보건에 가해지는 강력한 위협에 대처하기 위한 참신하고 효과적인 대기획이 각국 수준에서 또한 초국가적으로 반드시 필요해 보인다.

　비극적인 사실은 2020년에 이런 난제들에 직면했던 국가 중, 당시 유력한 풍조로 비쳤던 권위주의 성향의 '포퓰리스트'적인 민족주의 지도자와 정당이 이끄는 곳들이 꽤 있었다는 것이다. 그중 미국의 도널드 트럼프Donald Trump나 브라질의 자이르 보우소나루Jair Bolsonaro 같은 지도자들은 경제적 세계화가 불러일으킨, 때때로 정말로 실재하는 바람직하지 않은 결과들이나 이민자들의 유입이 초래한 문화적 다양성에 대해서는 요란하게 떠들어대면서도, 기후변화와 전염병으로 인한 위험은 심각하게 다루지 않는 무모한 모습을 보였다.[1] 다른 지도자들, 예컨대 헝가리의 오르반 빅토르Orbán Viktor는 팬데믹을 이용해 이미 제어되지 않던 비상 권력을 더욱 난폭하게 사용하고자 했다.[2] 비록 나는 이 책을 코비드19가 등장하기 전에 썼지만, 이 책을 쓴 가장 큰 동기는 이처럼 새로이 등장한 보수주의적 포퓰리즘·민족주의를 내세우는 지도자들이 매우 해로운 방식으로 정부를 운영할 것이라는 우려였다. 그리고 많은 지도자들이 실제로 그런 정치를 했다. 이 책은 그런 경향에 맞서 다음과 같은 대답을 시도한다. 내 주장은 많은 나라에서 우파 포퓰리스트 정치인들이 다수의 유권자들에게서 큰 공감을 이끌어낼 수 있는 국민 정체성 서사를 종종 내세우는 것이 사실이라 할지라도, 그들과 달리 좀 더 포용적이고 평등 지향적이며, 또한 전 세계적인 일에 책임을 지는 국가를 지지하는 정치인들 역시 그들 공동체의 정체성과 폭넓고 유익한 목적들에 관해 정치적으로 설득력 있는 대항 서사들을 만들어낼 수 있는 충분한 잠재력이 있다는 것이다.

책 출간 이후에, 이와 같은 나의 주장에 어느 정도 설득력이 있다는 사실이 입증됐다. 많은 곳에서 다수의 보수주의적 민족주의 지도자들이 인기를 잃거나, 권력에서 물러났기 때문이다. 효과적인 통치에 명백히 실패함으로써 국민들의 진정한 대변자라는 그들 스스로의 주장을 무색하게 만든 것이 이런 현상에 적지 않은 역할을 했다. 도널드 트럼프는 2020년 미국 대선에서 근소한 차이지만, 확실히 패배했다. 팬데믹과 그에 따른 경기침체 앞에서 그가 보였던 무능력과 무심함은 수많은 생명을 위태롭게 만들었는데, 그것이 그의 패배에 큰 몫을 했다. 트럼프를 이긴 사람은 조 바이든Joe Biden이었는데, 바이든이 전한 "더욱더 완벽한 연방"을 만들기 위해 계속되는 과업에 동참하는 국민으로서의 미국인들 이야기는 이 책이 강력히 주장한 바로 그런 형태의 국민 서사를 보여준 것이었다.³ 사실 트럼프의 집요하고 배타적인 민족주의는, 젊은 흑인 남성들을 향한 경찰력의 잔혹한 만행을 폭로하는 부정할 수 없는 증거들과 함께, 역으로 미국이라는 나라의 국가와 국민 정체성에 대한 더 비판적인 서사들이 미국의 주류 정치 담론에서 과거의 그 어느 때보다도 신뢰를 얻고 각광을 받을 수 있는 조건을 만들어주었다. 대표적인 예가 바로 ≪뉴욕타임스≫의 '1619 기획'이다.⁴

게다가 보우소나루, 오르반, 수많은 다른 우파 포퓰리스트 지도자들은 최근 지지율이 급락했고, 그 추종자들도 선거에서 고전했다.⁵ 그러나 이런 경향은 기껏해야 양가적인 것이며, 주로 권좌에 있는 권위주의적 지도자들에 대한 저항이라는 대의에 집중해 연합을 형성한 반포퓰리스트 세력도 당장은 성공한 것처럼 보였지만, 효과적인 정부 운영에서는 비슷하게 고군분투하고 있다.⁶ 예컨대 미국에서는 민주당이 집권한 후, 선거 캠페인 때의 공약들을 이행하지 못하면서 공화당이 되살아나고 있다. 특별히 공화당은 미국 전역의 공립학교에서 '비판적 인종 이론'과 '1619 기획'을 찬성하는 교사들이 가르치는 것으로 추정되는 미국에 대한 부정적인 이야기들을 공격한다.⁷ 그렇기 때문에 보수주의적 포퓰리즘을 내세우는 이들이 곳곳에서 인기 만회를 꾀하고, 성공할 수도 있다는 전망은 전적으로 가능하다. 트럼프가 2024년에 재기하기를 희망하는 것처럼 말이다. 이 책의 집필을 추동했던 많은 국가들과 온 세계의 앞날에 대한 근심은 앞으로도 꾸준히 지속될 것으로 보인다. 확실한 것은 인류 공동체가 일반적으로 주권 민족국가로 나뉘는 한 그런 우려가 계속될 것이고, 어쩌면 영구히 그러할 것이라는 사실이다.

이 한국어판은 한국 독자들을 위한 것이다. 한국 독자들은 아마도 북미와 남미, 유럽을 시끄럽게 하는 불안한 정치적 추세에서 운 좋게 동떨어져 있다고 느낄지 모르겠다. 나는 비록 멀리서나마 오랫동안 한국 정치에 관심을 가져왔지만, 한국 정치가 내 전문 분야는 아니다. 그렇지만 이 책에서 내가 개진한 주장 중 하나는 바로 현대에 이르러 사람들의 정치적 의식의 지평이 전 지구적 수준으로 확장됐다는 것이다. 현대 미디어와 교통 시스템의 도움으로 오늘날에는 인류 역사상 그 어느 때보다도 더 많은 사람들이 아주 멀리 떨어진 국가들의 정치적 관점들, 경험들, 발전들에 대해 더 많이 알고 있다. 불가피하게, 이와 같은 인식이 한 국가 내의 정치와 여러 국가 간의 정치를 결정짓는다.

1919년 3월 1일, 9년간의 일본 식민지 경험 끝에 삼일운동 지도자들이 전국적인 시위에 나서며 「기미독립선언서」를 공표했을 때, 사실 그들은 미국혁명의 지도자들이 만든 「독립선언서」에 대해 아주 잘 알고 있었다. 역사학자 데이비드 아미티지David Armitage가 밝힌 것처럼, 한국의 지도자들은 전 세계 곳곳에서 독립운동을 벌였던 이들의 발자취를 따랐다.[8] 그와 동시에 그들은 한국 국민의 정체성에 대한 그들만의 독특한 서사를 전했다. 그들은 한국인을 "오랜 사회 기초"를 가진 민족으로, 또한 선조들이 대대로 찬란한 "위업"을 닦아왔으며 "심성이 두드러지게 뛰어난" 민족으로 그렸다. 그러나 미국혁명의 지도자들과는 뚜렷이 대조적으로, 한국의 지도자들은 관대하게도 점령자인 일본을 비난하고 질책하는 데 집중하지 않았다. 「기미독립선언서」의 작성자들이 한국을 다시 '자연스럽고 이치에 맞는' 독립의 상태로 돌려놓을 것을 다짐하는 바로 그때에도, 그들은 그것이 동아시아와 전 세계의 안녕에 기여하고, 한국인의 창조적 잠재력이 표출되어 새 시대의 진보를 도울 수 있다는 점을 통해 그 대의의 상당 부분을 정당화했다. 그들은 동아시아의 안정을 위한 필수적인 단계의 일환으로 "자기의 건설"을 추구했으며, 그것이 결국 "세계 평화와 인류 행복"을 도울 것이라고 보았다. 그들은 "도덕"과 "신문명"을 지향하는 "세계문화의 대조류"의 일부가 될 것을 약속했다. 그들은 한국인들의 "민족적 정화精華" 피울 수 있게 "자족自足한 독창력을 발휘"하고자 했는데, 그와 같은 일은 그들 선조의 정신뿐 아니라 "전 세계 기운氣運"의 도움을 받는 방법으로 행해질 것이라고 했다.[9] 요컨대 한국의 독립을 추구했던 사람들은 단순히 '자치하는 국민'으로서의 권리를 역설한 것만이 아닐뿐더러, 단순히 그들의 역사와 전통적인 문화적 정체성을 자랑한 것만도 아니다. 제1차 세계대전이 초래한 파괴에 이어서 일어난 민족 독립, 민주주의, 인간의 자유를 위한 전 세계적인 운동들의 사정에 정통해 있었던 삼일운동 지도자들은 전 세계적인 진보적 혁신의 대업에 동참할 협력자이자 모든 이들이 유익함을 얻을 평화의 원천으로서 한국 국민의 정체성을 정의했다.

그렇게 함으로써 삼일운동 지도자들은 편협하고 순전히 공동체 내부만을 향하는 민족주의 대신에 관대하고 널리 유익함을 줄 수 있는 관념의 국민 정체성을 개진했다. 이는 이 책에서 내가 가능하고 또 바람직하다고 주장한 것과 핵심이 맞닿아 있는 것이다. 이러한 「기미독립선언서」의 역사는 동아시아 국가들에서 우세한 국민 정체성 서사와 국가 정체성 형태가 전 세계의 운명에 그 어느 때보다 더 중대한 의미를 주는 오늘날 특별히 되새겨 볼 가치가 있다.

물론 1919년 이후에 지금까지 많은 일들이 있었다. 일본제국은 독립운동을 탄압했으며, 일제로부터 해방은 제2차 세계대전이 끝날 때까지 오지 않았다. 게다가 1948년부터 지금까지 한반도에는 각각 고유한 헌법과 고유한 방법으로 정의한 한국인/조선인의 정체성을 지닌 두 개의 나라가 존재한다. 함재학을 비롯한 여러 연구자들이 주장했듯이 학자들은 북한의 1948년 헌법이 조선인을 가리켜 "인민"이라 칭하고, 남한의 1948년 헌법이 한국인을 가리켜 "국민"이라 칭한 것의 중요성을 놓고 의견을 달리해 왔다.[10] 어떤 학자들은 "국민"이라는 표현이 국가의 시민으로서의 정체성(반드시 능동적인 정치 주체를 의미하는 것은 아니지만)을 더 강조하는 반면, "인민"은 좀 더 사회학적이거나 더욱 추상적인 이론적 관념을 나타낸다고 주장한다.

쥐스틴 귀샤르 Justine Guichard는 '국민'과 '인민' 개념의 의미가 언제나 논쟁의 대상이 되어왔으며, 건국 이후 남한과 북한 사회 모두에서 그 뜻이 점차 변해왔다고 주장한다. 귀샤르는 특별히 북한의 1972년 사회주의 헌법이 "인민"을 "노동자, 농민, 군인, 근로 인텔리"라고 정의하면서 '인민'이라는 용어에 1948년 헌법에서 표현된 것보다 더욱 계급 중심적이며 덜 포용적인 특수한 의미를 부여했다고 강조한다. 남한의 경우, 헌법의 용례에서는 큰 변화가 없었지만, '국민'이라는 용어가 시사하는 시민성을 더 강화하고 동원하고자 했던 민주화 운동 당시에는 때때로 '국민' 대신 '민중'이라는 표현이 사용되어 왔다.[11]

나는 과문한 탓에 한국인들이 정치적 집합체로서 스스로를 정의하는 데 사용해 온 여러 서로 다른 용어들의 역사적 의미를 탐구하는 이와 같은 토론에 끼어들 수 없다. 또한 나는 한국인들이 어떠한 국민 정체성 관념을 기꺼이 받아들여야 하는지 특별한 제안을 할 수 있는 위치에 있는 것도 아니다. 그러나 앞서 말한 설명들이 분명하게 보여주는 것은 다른 거의 모든 나라에서와 마찬가지로 한국에서도 "우리가 누구인지"를 묻는 질문에 대해 오랫동안 서로 경합하는 다수의 대답들이 있어왔고, 앞으로도 계속 그러할 것이라는 점이다. 어떠한 한국인/조선인 정체성이 지배적이어야 하는지에 대한 논쟁은 1948년 건국 이래 남한과 북한 사회 모두에서, 또한 남북한 사이에서 계속됐다. 정체성에 대한 서로 다른 관념들은 다음에 관한 상이한 시각들과 밀접히 연결된다. 정치권력의 적합한 체계화, 가장 바람직한 경제 시스템, 그리고 한국/조선의 혈족, 혈통, 전통, 핵심 가치 등의 본질에 대한 대조적인 설명들이 그것이다.

마지막에 언급한 사항과 관련해, 이른바 현대적이고 과학적인 공산주의 사회 북한에서 1990년대에 김일성 일가의 세습 지배를 확립하는 와중에 한국인/조선인의 신성한 전설적 시조 단군의 신화를 특별히 강조하게 된 것은 사뭇 얄궂으면서도 정치적으로는 이해할 만한 일이다.[12] 또 하나 특기할 만한 점은 1919년 「기미독립선언서」가 1948년 남한 헌법과는 달리, 당시 일제 신민으로서의 한국인을 뜻하는 것으로 종종 해석될 여지가 있었던 '국민'이라는 용어를 사용하지 않았다는 것이다. 그렇다고 본다면 남한 사회와 북한 사회 내에는, 그리고 두 나라 사이에는 한국인/조선인의 정체성에 관해 매우 다른 서사들을 만들어낼 수 있는 폭넓고 다양하면서도 정치적으로 공감을 불러일으킬 수 있는 자원들이 많이 있다. 개중에는 더 계급 중심적인 것도 있고, 정치적 시민성이 중심인 것도 있으며, 더 혈족 중심인 것, 더 종교적인 것, 더 포용적이고 민주적인 것, 그런 성향이 확실히 덜한 것도 있다.

오늘날 여러 정치공동체의 구성원들은 권위주의적이고 편협한 민족주의적 서사들에 효과적으로 맞설 수 있는, 더 포용적이고 평등 지향적인 국민 정체성에 관한 설득력 있는 서사들을 발전시킬 그럴 듯한 발전 방법들을 언제나 가지고 있다는 것이 이 책의 핵심 메시지다. 그렇기 때문에 이 책이 한국에서도 시의적절할 수 있다고 본다. 한국인이 누구이며 어떤 정체성을 가져야 하는지를 결정할 사람들은 바로 한국인 자신이다. 그러나 만약 이 책에 담긴 나의 사상과 의견이 한국인과 다른 모든 이들에게 가능성을 확인하게 하고 발전적인 장래의 진로를 찾도록 돕는다면, 이 책을 쓸 때 품었던 나의 소망은 충분히 이뤄질 것이다.

끝으로 이 책의 한국어판 출판을 위해 힘써주고 번역을 맡아준 김주만·김혜미 선생님께 깊은 감사를 전하면서 이 글을 마칠까 한다. 두 사람은 훌륭한 학자이자 내 좋은 친구들이다.

로저스 M. 스미스

칼훈의 땅에서 링컨의 땅으로 이주했고,
어느 곳에 있든지 이웃들의 더 나은 삶을 위해 힘썼던
헨리 데일 스미스 Sr.와 베티 무드 스미스께 바칩니다.

들어가며

    정치 지도자들은 유권자들에게 정권과 정책에 대해 지지를 호소할 때, 종종 그들을 향해 "그것은 우리의 모습이 아닙니다!" 혹은 좀 더 긍정문의 형태로 "이것이 바로 진정한 우리의 모습입니다!"라는 식으로 외치곤 한다. 그들은 늘 그렇게 해왔다. 그러나 오늘날에는 그 어느 때보다 이런 유의 강한 선언들이 더 자주 들리는 것 같다. 우리는 매우 가시화되고 대단히 떠들썩한 여러 형태의 '정체성 정치', 최근에는 특히 '국민● 정체성 정치'가 특징인 시대에 산다.

    이런 정세는 사뭇 역설적으로 보인다. 꽤 오랫동안 이론적으로 때로는 정치적으로, 정체성에 대한 '본질주의적'인 이해에 반대하는 시도가 증가하는 추세였기 때문이다. 한동안 인종·민족·종교·젠더와 같은 다양한 정체성들은 자연적으로, 생물학적으로, 혹은 신에 의해서 정해진

것이라고 여겨졌는데, 이제 우리는 상당 부분 그것들을 사회적·정치적 구성물로 받아들이고, 따라서 어느 정도는 선택의 문제로 간주한다. 그럼에도 "이것이 바로 우리의 모습입니다" 혹은 "그것은 우리의 모습이 아닙니다"라는 수사가 큰 힘을 얻는 까닭은 그것을 말하는 사람이 우리가 가진 정체성들의 불변하는 본질을 명확하게 표현해 준다는 사실 때문이다. 여기에서 도출되는 함의는 다음과 같다. 비록 우리가 그들이 말하는 정체성의 모습과는 다른 방식으로 스스로를 파악하고 그와 달리 행동하고자 **시도**할 수 있다손 치더라도, 우리 또한 그렇게 함으로써 종종 우리 자신의 진정한 자아를 드러내려고 한다. 따라서 "진정한, 고정된 모습의 '우리'란 없다"라고 외치는 학계의 합창이 "이것이 바로 '우리'**다**" 혹은 "그것은 '우리'가 **아니다**"라는 정치판에서의 합창과 나란히 만연하게 되는 것이다.

이와 같은 양립의 뿌리는 무엇일까? 상이한 입장들에 대해 말할 때, 양자 모두 부분적으로나마 진리를 담고 있다고 설명하기 십상이다. 그러나 이 경우 그와 같은 방식의 접근은 기껏해야 차등적으로만 적용할 수 있다. 오랫동안 정치적 정체성과 지위에 관한 경험적이고 규범적인 문제들과 씨름해 오면서, 나는 정체성과 지위에 대한 반˟본질주의적'·'구성주의적' 이해가 대체로 옳다고 결론 내린 바 있다. 이 접근의 진짜 문제는 그런 이해가 아직 충분히 진전되지 않았다는 점에 있다. 우리는 여전히 다음과 같은 급진적인 진리를 알아가기 시작한 단계에 와 있을 뿐이다. 인간의 모든 정체성은 적어도 부분적으로는 우연한 사회적·정치적 구성물인데, 그것은 당연하게도 제한적 가변성을 지닌 선재하는 생물학적·사회적 구성 요소와 늘 상호작용한다는 사실 말이다.

여전히 맹아 단계에 있는 이와 같은 인식은 더디게 형성됐다. 인류의 지식체계는 오랫동안 젠더·인종·지역·종교·계급 등과 같은 정체성을 주로 개인의 주체적 선택과 관련 없이 생성되고 그런 연후에야 정치와 사회에 영향을 주는 일종의 독립변수로 다뤄왔다. 물론 여러 개별 분과학문에서 진전이 있어왔지만, 모든 정체성들이 어떻게 정치적이고 사회적인 과정과 개개인의 선택에 의해서 형성되는 종속변수이기도 한지에 대해 제대로 파악하기까지는 여전히 갈 길이 멀다. 그와 같은 과정과 선택이 우리 스스로에 대한 모든 의식과 관념을 형성하는 데서 어떻게 작동하는지를 살피는 이론적으로 또 경험적으로 설득력 있는 설명들이 이제 막 나오기 시작했다.[1]

그러나 우리는 여전히 인간의 조건이 보이는 우연적이고 가변적인 특징을 규범적으로 이해하고 적용하는 데 미흡하다. 우리들 중 상당수는 이런 사실을 받아들이고자 하지 않고, 그런 까닭에 그에 기초해 도덕적인 논의를 전개하길 주저한다. 이런 실패는 요즘 다수의 정치 담론에서 지속적으로 나타나는 본질주의적 풍조와 최근에 등장한 가장 위험한 형태의 정치를 초래한다. 우리 정체성들 중 적어도 일부분에 대한 본질주의적인 이해를 끝내 포기하지 못하고 주저하는 근본적인 이유는 신랄한 냉소로 유명했던 올리버 웬들 홈스 주니어 Oliver Wendell Holmes Jr.가 쓴 최고의 글인 「법의 길」에 잘 드러난다. 거기서 홈스는 모든 사람의 마음에 "확실성과 평안에 대한 갈망"이 깃들어 있다고 썼는데, 동시에 그는 "확실성이란 일반적으로 환상일 뿐이며, 평안은 인간에게 허락된 운명이 아니"라고 냉정하게 직시했다.[2] 오늘날에는 우리 정체성들 중 그 어느 것도 온전히 자연적인 것도, 고정된 것도 아니라는 인식이 증대했는데, 그에 따라 확실성에 대한 갈망은 종종 좌절되고, 우리의 평안은 불가능해졌다. 이런 상황은 마치 우리가 설 곳 없이, 어디로 어떻게 가야하는지에 대한 이해도 없이, 그저 방치된 것처럼 보일 수 있다. 단단한 모든 것이 공기 중으로 모두 녹아 사라진 것처럼 말이다. 바로 이런 이유 때문에, 사람들은 정치적 견해를 막론하고 반본질주의적 인식에 오래 맞서왔던 것이다. 많은 사람들은 우리 정체성들 중 어떤 것은 사회적으로 구성된 것이고 적어도 부분적으로는 선택의 문제라고 받아들이면서도 그들에게 가장 중요한 어느 특정한 정체성은 진짜이고 확실하며, 진정으로 '우리의 모습'을 드러낸다고 주장하는 담론들을 믿고 그것들을 적절하게 사용한다.

예를 들어, 성소수자LGBTQ 활동가들은 종종 성적 정체성은 유전적으로 결정된다는 입장을 견지한다. 사람들은 "원래 그렇게 태어난다"라고 주장하며 말이다.[3] 비판적 장애 이론가들과 많은 장애인들은 다른 사람들이 '장애'라고 보는 것들이 그저 부담이거나 우연에 따른 불행이 아니라, 실은 가치 있고, 자신들의 자아를 형성하는 데서 몹시 중요한 부분이라고 주장한다.[4] ≪개혁 유대교를 위한 연합≫의 편집장 에런 허트맨하이머 Aron Hirt-Manheimer는 자신들이 신에게 선택받은 민족이라는 특별한 정체성을 가진 유대인들의 믿음이 그들의 정신에 깊이 새겨져, 심지어 더 이상 조상들의 교리를 믿지 않는 사람들에게서도 그와 같은 생각이 지속된다고 했다. 모순처럼 생각될지도 모르지만, 자신들이 이웃의 이방인들과 다를 것이 없다는 것을 인정하는 유대인들조차 시나이산 밑에서 이스라엘인들이 신을 만났을 때부터 유대인의 정체성을 규정해 왔던 바로 그 관념을 완전히 버리지 못한다.[5] 현대 아메리카 원주민 부족들은 누가 '진짜 인디언'인지에 대해 서로 다른 많은 기준들을 채택하고 있다. 최근 엘리자베스 워런의 정체성에 대한 논란●이 확인해 주듯, 많은 이

● 2012년 엘리자베스 워런(Elizabeth Warren)이 매사추세츠주 상원의원 민주당 후보로 처음 출마했을 때, 당시 현역 상원의원으로 그와 경쟁했던 공화당 후보 스콧 브라운(Scott Brown)은 워런이 1980년대부터 펜실베이니아대학교(유펜)과 하버드대학

들은 오직 자신들의 기준만이 유효한 것이라고 맹렬히 주장한다.[6]

사회적 소수자 집단들 외에도 '본질주의적' 정체성을 전제하는 것으로 보이는 담론과 관행을 옹호하는 이들은 많다. 미국 연방정부의 인구조사는 미국에 거주하는 응답자들에게 자신들의 인종적·민족적 정체성을 보고할 수 있는 일련의 선택지를 제공하는데, 거기에는 여러 압력단체에 의해 만들어진 인종과 민족 항목들이 쓰이는 것으로 유명하다(혹은 악명이 높다). 각 단체들은 이에 대해 서로 각기 다른 이해를 보이곤 하는데, 자신들이 지지하는 항목의 진실성만은 필사적으로 옹호한다.[7] 작금에 "그것이 우리 미국인의 모습입니다" 혹은 "그것은 우리 미국인의 모

교 법학대학원 교수로 재직할 당시, 자신이 아메리카 원주민 혈통이라고 조작하여 그에 따른 부당한 이득을 취했다는 의혹을 제기했다. 워런이 실제로 본인의 외가에 체로키 부족과 델라웨어 부족 혈통이 있다고 주장한 바는 있지만, 그가 유펜과 하버드대학교에서 그 이유로 혜택을 받은 사실은 없었다고 밝혀졌다. 그에 대한 '정체성' 논란은 이후에도 여러 번 계속되었는데, 예를 들어 도널드 트럼프는 2016년 공화당 대통령 후보 시절부터 대통령으로 재직할 때까지 줄곧 워런을 "포카혼타스"라고 부르며 조롱했다. 트럼프는 2018년 7월 몬타나주에서 열린 집회에서 만약 워런이 DNA 검사를 통해 아메리카 원주민 후손이라는 점을 밝힌다면 그가 원하는 자선단체에 100만 달러를 기부하겠다고 선동하기도 했는데, 워런은 이에 대응하여 그해 10월에 DNA 검사 결과를 공개했다. 그는 대부분 유럽 혈통으로 밝혀졌지만, 검사 결과는 6~10대를 거슬러 올라가면 워런의 조상 중 순혈 아메리카 원주민이 존재했을 가능성이 대단히 높다는 점 역시 시사했다. 그러나 DNA 검사를 통해 본인의 혈통 논란에 대응한 이와 같은 방식은 많은 아메리카 원주민 부족 공동체로부터 비판과 비난을 받았다. 어느 부족의 정체성을 가진다는 것은 수 세기에 걸쳐 전승되는 그 부족만의 문화와 법도를 따름으로써만 가능한 일인데, 워런의 대응이 마치 DNA 검사가 정체성을 결정할 수 있는 것인 양 보일 수 있게 했다는 이유였다. 워런은 2019년에 공식 석상에서 자신이 주장한 것은 가계 혈통의 문제일 뿐 아메리카 원주민 부족 주권이나 시민권을 주장한 것은 아니라고 해명하면서도 본인이 야기한 혼란에 대해 사과했고, 여러 아메리카 원주민 부족 단체가 그의 사과를 수용함으로써 이 논란은 일단락되었다.

습이 아닙니다"라는 말을 가장 많이 한 미국의 주류 정치인은 아마도 버락 오바마일 것이다.[8] 오바마는 자신의 다인종·다민족·다종교 배경에도 불구하고 그런 말을 했던 것이 아니라, 오히려 바로 그와 같은 그의 배경이 미국이 어떤 모습이어야 하는지에 대한 그의 생각을 형성했기 때문에 그런 말을 했을 것이다.

그러나 오늘날 세계 곳곳에서 자신의 핵심적이고 본질적인 정체성들이 사라지거나 경시되고 있다고 가장 빈번하게 주장하는 사람들은 보수 민족주의 운동 세력과 종교적 전통주의자이다. 이들은 인도의 힌두민족주의자들과 같은 사례에서 볼 수 있는 것과 같이 어떤 경우에는 수적으로 다수를 대표한다. 또한 미국의 개신교 근본주의자들이나 프랑스·독일 등의 반이민자 노선 정당들의 사례처럼 현재로서는 다수에 못 미치는 지지를 받는 경우도 있다. 그런 차이에도 불구하고 이런 모든 운동 세력과 정치관은 관습적으로 '포퓰리스트'로 불린다. 이런 포퓰리스트 집단의 많은 지도자들은 인구와 문화의 다양성을 옹호하는 정치세력이 가속화한 경제와 문화의 세계화가 '스스로의 정체성'을 지킬 수 있는 국민들의 능력을 좀먹고 있다고 주장한다.

결과적으로 그들은 여러 형태로 나타나는 세계화와 다양성에 맞서고, 그것을 주창하는 사람들과 정책들에 대적하기 위해 대중을 동원해 정치세력을 형성한다. 그들이 더 큰 확실성과 평안을 약속함에도 불구하고 (어느 정도는 그들이 바로 이것들을 약속한다는 **그 이유 때문에**), 많은 포퓰리스트 세력은 막상 권력을 잡으면, 정체성을 공유하지 않는 모든 '타자'에 대해 가혹한 조치를 취한다. 헝가리의 오르반 빅토르, 브라질의 자이르 보우소나루, 중국의 시진핑習近平 등 다양한 지도자들은 스스로 그들이 행사하는 주권적 민주적 권위가 '국민'에게서 비롯됐다고 주장하고는 있지만, 현대 자유민주주의를 결정짓는 요소인 개인의 권리, 시민적 자유, 독립적인 사법부 등의 가치와 관행을 그다지 존중하지 않는다는 점을 그와 같은 가혹한 조치들을 취하면서 상당히 노골적으로 표현해 왔다. 많은 곳에서 그런 포퓰리스트 지도자들과 포퓰리스트 운동들이 권력을 장악하게 됐고, 개중에는 전통적인 자유민주주의국가들보다 어떤 면에서 더 잘 운영되고 있는 몇몇 나라도 있다는 점은 21세기의 가장 중대한 정치 변화의 모습이다. 이런 형태의 포퓰리즘이 권위주의적인 통치에 정당성을 부여할 우려가 있는 까닭에, 그것이야말로 오늘날 환경 재앙 다음으로 인류의 안녕을 위협하는 가장 큰 전 지구적 문제라고 할 수 있다.

이런 까닭에, 이 책에서 나의 주된 관심 대상은 그와 같은 포퓰리스트 세력과 정책이 야기한 위험들이다. 나는 우선 포퓰리즘, 특히 우파 권위주의 형태의 포퓰리즘의 부상을 공동체와 소속감에 관한 오래된 의식이 해체되어 온, 더 넓은 전 세계적 추이 속에 살펴보고자 한다. 여기서 나는 이제는 표준화된, 현대 포퓰리즘의 근원에 관한 여러 설명에 대해 논박하지는 않겠지만, 특별히 이 책에서는 '국민 정체성의 서사'에 집중해 지금껏 상대적으로 덜 논의해 온 요인을 조명하고자 한다. 바로 주요 학자들이 새로운, 복잡한, 무극성nonpolar의 세계라고 말하는 현대의 맥락에서 '우리'의 정체성에 대한 경쟁적 서사들이 확산되는 것 말이다.[9] 나는 정치적 소속감을 이해하는 상반된 견해들이 현대에 이르러 어떻게 파편화하고 증식하는지에 관련된 사례들을 현대 민족국가 성립의 세 가지 큰 흐름을 통해 개괄해 볼 것이다. 거기에는 체코와 슬로바키아의 탈공산주의 정부들, 아랍에미리트연합The United Arab Emirates과 필리핀의 탈제국주의 체제, 세계에서 가장 오래된 근대 국가들이라고 할 수 있는 영국과 미국 내부의 대항 세력 공동체인 북아일랜드와 위스콘신 농촌 지역 이야기가 포함된다.

그다음으로 나는 더 배타적이고 억압적인 형태의 현대 포퓰리즘에 대한 몇 가지 선도적인 대응 전략과 그 한계를 살펴볼 것이다. 모든 정치 지도자와 정치운동은 유권자들이 공유하는 정체성의 이야기에 적어도 어느 정도는 은연중에 의지하는데, 많은 진보적이고 좌편향적인 지도자들은 우파 포퓰리스트 민족주의적 서사에 맞서 그에 필적하는 명확한 국가와 국민의 정체성 서사를 내세우기를 주저해 왔다. 그들은 그 같은 이야기들이 너무나도 손쉽게 독선적이고 억압적인 광신적 애국주의로 변모할 것이라는 매우 합리적인 두려움을 품고 있다. 그럼에도 불구하고 나는 더 긍정적이고 더 평등 지향적이며 포용적인 형태의 서사들을 개발해, 그것을 통해 권위주의적 포퓰리즘들을 반박해야 한다고 주장하고자 한다. 덴마크, 인도, 이스라엘 등의 다양한 사례를 통해 그런 서사들의 가능성을 보여줄 것이다.

이와 같은 주장은 혹자는 반대할지도 모르는 두 가지 전제에 기초한다. 첫째, 정치적 논쟁이 정치적 정체성·정책·목표 등을 설명하는 서로 다른 서사들 간의 충돌을 필연적으로 포함한다는 믿음이다. 둘째는 그런 서사들이 목표로 한 청중에게서 얼마나 성공적으로 공감을 이끌어내는지, 그리고 그것들이 얼마나 도덕적으로 옹호할 수 있는 서사인지에 따라서 정치적 결과가 상당 부분 결정된다는 확신이다. 나의 이런 견해와는 달리 많은 이들은 정치가 본질적으로 물질적 이익의 대립과 노골적인 권력욕 및 지배욕에 의해 추동되고, 강제력에 의해 유지되는 것으로 이해하곤 한다. 이들에게 서사와 이야기는 실제 정치와 별다른 관련이 없는 것일 뿐이다.

그런 견해는 내가 앞에서 인간의 모든 정체성은 부분적으로 구성적 성격을 띤다고 설명한 점을 충분히 이해하지 못했음을 보여줄 뿐이다. 정치학뿐만 아니라 커뮤니케이션, 문화연구, 경영학, 경제학 등 광범위한 분과 학문을 대표하는 학자들이 이제 인정하고 있듯이, 우리의 물질적인 이해가 무엇인지, 어떠한 형태의 권력을 우리가 추구해야 하는지, 우리가 활용하는 지배의 목적이 무엇인지에 대한 개념들의 모든 내용 자체가 사실 우리의 정체성과 가치에 관한 관념들에서 비롯된다.[10] 베네딕트 앤더슨Benedict Anderson은 이와 같은 관점에 기초해 30년도 더 전에, 민족은 공통 정체성을 표현하는 공유된 상상에 근거한다는 영향력 있는 주장을 선보였다.[11] 최근에 유발 하라리Yuval Harari는 이보다 더 나아가서 **모든** 인간 공동체는 '공유된 신화'와 이야기들 속에서 명확히 표현된 여러 형식의 '집합적 상상'에 기대고 있다고 말했다.[12] 나는 이런 입장에 동조하면서 정치에서 핵심적인 역할을 차지하는 물질적 이해나 바람직한 형태의 정치권력과 지배에 대한 관념들이 보다 넓은 우리의 정체성에 관한 서사들에서 내용을 얻는다고 주장할 것이다. 각 서사별로 직접성과 정교함에서는 차이가 있겠지만 말이다.

많은 사람들이 이런 사실을 아직 충분히 숙지하지 못했음을 보여주는 한 가지 징표는 전문가들이 종종 '정체성' 정치를 정치의 특정한 하부 분과로 여긴다는 사실이다. 만약 우리가 정치집단이 잘 결속할 수 있는 까닭이 부분적으로는 그들의 정체성에 관한 서사 덕분이라는 점을 인정할 수 있다면, 정치는 결국 모두 정체성 정치라는 사실 역시 확실히 인지해야 할 것이다. 문제는 우리가 어떤 정체성에 가치와 정당성을 부여할 것인가이다. 애국주의 정치, 당파주의 정치, 계급 갈등의 정치, 이념 충돌의 정치(인류의 역사를 다른 종과 구분해 주는)도 인종, 민족, 종교, 젠더, 성적 지향성 못지않게 정체성 정치인 것이다. 그런 정치는 공동체 내부 혹은 여러 공동체 사이에 존재하는 집단들과 조직들에 의해 수행되는데, 그들의 이익과 목적에 대한 의식은 자신들의 집단, 조직, 공동체의 정체성과 적들의 정체성에 관한 서사들을 통해 부분적으로 형성된다. 정치투쟁은 언제나 참여자들의 정체성에 관련된 서사들 간의 갈등을 포함한다.

전 세계에 걸쳐, 그리고 온 역사를 통틀어 보았을 때 정체성 정치에서 벗어날 수 있는 길은 이제껏 없었으며 앞으로도 없을 것이다. 그와 함께, 좋지 않은 서사보다는 더욱 훌륭한 정치적 국민 정체성 서사를 필요로 하는 요구에서도 자유로울 수 없다. 특정 공동체 내에서 바로 그 공동체를 위해 호소력 있는 국민 정체성 서사를 가장 잘 전할 수 있는 사람들은 스스로를 그 사회와 깊이 동일시하는 사람들일 확률이 높다. 나는 그런 서사들을 정치적으로 더 효과적이고, 도덕적으로는 더 정당한 것으로 만들기 위해 할 수 있는 한 최선의 노력을 다하는 것이 그들의 책임이라고 생각한다. 그렇기 때문에, 여기서 나는 편협한 형태의 민족주의적 포퓰리즘에 맞서는 건설적인 대응을 다루면서 내 나라인 미국에 대해 가장 상세하게 내 주장들을 전개할 것이다. 나는 미국의 민주주의 전통, 더욱더 완벽한 연방을 추구하는 미국의 연방헌법 정신, 그리고 모든 사람의 기본권을 보호할 수 있는 형태의 정부를 수립한다는 「독립선언서」의 기획에 기초하는 더 평등 지향적이고 포용적인 서사들을 가지고 도널드 트럼프 대통령이 표방하는 '미국 우선주의'에 입각한 민족주의적 국민 정체성 서사에 맞서야 한다고 주장할 것이다.

나는 대다수 사람들의 행위를 결정하는 안정적인 정체성과 소속감에 대한 인간의 깊은 소망을 회피하거나 비난하지 않는다. 나 역시 그와 같은 소망을 공유한다. 내 주장들은 이 점을 확실히 드러낼 것이다. 바라건대, 여기서 나는 동료 미국 시민들과 인류 공동체에 속한 모든 이들이 민주적인 참여를 통해 공동의 정체성에 대한 유익하고 만족스러운 서사들에 실질을 부여하는 정치공동체를 만들어내고 또 유지하는 일에 일조하고자 한다. 그러나 한편으로 나의 연구는 이 문제와 관련해 수많은 다른 경우와 마찬가지로, 우리가 늘 원하는 것을 다 얻을 수는 없다는 사실을 상기하도록 주의를 일깨울 것이다.

특히 이 책은 외국인을 혐오하는 형태의 민족주의 대신에 우리가 어떻게 하면 모두가 기꺼이 받아들여야 하는 우리 정치적 정체성의 진정한 (그리고 공교롭게도 진보적인!) 정수를 발굴할 수 있는지에 대한 안내서가 아니다. 그런 것은 가능하지 않다. 모든 정체성은 우리가 누구이고 또 우리가 누구여야 하는지에 대한 인위적으로 만들어진 서사들에 의해 형성된다는 것, 또한 그 이야기들의 내용이 종종 정확하지 않은 공상적인 요소들을 수반한다는 것을 이제는 온전히 받아들여야 한다. 그런 서사들은 빈번히 과거를 신화로 미화하거나, 추악한 역사적 사실을 염치없이 말소하거나, 심지어 그런 이야기들 자체가 우연한 인위적 창조물이라는 사실을 최소화하거나 부인하곤 한다. 그러나 모든 서사가 모두 불완전하다고 할지라도, 우리는 그중에서 특정 서사를 기꺼이 선택해 그에 따라 스스로를 정의하고자 하고, 그에 맞춰 살아가고자 하며, 또 그것을 통해 삶에 즐거움과 의미를 채우고자 한다. 우리는 또한 오랜 시간에 걸쳐서 우리의 서사를 더욱더 진실하고 더 사려 깊게, 또 더 유익하게 만들도록 노력할 수도 있다.

우리가 스스로에 대한 더 가치 있는 서사를 찾고 또 만들 수 있다고 낙관하는 한 가지 이유는 우리 자신이 서로 경합하는 여러 정체성 서사의 산물이기 때문이다. 우리에게는 어떤 서사를 추구하고 발전시킬 것이며 또 어떤 것을 폐기할 것인지 실질적인 선택지가 있는 셈이다. 무엇이 맞고 무엇이 틀린지에 대한 확실성을 확보할 수는 없다고 해도, 우리는 여전히 어떤 정체성 서사들이 더 좋은 것이며 어떤 것이 더 나쁜지를 판단할 능력이 있고, 그렇게 내린 판단을 변호하고 또 공유할 수 있다. 물론 그런 판단에 대해 계속되는 논쟁을 피할 수 없고, 그것이 때로 교정되어야 하겠지만 말이다. 우리가 스스로의 '자연적인' 혹은 '본질적인' 자아를 발견하는 경우는 불가능하다고 해도(확실히 우리는 아직 그런 것을 찾지 못했다), 스스로를 위해 어떤 것이 더욱더 바람직한 자신의 모습이 되어야 한다고 생각하는지를 합리적으로 (다른 사람들과 함께) 결정할 수 있다. 그렇게 되면, 그다음에는 우리가 마땅히 가져야 할 그 정체성을 실현하기 위해 노력하는 일도 가능하다.

그러기 위해 나는 오늘날 많은 곳에서 정치를 혼란스러운 방향으로 이끄는 포퓰리스트 서사들과 그 이야기들이 강조하는 불안심리와 원한 감정에 관심을 가지고 그에 맞서 경쟁할 수 있는 (항상 불완전할지라도) 훌륭한 정치적 국민 정체성 서사들을 만드는 일에 우리가 더 힘껏 애쓸 것을 제안한다. 좋은 서사들은 사람들이 현재 스스로에 대해 이미 느끼고 있는 것들 중 그들이 가장 중요시하는 부분을 표현하도록 해주는 그런 것이어야 한다. 그와 동시에 그 서사들은 다른 이들을 향한 존중과 관용 정신 또한 드러내야 한다. 이런 도덕적 요구 때문에 종종 사람들은 익숙한 자신의 정체성 중 일부에 의문을 제기하고 또 그것을 바꾸곤 한다. 많은 이들은 어떤 '진정한' 자아의 가치에 대해 확고한 신념을 가지기를 갈망하고 또 많은 정치 지도자들은 자신들이 그것을 제공한다고 주장하지만, 좋은 국민 정체성 서사가 결과적으로 할 수 있는 일은 우리가 그와 같은 확고한 신념을 가지고 "그것이 바로 우리의 모습이다"라고 단언할 수 있게 하는 것이 아니다. 우리가 자신의 어두운 자화상을 맞닥뜨리게 될 때 "그것은 우리가 원하는 우리 모습이 아니다"라고 말할 수 있도록 해주는 것, 그것이 바로 훌륭한 서사의 역할이다.

그런 선언을 하면서조차도, 정치공동체의 지도자들과 시민들이 과오로 가득 찬 과거와 암울한 지금의 현실을 외면하고, 그래서 그들이 한 국민으로서 저질러온 해악을 막지 못하는 정체성 서사들을 발전시킬 위험은 여전히 남을 것이다.[13] 그렇지만 어떠한 서사도 없이 사람들이 삶에서 가치를 찾기란 거의 불가능에 가깝기 때문에, 만약 그들의 정체성과 의미를 부여해 주는 지속성 있는 서사가 없다면, 언제나 수고와 고통을 동반하기 마련인 정치운동과 공동체를 유지하는 일 역시 불가능에 가까울 정도로 어려운 일이 될 것이다. 가장 우수한 서사는 그 이야기 속에 공동체 일원들의 가장 절실한 필요와 열망에 응답하는 광범위한 정책·법·제도들에 관해 상세한 내용을 담을 것이고, 그 외 많은 것들을 포함할 것이다. 그 서사들은 왜 그런 정책·법·제도가 그 국민들과 그들의 희망과 필요에 가장 적합한지, 왜 그런 조치들이 실현 가능한 것으로 여겨질 수 있는지, 왜 그것들이 도덕적으로 옳은 것으로 받아들여질 수 있는지에 대한 설명을 제공할 것이다. 여기서도 만약 실용적으로 추진되는 구체적 정책들과 시적으로 선언되는 수사적 서사들 중에서 어느 하나를 선택해야 한다고 생각한다면 그것은 잘못이다. 우리는 기껏해야 어떤 것을 우리가 강조할지 선택할 수 있을 뿐이다. 모든 서사는 정책적 시사점을 포함할 뿐 아니라, 모든 정책의 목적은 그것이 봉사하는 이익과 가치에 대한 더 광범위한 서사에서 도출된다. 때로는 그런 거대 서사에서 선전되는 그 가치들이 국민들의 잘못된 행동을 억제하기도 한다.

따라서 만약 지도자와 시민들이 더욱더 훌륭한 정치 서사들을 만들고 그에 대한 지지를 얻어낸다면, 그 서사에 힘입어 국민들은 다음과 같이 말할 수 있다.

결점을 극복하려고 노력하는, 더욱더 훌륭한 모습을 만들고자 하는, 그리고 우리 안의 서로 다른 집단에서 시작해 우리가 영향을 끼쳐왔고 앞으로도 계속 영향을 끼칠 모든 이들에게 더 잘하고자 노력하는 국민, 이것이 바로 우리가 되고 싶고, 그렇게 되도록 우리 스스로가 선택한 우리의 모습이다.

이와 같은 결과는 정치적 혹은 정책적 성공을 위한 확실한 공식이 아니다. '우리가 어떤 모습이고, 어떤 모습이어야 하는지'에 대한, 늘 논쟁에 부쳐지고 늘 진화하는 서사들을 명확히 표현하고 그에 대한 지지를 구축하고, 또 그에 따라 사는 일은 언제나 실패할 수 있다. 심지어 그런 서사의 지지자들이 승리한다고 할지라도 그들이 현실적으로 모든 불확실성을 종식하고 모든 의문을 불식하며, 스스로와 그들의 공동체를 위한 안정되고 만족감을 주는 정치적 미래를 보장할 것이라는 희망을 품는 것은 불가능하다. 고요한 평안은 우리에게 허락된 운명이 아닌 것이다. 그러나 정치를 현재 우리가 비틀대고 있는 이 길이 아닌 더 나은 궤도 위에 위치시키고자 하는 모든 이들에게 활력을 불어넣고 또 그들을 안내해 줄 정치적 정체성에 대한 서사들이 개발되지 않는다면, 우리는 그런 목표 중 그 어느 곳을 향해 나가기도 어려울 것이다.

1장

서사들의 불협화음

새로운 포퓰리즘 국면

2020년 현재 전 세계에 걸쳐 가장 이목을 끄는 정치의 특징은 '포퓰리스트'라고 불리는 운동과 지도자들이 점점 더 높은 지지를 얻고, 더 크게 세력을 확장하는 것이다. 언론과 학계에서는 한목소리로 포퓰리스트라는 용어를 대개 다음과 같은 반ㄨ이민주의와 권위주의 성향의 지도자와 정당에 적용한다. 헝가리의 오르반 빅토르Orban Viktor와 피데스당Fidesz, 네덜란드 자유당의 헤이르트 빌더르스Geert Wilders, 프랑스의 (국민연합으로 개명한) 국민전선, 폴란드의 법과 정의당, 덴마크의 인민당, 독일의 독일을 위한 대안AfD, 브라질의 자이르 보우소나루Jair Bolsonaro 등 많은 예가 있다. 전문가들은 또한 필리핀의 로드리고 두테르테Rodrigo Duterte 나, 때로는 러시아의 블라디미르 푸틴Vladimir Putin, 중국의 시진핑習近平 같은 민족주의적 권위주의 지도자들을 묘사할 때 '포퓰리스트'라는 용어를 종종 사용한다. 어떤 경우에는 터키(현 튀르키에 _옮긴이) 정의개발당의 레제프 타이이프 에르도안Recep Tayyip Erdogan과 인도인민당Bharatiya Janata Party: BJP의 나렌드라 모디Narendra Modi와 같이 국민 정체성의 종교적 뿌리를 강조하는 인물들을 특별히 포퓰리스트라고 부른다.

그러나 '포퓰리스트'라는 용어는 베네수엘라의 우고 차베스Hugo Chávez 와 그의 후계자 니콜라스 마두로Nicolás Maduro, 그리스의 알렉시스 치프

라스Alexis Tsipras와 시리자Syriza, 태국의 친나왓Shinawatra 남매, 미국의
버니 샌더스Bernie Sanders와 같이 더 비종교적이고 경제적으로 좌파 성향
인 이들을 지칭할 때도 쓰인다. 영국의 신임 총리 보리스 존슨Boris Johnson
(2022년 9월 사임_옮긴이)와 같이 브렉시트Brexit에 찬성하던 많은 사람들
은 자랑스럽게 포퓰리스트를 자칭한다. 현재 미국 대통령 도널드 트럼
프(2021년 1월 퇴임_옮긴이)는 '민족주의자'를 자칭하는 한편, 본인이 부패
한 '워싱턴 기득권 체제'에 맞서는 '국민'을 위한 투사라는 점을 확실히
한다. 모든 포퓰리스트 지도자들과 운동들이 트럼프처럼 현재 권력을
잡고 있지는 않다. 또 어느 특정한 포퓰리스트 지도자가 오랫동안 집권
할 것이라는 보장도 없다. 그러나 그들은 이미 다수의 국가에서 여러 공
직을 차지하고 있고, 또 다른 여러 곳에서는 지지 세력을 확장하고 있
다. 결과적으로 그들은 모든 곳의 정치 변화 양상을 결정하고 있다.

다양한 지도자와 운동들이 포퓰리스트라고 불린다고 했을 때, 전문가
들은 두 가지 질문에 큰 관심을 가지고 주력해 왔다. 첫째는 포퓰리즘을
어떻게 정의할 것인가이고, 둘째는 포퓰리즘의 전 세계적인 폭발적 증
가를 어떻게 설명할 것인가이다. 두 번째 질문에 대한 답은 부분적으로
첫 번째 질문에 대한 답에 기대고 있다. 학자들은 내가 이 책에서 집중
하고 있는 문제에 대해서는 비교적 적은 관심을 보여왔다. 그 문제는 바
로 병리적 형태의 포퓰리즘에 대해서 어떤 유형의 대응이 실현 가능하
고, 또 바람직한가이다. 나는 오늘날 최악의 포퓰리즘에 맞서기 위해서
훌륭한 국민 정체성 서사가 충분하지는 않더라도 필수적이라고 보기 때
문에, 다음 장에서 그런 서사의 요소들이 무엇인지를 설명할 것이다. 이
설명에 대한 독자들의 평가를 돕기 위해, 이 장에서는 우리가 무엇을 포
퓰리즘이라고 불러야 하는지, 또 포퓰리즘의 원인으로 꼽을 수 있는 것
은 무엇인지에 대한 현재 학계의 논의를 간략히 검토하고자 한다. 나는

서사의 정치적 역할에 주목하는 것이 앞서 언급한 두 가지 질문에 참신한 답을 더할 수 있다고 주장할 것이다.

정의와 진단

최근 공적 논의에서 회자되는 포퓰리즘에 대한 설명 중 아마도 가장 영향력 있는 것은 얀베르너 뮐러Jan-Werner Müller가 쓴 적절한 제목의 저서 『포퓰리즘이란 무엇인가?』* 에서 찾아볼 수 있다. 뮐러는 포퓰리즘의 중심에는 도덕적인 입장으로서의 반다원주의와 본질적으로 비자유주의적 형태를 띠는 정체성 정치가 있으며, 이는 곧 내부의 권위주의와 대중의지의 체현자로 신임받는 지도자에 대한 충성을 낳는다고 주장했다.[1] 뮐러는 그런 포퓰리즘에 '병리적'이라는 이름을 붙이는 것을 거부하는데, 그럴 경우 은연중에 포퓰리스트 지도자를 지지하는 사람들을 합리적인 불만이나 목표가 거의 없는 비이성적인 사람으로 간주하게 되기 때문이다.[2] 그러나 뮐러는 이런 방식의 정의가 오늘날 그의 출신지인 유럽의 포퓰리즘 운동에 가장 부합하는 설명임을 인정한다. 그의 설명 방식은 트럼프 이전 시기 미국의 대부분의 포퓰리즘, 특히 19세기 말 인민당People's Party을 제대로 설명하지 못한다.[3] 당시 인민당과 여타의 농민·노동자 포퓰리즘 운동 세력들은 내부적으로 매우 민주적이었다. 동시대 대부분의 다른 조직들과 비교했을 때, 인민당을 비롯해 여러 포퓰

●   얀베르너 뮐러(Jan-Werner Müller)의 책 *What is Populism?*(Philadelphia: University of Pennsylvania Press, 2016)은 『누가 포퓰리스트인가: 그가 말하는 '국민' 안에 내가 들어갈까』(마티, 2017)로 국내에 소개되었다.

리즘을 표방하는 단체들은 소수인종과 민족, 여성을 평등한 존재로 받아들였고, 때로 그와 같은 소수자들을 지도자로 추대하기도 했다. 비록 일반적으로는 수사적인 의미에 불과했을 수 있지만 말이다. 또한 그들은 권위주의적인 인물을 추종하지도 않았다. 1896년에 인민당 당원들이 윌리엄 제닝스 브라이언 William Jennings Bryan을 메시아적인 후보로 지명했을 때, 어떤 면에서는 그들이 어리석게도 여러 비판적 판단을 보류한 셈이었지만, 그럼에도 그들은 민주주의에 대한 헌신만은 저버리지 않았다. 다른 여러 결점이 있었지만, 브라이언 역시 민주주의의 신봉자였다.[4]

밀러와는 반대로 내 입장은 포퓰리즘을 미국의 인민당뿐만 아니라 넓게 보아서 민주적이라고 할 수 있는 자칭 포퓰리즘 운동들까지도 포함하는 광의의 개념으로 써야 한다는 쪽에 가깝다. 그 까닭은 일반적으로 어느 집단을 정의할 때 그들 스스로 호명되기를 원하는 이름을 사용하는 것이 그들을 존중하는 일일 뿐 아니라, 학계의 유형론에만 집착해 실제로 용어들이 더 넓은 현실 세계에서 어떻게 쓰이는지에 대해 현실감을 잃어버리지 않도록 하는 것이 중요하기 때문이다. 다른 한편, 해당 집단들이 선호하는 이름에 우리가 적절하다고 판단한 수식어를 덧붙이는 것은 흠이 아니다. 그렇기 때문에 나는 밀러와는 달리, 스스로를 포퓰리스트라고 칭하면서 강한 반다원주의, 비자유주의, 권위주의적 성향을 보이는 운동들을 가리켜 '병리적인 포퓰리즘'이라는 용어를 사용할 것이다. '병리적'이라는 용어를 사용하는 까닭은 내가 그 추종자들을 비이성적이라고 보기 때문이 아니라, 그런 종류의 포퓰리즘이 밀러와 나를 비롯한 많은 이들이 우려하는 나쁜 결과를 낳기 때문이다. 이런 포퓰리즘은 민족적·종교적 타자를 배제·억압·박해하고, 겉으로는 입헌주의적 자치를 유지하면서 사실상 독재를 확립할 가능성이 크다.

포퓰리즘에 대한 다른 많은 학자들의 연구 역시 뮐러보다 더 넓은 의미로 포퓰리즘을 정의한다. 학계 내에서 가장 주목할 만한 이는 아마도 크리스토발 칼트바서Cristóbal Kaltwasser와 종종 그와 공동으로 저술하는 카스 무데Cas Mudde일 것이다. 이들은 '약한 중심성 thin-centered 이데올로기'•로서의 포퓰리즘을 복잡하고 정밀한 내용이 필요 없도록 "최소한으로 정의"할 것을 주장해 왔다. 이런 관점은 "궁극적으로 사회가 두 개의 대내적으로 동질적이면서 서로 대립하는 두 집단, 즉 '순수한 국민' 대 '부패한 엘리트'로 나뉘었다고 보고, 정치는 국민의 일반의지••의 표현이

• 무데와 칼트바서의 책 *Populism: A Very Short Introduction*는 『포퓰리즘』(교유서가, 2019)로 국내에 소개되었다. 이들은 이 책에서 다음과 같이 말을 잇는다. "'중심이 두껍'거나 '완전한' 이데올로기들(예컨대 파시즘, 자유주의, 사회주의)과 달리, 포퓰리즘처럼 중심이 얇은 이데올로기들은 다른 이데올로기들에 들러붙는 것처럼(그리고 때로는 흡수되는 것처럼) 보이기 마련인 한정된 형태들로 나타난다. 사실 포퓰리즘은 거의 언제나 다른 이데올로기의 요소들에, 더 폭넓은 공중에게 호소하는 정치 프로젝트를 촉진하는 데 아주 중요한 요소들에 들러붙는 것처럼 보인다. 이런 이유로 포퓰리즘은 단독으로는 현대 사회가 낳는 정치적 문제들에 복잡한 해답도, 포괄적인 해답도 내놓지 못한다"(무데·칼트바서, 2019: 16). 이들에 따르면 모든 포퓰리즘이 동일하게 정답이라고 생각하는 경제·정치 체제는 없으며, 그런 까닭에 우파 민족주의에서 좌파 사회주의에 이르기까지 모든 정치 행위자들이 포퓰리즘을 그들이 원하는 방식으로 수용할 수 있는 것이다. 예를 들어 모든 포퓰리즘 주창자가 외국인들을 배척한다고 할 수 없고, 또 외국인들을 배척한다고 해서 모두가 무조건 포퓰리즘 주창자가 되는 것은 아니다.

•• 장자크 루소(Jean-Jacques Rousseau, 1712~1778)는 법으로 표현되는 정치공동체의 주권적 의지가 정당하고 공정하게 여겨질 수 있으려면, 그래서 구성원들이 기꺼이 그 법에 복종할 수 있으려면, 주권적 의지가 '일반의지(La volonté générale)'와 동일해야 한다고 주장했다. 일반의지는 공동체에 속한 모두에서 비롯되고 모두에게 적용되는 것으로, 특정한 개인이나 집단에게만 관련된 특수의지와 다를뿐더러 그러한 개별 특수 의지의 총합인 '전체의지'와도 구별된다. 일반의지는 각각의 구성원들이 사적인 이익이나 당파적 이해에 앞서 모두가 공유하는 공공의 이익을 증진하는

어야 한다고 주장한다.[5] 이들이 볼 때 포퓰리즘 운동은 내부적으로 민주적일 수 있으며, 국민의 일반의지를 구현한다고 주장하는 지도자를 추종하는 요소를 반드시 포함할 이유도 없다. 물론 그런 지도자들은 종종 부상하지만 말이다.

어떤 이들은 최소한의 정의조차도 지나칠 수 있다고 주장한다. 그들은 포퓰리즘 운동에서 말하는 '국민'을 동질적이고 순수한, 루소적 의미의 '일반의지'를 가지고 있는 것으로 그릴 필요가 없다고 주장한다. 많은 학자들은 에르네스토 라클라우Ernesto Laclau에게 기대어, 어떤 관점이나 운동을 포퓰리스트라고 간주하기 위해서는 단지 다음과 같은 사항만 충족하면 된다고 보았다. 첫째, 정치를 근본적으로 국민과 엘리트 사이의 충돌이라고 보는 것인데, 국민과 엘리트들은 제각각 다양하게 정의할 수 있다. 둘째, 오직 국민만이 정치 행위와 정부의 조치들에 정당성을 부여할 수 있다고 보는 것이다.[6] 최근 『옥스퍼드 핸드북: 포퓰리즘』에 참여했던 여러 학자들은 훨씬 더 간소한 정의를 제공한다. 그들이 보는 포퓰리즘은 단순히 **"평범한 국민의 의지와 무언가를 작당하는 엘리트 집단 사이의 투쟁을 기정사실로 단정하는 약한 중심성의 이데올로기"**이다.[7] 이런 최소한의 정의는 포퓰리즘을 좌편향 내지 우편향의 경제적 의제뿐 아니라 좀 더 중도적인 입장을 가질 수 있는 운동으로 볼 수 있게 해준다. 베네수엘라의 사회주의자, 덴마크의 사회복지국가 옹호자, 영국의 친시장

것을 자기 자신의 이익으로 여길 때만 발현될 수 있다. 그렇기 때문에 루소는 공동의 목적과 운명에 대해 모든 구성원들이 이미 공감대를 형성하고 있고 상호 간의 신뢰도 두터운 작은 공동체를 일반의지의 가능 조건으로 생각했다. 루소의 일반의지 사상이 잘 드러나는 대표적인 저작은 그가 1762년에 출판한 『사회계약론(Du contrat social ou Principes du droit politique)』(김영욱 옮김, 후마니타스, 2018)이다.

주의 보수주의자, 트럼프식의 경제 민족주의자 모두를 포괄할 수 있는 것이다. 『옥스퍼드 핸드북』의 정의에 따르면 높은 수준의 다원주의를 받아들이면서 권위주의적 지도자를 따르지 않는, 앞서 언급한 미국 인민당의 사례와 같은, 내부적으로 민주적인 정당과 운동들도 포퓰리즘에 포함할 수 있다. 일상적인 용례와 학계의 관례 모두를 가능한 한 가장 완전한 수준으로 따르기 위해, 이 책에서는 『옥스퍼드 핸드북』이 제시한 포퓰리즘의 최소주의적·확장주의적·포용적 정의를 사용할 것이다. 단, 국민 정체성 서사에 대한 나의 각별한 관심과 관련되는 중요한 한 가지를 추가할 것인데, 그에 대해서는 뒤에 상세히 설명할 것이다.

우선 이렇게 포괄적인 정의를 선택한다면 포퓰리즘과 관련된 두 번째 질문, 즉 현재 포퓰리즘 운동이 급격히 늘어나는 원인이 무엇인가에 답하기 더 어려워진다는 것을 인정해야 한다. 오늘날 존재하는 다양한 지류의 포퓰리즘이 모두 같은 원천에서 비롯된다고 보기는 어렵다. 현대의 포퓰리즘을 분석하는 전문가들은 포퓰리즘의 기본 요인에 대해 사실상 어느 정도 한목소리를 내고 있기 때문에, 여기서 각각의 차이점을 풀어내려 시도하지는 않을 것이다. 때때로 이들의 의견이 첨예하게 대립하는 지점은 각 요인의 상대적인 중요성이다. 내 주장은 훌륭한 국민 정체성 서사가 포퓰리스트들이 내비치는 모든 우려에 대한 응답을 담아야 한다는 것이다. 해당 환경에서 가장 뚜렷하게 드러나는 우려들에 제일 큰 가중치를 두면서 말이다.

학자들은 포퓰리즘의 원인을 무엇이라고 보는가? 어떤 이들은 **경제적** 우려를 현대 포퓰리즘의 가장 깊은 뿌리로 본다. 이것은 심화되는 불평등을 비롯해 여러 차원의 경제적 세계화, 기술혁신에 의해 유발된 불안정을 포함한다. 주류 정당과 지도자들이 빈곤층의 경제적 고난을 신경 쓰지 않는다는 인식과, 더 나아가서 그들이 부유한 엘리트들을 위해 봉사하는 부패한 도구일 뿐이라는 인식은 이런 경제적 불안감을 종종 강화한다. 다른 전문가들은 **문화적** 요인들을 강조한다. 이민, 세속화, 소수자 해방운동 등의 여러 경향 때문에 생긴 인구변화와 문화변동에 직면하면서 지위와 안정적인 정체성에 대해 박탈감을 느끼게 된다는 것이 대표적이다.[8] 이런 학자들이 보기에, 포퓰리스트를 지지하는 이들은 세계시민주의적 문화 엘리트가 그들의 전통적인 신념과 삶의 방식을 업신여긴다고 느끼며 분노한다. 어떤 연구자들은 여기서 더 나아가서 단순히 문화전통주의뿐만이 아닌, 적의에 찬 인종적이고 종교적인 편견에 뿌리박힌 증오가 오늘날의 많은 포퓰리즘을 추동한다고 기술한다.

커크 호킨스Kirk Hawkins, 매들린 리드Madeleine Read, 튼 포웰스Teun Pauwels는 2017년 포퓰리즘의 원인에 대해 쓴 한 연구에서 경제적 설명과 문화적 설명이 모두 설득력 있다고 보았다. 그러나 이들은 또한 '포퓰리즘 사상의 내용'에 대해, 즉 사람들이 어떤 연유에서(경제적 이유에서든, 문화적 이유에서든, 혹은 양자 모두 때문이든 간에) 엘리트들의 작당이 자신들의 생활양식을 망치고 있다고 결론을 내리는지에 대해 더 큰 관심을 기울여야 한다고 주장한다.[9] 이 학자들은 포퓰리즘이 민주주의에 대한 신념에 뿌리박고 있고, 또한 무언가 잘못된 것처럼 보인다면 그것은 지도자들이 국민들의 기대에 어긋나는 일을 하고 있는 것이 틀림없다는 확신을 수반한다고 보았다. 결과적으로, 개인들은 엘리트들을 표적 삼아 책망하는 것을 쉽게 받아들인다.

나 역시 경제적 해설과 문화적 해설 모두가 현대 포퓰리즘을 잘 설명한다고 생각한다. 내 목적은 포퓰리즘에 대한 지배적인 설명을 문제 삼는 것이 아니라 단지 그것을 발전시키는 것이기 때문에, 나는 여기서 포퓰리즘의 원인들에 초점을 맞추거나 각각의 원인이 내포하는 상대적인 중요성을 규정하려 하지는 않을 것이다. 나는 우리가 포퓰리즘 사상의 내용에 더 큰 관심을 쏟아야 하고, 대부분의 포퓰리즘 지지자들은 올바르게 정의된 국민이 정치적 정당성의 근원이라는 민주주의의 중심 관념을 진심으로 기꺼이 받아들인다는 견해를 토대로 논의를 발전시킬 것이다. 그러나 여기서는 포퓰리즘 사상에 대한 이와 같은 기본 입장에서 출발하되 다른 전문가들이 추구하는 바와는 다른 방향으로 논의를 이끌어 가고자 한다. 예를 들어호킨스, 리드, 포웰스는 주류 학계의 여론 연구자들의 방식대로 유권자가 정책에 어떤 태도를 취하는지에 더욱 집중해야 한다고 주장한다. 그러나 그들은 서로 다른 포퓰리즘 운동이 정의하는 '국민들', 즉 국민의 의지와 이해에 따라 통치가 행해져야 한다고 할 때의 그 국민들이 누구를 지칭하는 것인지, 왜 다른 식으로 정의된 국민이 아니라 꼭 그 '국민'이 통치해야 마땅한지를 살펴보지 않는다. 포퓰리즘 성향의 지도자들 및 언론과는 달리, 이들은 포퓰리스트들이 이야기하는 국민 정체성 서사에 큰 관심을 기울이지 않는 것이다.

세계화의 영향으로 국내 일자리의 해외 이전, 경제적 불평등, 인구의 다양화, 도시화의 심화가 야기되었다. 여기서 사람들이 종종 느끼는 무력감과 좌절감은 기득권 엘리트에 맞서는 포퓰리즘식 반격을 가능하게 하는 조건을 제공하기도 하는데, 그렇다고 하더라도 그런 반란은 필연적인 것도 완전히 자생적인 것도 아니다. 거기에는 항상 정치적 매개 요인이 작동하고 있다는 점을 인지하는 것이 매우 중요하다. 지식인, 예술가, 시민사회의 유명인사, 시민운동가를 포함하는 이른바 지도자들은 포퓰리즘의 시각으로 국민 정체성 서사를 만들어내어 사람들이 자신의 경험을 특정한 방식으로 해석하도록 설득하는 일을 맡고 있다. 연구자들이 만약 그들이 호명하는 국민이 정확히 누구인지, 그 국민들이 어떤 고통을 받고 있는지, 그리고 그들은 무엇을 해야만 하는지에 설명을 제공하는 포퓰리즘 서사들에 주의 깊은 관심을 쏟지 않는다면, 결국 병리적인 포퓰리즘을 일으키는 매우 중요한 원인과 그에 맞설 수 있는 가능한 해결책 모두를 간과할 여지가 있다.

이것이 바로 내가 『옥스퍼드 핸드북: 포퓰리즘』이 제공한 포퓰리즘에 대한 최소한의 정의에 한 가지 요소를 더 추가하고 싶은 까닭이다. 학자들과 정치 참여자들은 각각의 포퓰리즘 이데올로기가 하나의 서사를, 혹은 더 빈번하게는 서로 중첩되는 여러 이야기를 포함하고 있다는 점을 인식해야 한다. 그 서사는 국민이 누구인지 정의를 내리고, 왜 그들이 부패한 (혹은 적어도 비애국적인) 엘리트들이 추진한 정책들로 인해 위험에 처하게 됐는지를 설명한다. 오르반 빅토르는 "안정적인 핵심 민족집단" 없이는 문화 정체성이 존재할 수 없다고 강조하면서, "낭만적인 헝가리인"과 "헝가리의 천재성"이라는 헝가리의 독특한 특징에 큰 가치를 부여했다. 그러므로 '초국가적인 엘리트'가 선호하는 "이민자의 유입과 침입에 대항해 헝가리를 지켜야 한다"라고 주장했다.[10] 레제프 에르도안이 자주 언급하는 터키인에 대한 관점은 "확실하게 이슬람교와 연관"된 것이고, "다른 민족들과 전 세계적 엘리트층에 의심을 표하는" 특징이 있다고 비판받는다. 그러나 에르도안과 그를 따르는 사람들은 그의 관점이 근대 터키의 설립자 아타튀르크Atatürk보다도 내부에 여러 집단을 품을 수 있는, 세계를 선도하는 터키 민족의 역사적 정체성에 더 잘 들어맞는다고 주장한다.[11] 보리스 존슨은 영국이 경제와 문화뿐만 아니라 "매력과 기발함" 덕분에 "소프트파워 초강대국"이라고 선언하면서도, 동시에 현대에 들어와서 유럽연합EU 관료들의 지배를 받는 사실상 "식민지" 신세가 되어버렸다고 주장했다.[12] 이 책에서는 이와 비슷한 사례들을 많이 다룰 것인데, 물론 그보다 더 많은 사례들도 얼마든지 추가할 수 있을 것이다. 만일 우리가 포퓰리즘 성향의 운동을 진정으로 좀 더 민주적이고 모든 이들의 권리와 존엄성을 존중하는 것으로 만들고자 한다면, 유익한 정책들을 광범위하게 지지함과 동시에 앞서 예로 든 형태의 포퓰리즘 서사들에서 드러나는 정체성, 가치, 우려들에 적극적으로 관여해야 하며, 그런 식의 이야기에 확실하게 대응하는 또 다른 서사를 제공해야 한다.

서사로의 전환

인간이 추구하는 이익과 인간의 본능적 욕구가 그 자체로 자명한 것이 아니라서 설명이 필요하다는 점을 이해하는 독자들조차도 이 지점에서 여전히 다음과 같은 질문을 던질 수 있을 것이다. 왜 정치 지도자들은 단지 인간의 가치, 목표, 그리고 그것들을 현실화하기 위한 전략에 대한 서사뿐 아니라 정치적 국민 정체성의 서사를 정밀하게 구성해야만 하는가? 자신들이 내세우는 서사를 그들이 속한 특정한 정치공동체의 정체성을 가장 잘 설명하는 것으로 명확히 규정하면서 말이다. 이에 대한 최근 정치사상계의 탁월한 한 가지 답변은 학자들이 "경계의 문제"라고 부르는 것에 모든 현대의 민주주의 국가가 직면한다는 인식에서 찾아 볼 수 있다.[13] 이것은 데모스 demos, 즉 스스로 통치하는 국민의 구성원으로 누구를 포함시켜야 하는가에 대한 근본적인 물음이다. 민주주의에서 데모스는 모든 주요 문제에 대해 결정을 내리는 주권적 권위를 가지지만, 경계의 문제와 관련해서는 데모스의 권위에 기대는 것이 전혀 도움이 되지 않는다. 누가 데모스에 속하는지를 결정하기 위해 데모스에게 호소할 수는 없다. 그렇게 할 경우 우리가 답을 얻으려고 하는 질문에 대한 답을 미리 상정하는 셈이기 때문이다.

나를 비롯한 많은 학자들은 누구를 구성원으로 받아들일 것인가의 문제가 장기적으로 더 확장적이고 더 민주적인 정치공동체를 만들려는 목표 아래, 기존 사회구조 안팎의 포용적이고 평등 지향적이면서도 정치적으로 비현실적이지 않은 오랜 과정을 통해 가장 잘 해결됐다고 주장한다.[14] 그러나 정치적 행위자들이 그 목표를 받아들이든 그렇지 않든, 그들이 '경계의 문제'에 대해 답을 찾으려 할 때마다 '국민'을 구성하는 것은 누구인지, 그 안에 포함되면 안 되는 이들은 누구인지, 또 그런 구분의 근거는 무엇인지에 대해 의견을 내세울 수밖에 없다. 결과적으로, 현대 민주주의 이론에서뿐만 아니라 국민주권을 옹호하는 모든 현대 정치공동체에서 이 경계의 문제는 정치 참여자들에게 국민 정체성 서사를 제시하도록 하는 피할 수 없는 조건을 형성한다.[15]

표면상, 이런 주장은 현대 민주주의 체제 혹은 적어도 국민을 주권자라고 부르는 사회에 국한해 적용된다. 그러나 이스라엘 역사학자 유발 하라리는 그의 베스트셀러 『사피엔스』에서 그와 같은 서사가 널리 퍼지는 것에 대한 심도 깊고, 한층 더 포괄적인 설명을 보여준다. 그는 근대국가든 중세 교회든 고대도시나 원시부족이든 간에 대규모로 이뤄지는 인간의 협력이 가능한 연유는 바로 사람들의 집단적 상상력, 즉 서로서로 이야기하고 전하는 "서사"에 있다고 주장한다.[16] 하라리는 우리 **호모 사피엔스**의 가장 두드러지는 특징이, 다시 말해 우리가 "세상을 지배"하는 능력의 가장 근본적인 원천이 "대규모로 융통성 있게 협력"할 수 있는 능력이라고 믿으며, "대규모 협력"은 우리가 공유하는 정체성, 이해관계, 목적에 대한 "신화"나 "서사"를 만들어내고 기꺼이 받아들이는 우리의 능력에 좌우된다고 생각한다.[17] 이런 서사에 대한 믿음이 우리가 서로를 신뢰하도록 설득하고 "서로를 돕는 일을 가치 있다"라고 느낄 수 있게 해준다는 것이다.[18]

우리 호모사피엔스를 지구상의 다른 모든 종들과 구분되는 더 우월한 종으로 만들어준 것이 바로 서사를 지어내고 말하고 믿는 능력이고, 그 능력 덕에 우리의 먼 조상이 마스토돈과 네안데르탈인을 정복할 수 있었다는 하라리의 확신에 동조할 정도로 나는 대담하지 않다. 다만 내가 확신하는 것은 정치공동체를 형성하고 유지하는 성취들과 각 공동체 내부의 갈등과 공동체들 간의 갈등 모두를 포함하는 호모사피엔스의 정치는 언제나 서사들을 지어내고 믿는 그런 능력에 좌우되어 왔다는 것이다. 나는 오랫동안 정치공동체가 언제나 한편으로는 강제력, 다른 한편으로는 설득력 있는 서사, 이 양자의 조합에 의해 만들어지고 유지된다고 주장해 왔다. 확실히 막스 베버가 익히 알고 있었던 것처럼, 강제력이야말로 정치공동체를 여타 단체와 구별해 주는 것인데(어떤 단체들은 종종 오직 서사에 의해서만 유지되는 경우도 있다), 그럼에도 정치공동체가 근본적으로 서사가 아닌 강제력에만 기반을 두고 있다고 생각하는 것은 오해다. 하라리의 말을 빌리자면 누구도 "강제력으로만 군대를 조직"할 수는 없다. 분쟁 상황이 벌어졌을 때 의지할 수 있는 군대가 되기 위해서는 국가의 강제력 때문에 마지못해 명령을 따르는 이들이 아니라 국가의 명령과 목표를 "진정으로 믿는 이들"이 일반 군인 중에 있어야 한다.[19]

나는 어떤 집단의 정체성 서사가 군인들이나 시민들 할 것 없이 모두에게 그와 같은 진정한 믿음을 품게 한다고 주장해 왔다. 그것은 공동체 구성원 간에, 그리고 구성원과 지도자 간에 신뢰감을 심어줄 뿐만 아니라, 그 공동체의 일원이 된다는 것의 가치에 대한 의식과 느낌을 배양해 준다.[20] 그와 더불어 나는 '정치적 집단들'을 강제력과 서사가 모두 있어야만 만들어지는 것으로 정의했을 뿐 아니라 "그 집단에 속하는 구성원들에게 어느 정도 배타적 충성심을 요구한다고 일반적으로 이해되는 어떤 결사체, 단체 혹은 공동체"라고 규정했다. 이와 같은 충성심의 요구 때문에 정치가 필연적으로 포함하는 여러 형태의 갈등과 협력 이 두 가지가 모두 촉진된다. 결과적으로 "더 강하게 요구할수록, 그 집단은 더 정치적이 된다"는 것이다.[21] 이는 곧 정치적 집단 정체성의 형태가 아주 약한 것부터 대단히 강한 것까지 폭넓고 다양할 수 있다는 것을 의미한다.

내가 또 주장한 것은 어떤 국민 정체성 서사가 집단적인 정체성 의식과 공조 의식을 오랫동안 유지하기 위해서는 다음과 같은 세 가지 주제를 각각에 적합한 정책과 함께 설득력 있는 방식으로 개진해야만 한다는 것이었다. 첫째, 개별 서사에 따라 종종 강조하는 바가 다르고 성취하는 성공의 수준이 상이하다고 하더라도, 모든 서사는 일단 개인과 집단 모두의 물질적 번영을 약속하는 정책들과 관련한 경제적 주제를 반드시 다뤄야 한다. 둘째, 개인의 안전과 공동체의 자기 방어(때에 따라서는 공동체의 팽창)를 가능케 하는 힘을 약속하는 정책들을 다루는 정치적 주제 역시 필수적이다. 대개 이런 주제들은 일정 수준의 정치적 발언권 역시 약속한다. 마지막으로, 역시 적합한 정책들로 표현되는 구성적인 주제가 있어야 한다.

구성적인 주제는 "한 특정한 국민 공동체의 일원이 되는 자격을 그 구성원들의 진정한 정체성에 본질적으로 내재된 것"으로 나타내는데, 그 까닭은 그 정체성의 "특징들이 규범적으로 바람직하다고 여겨지기 때문"이다.[22] 나의 핵심 주장 중 하나는, 정치공동체가 존속하려면 통치자들이 경제 및 정치권력에 관한 주제와 정책들을 설득력 있게 제공하고, 그럼으로써 그 공동체 구성원의 결정적 다수에게 확신을 주는 성과를 만들어야 하지만, 경제적 이익과 권력의 이득만을 통해서는 그 어떤 정치공동체도 오래 유지될 수 없다는 것이다. 언젠가 경제적으로나 정치적으로 그런 이득을 약속할 수 없는 어려운 시기가 도래할 것임은 기정사실이다. 따라서 정치공동체는 그 공동체에 대한 충성심에 의해서도 유지되어야 한다. 여기서 충성심이란 공동체의 일원이라는 것 자체가 구성원들의 핵심적인 정체성의 한 부분이며, 그것이 그들의 삶에 의미와 가치를 제공해 준다는 믿음에 근거한 것이다. 구성적인 주제들은 종교, 조상, 민족, 인종, 성 역할, 언어, 문화, 계급, 관습, 역사 등등과 관련될 수 있다. 중요한 것은 그 주제들이 특징으로 삼는 그 특성들이 항상 높은 가치가 있는 것으로, 또한 '우리의 정체성'에 없어서는 안 될 필수적인 것으로 그려진다는 점이다.

나는 또한 메랄 우르 츠나르 Meral Ugur Cinar와 함께 정치적 정체성의 서사들이 특정한 유형의 형식적 구조를 가지며, 그 구조와 내용의 주제가 잘 맞아떨어질 때 가장 유효하게 작용한다고 주장해 왔다. 정치적 국민 정체성 서사에서는 세 가지 유형의 구조가 가장 지배적이고, 때때로 이 세 가지가 섞여서 나타나기도 한다. 첫 번째 유형은 기계적인 서사다. 이 유형의 서사는 정치공동체를 장기적으로 예측 가능한 패턴들(혹은 주기들)을 제공하는 불변의 행동 법칙과 규칙들에 의해 통치되는 것으로 묘사한다. 두 번째 유형은 목적론적 유기체설 형태의 서사다. 여기서는 정치공동체를 성장과 발전 경로에 놓여 있는 것으로 그리고 있으며, 그 과정에 부침은 있을 수 있으나 장기적으로 봤을 때 그러한 성장과 발전 끝에 공동체가 궁극적인 목적의 상태에 다다를 수 있을 것으로 간주한다. 세 번째 유형은 맥락적 설명으로, 사회 내 서로 다른 구성단위들 간의 상호작용이 어떻게 그 단위들 내의 변화와 사회 전체에서의 변화를 촉진하는지 보여준다. 이런 맥락적 설명은 어떤 특정한 목적을 지향하는 방식과 무관하며, 또한 단호한 법칙과 같은 행동 규칙을 제시하지도 않는다.[23]

대부분의 포퓰리즘 서사들을 보면, 그 내용은 각기 다를지라도 형식적 구조는 보통 기계적임을 알 수 있다. 여기서 정치적 발전을 설명하는 지배적인 법칙은 다음과 같다. "국민이 권력을 잡으면, 모든 일이 잘된다. 그러나 엘리트가 권력을 잡으면, 모든 것은 엉망이 된다." 이런 서사 구조는 현재의 모든 문제를 국민이나 포퓰리스트 지도자들에게 권력을 되돌려 줌으로써 해결해야 한다는 주제를 개진하기에 최적화되어 있다. 포퓰리스트 지도자들이 펼치는 서사들은 극적인 순환 주기를 제시한다. 한때는 국민이 권력을 가졌던 운 좋은 시기들이 있었으나 국민이 부패한 엘리트에게 권력을 내주자 모든 것이 나빠졌는데, 만약 국민이 권력을 되찾는다면 그들과 그들의 정치공동체는 다시 한번 위대해질 것이라는 식의 설명이다. 포퓰리즘 서사들이 보통 경제적인 불만과 개인들의 신체적 안전과 국가안보에 대한 우려를 표하고 그 개선책들을 내세우는 것은 사실이지만, 일반적으로 이런 서사들이 가장 크게 의존하는 것은 주권자가 될 자격이 있는 국민의 정체성이 무엇인지에 관한 핵심 질문에 답할 수 있는 구성적인 주제다. 포퓰리즘 서사들은 왜 국민이 위대한지, 누가 국민에 속하는 구성원에 포함돼야 하는지, 또 누가 배제돼야 하는지를 정확히 서술하기 위해, 특정 공동체 내에서 공유된 문화, 종교, 민족, 사상, 역사 혹은 여타 특별한 정체성의 특징들에 호소한다.

구성적 주제가 자주 이와 같이 결정적인 역할을 하기 때문에, 나는 국민 정체성 서사에 관한 지난 연구들에서 그에 주목한 바 있다. 비록 현대 정치학 연구들은 경제적 이익이나 권력의 이해관계만큼 이를 강조하지 않지만 말이다. 나는 또한 민족주의적 서사들이나 '민족 공동체의 이야기들'을 강조하기도 했는데, 왜냐하면 이것들이 오늘날 가장 효과적이고 큰 영향력을 발휘하기 쉬운, 가장 널리 퍼져 있으면서 강한 결집력을 요구하는 정치적 국민 정체성의 서사이기 때문이다. 그러나 현대 민족주의 운동의 호소력을 완전히 이해하기 위해서는, 전 지구적 정치 질서에서 민족국가의 절대적 우위가 아직 전복된 것은 아니라고 하더라도 그것이 꽤 오랜 시간에 걸쳐 약화되고 있음을 보여주는 경험적인 증거에 유의해야 한다. 결국 현대 포퓰리즘, 특히 민족주의적 포퓰리즘이 부상한 원인에는 포퓰리즘을 연구하는 다수의 학자들이 자세히 설명했던 경제적 불만이나 문화적인 우려와 결부된 또 다른, 그러나 비교적 널리 인식되지 않은 어떤 요인이 있는 것이다.

그 요인이란 최근 수십 년간 한때 확실히 지배적이었던 정치적 국민 정체성 서사가 약화되고, 그에 상응해 다양한 주제의 서로 충돌하는 서사들이 확산된 것을 말한다. 어떤 서사들은 경제적 이익을, 다른 서사들은 정치적 권력에 대한 관심을, 또 다른 서사들은 광범위한 구성적인 주제를 강조하면서 말이다. 이 서사들 중 많은 것은 민족주의적이라 할 수 있지만, 대단히 다양한 형태의 초국가적 혹은 국가 내 한 지역 수준의 공동체에 대한 소속감과 충성심을 강조하는 강한 반민족주의를 표방하는 서사들도 적지 않다. 비민족적 집단과 공동체들이 제시하는 어떤 서사들은 요구하는 결집 수준이 매우 크고, 다른 서사들은 그리 크지 않지만, 어쨌거나 이런 서사들은 다수의 갈등 상황에서 사람들이 정부나 여타 사실상의 권력 기구가 아닌 다른 초국가적이거나 국가 내 한 무리의 공동체와 정체성에 집중하도록 그들을 압박한다. 다양한 형태로 생성·발전하는 이와 같은 정치적 집합체들은 전체적으로 여러 정체성 및 책무들과 서로 충돌하는 서사들로 불협화음을 낳고 있고, 이런 상황이 많은 이들을 곤란하게 한다. 이처럼 불안한 환경 속에서 수백만 명의 사람들은(수십억 명일 수도 있다) 단순하고 친숙한 민족주의적 포퓰리즘의 감미로운 유혹에 다시 한번 끌리게 된 것이다.

집합체의 과잉

불과 얼마 전까지 많은 전문가들은 세계화가 경제적·이데올로기적·문화적 동질성을 초래함으로써 토머스 프리드먼Thomas Friedman이 했던 유명한 말처럼 세계를 '평평하게' 만들고 있다고 강조하곤 했다. 어떤 면에서는, 특히 공산주의 붕괴 이후의 경제정책을 보면, 최근 몇십 년간 대체로 비슷한 접근 방법으로 상당히 수렴했다는 데 대해서는 의심할 여지가 없다.[24] 그러나 도널드 트럼프와 같은 민족주의적 포퓰리스트들은 이제 이와 같은 발전들조차도 문제 삼고 있다. 특별히 자유무역협정들이 공격의 대상이다. 대략적으로 말해 오늘날 많은 사람들은 일종의 '세계화와 파편화의 변증법'이 작동하는 것을 인지하고 있다. 즉 의사소통과 교통이 증대되고, 경제적·사회적·정치적 네트워크들이 확대되면서 어떤 다양성과 차이점들은 감소하지만, 동시에 기존 국가 안팎에서 수많은 다양한 공동체의 성장이 촉진된다는 것이다.[25]

세계화와 파편화 덕에 이 과정에서 매우 다양한 국민 정체성 서사가 급증했으며, 많은 점에서 이것은 흥미진진하고 전도유망한 일이다. 그러나 다수의 사람들은 이런 현상을 상당히 불안하게 생각한다. 왜냐하면 불안한 것이 사실이기 때문이다. 이는 현대의 국가 건설과 국가 유지 프로젝트 방식이 많은 지역에서 실패하고 있다는 결과이자 그런 상황을 만든 하나의 요인이기도 하다. 전 세계 인구의 80퍼센트에 이르는 사람들이 이 기준에 따르면 부족한 국가나 실패한 국가에서 살고 있다.[26] 사람들이 본인들의 민족국가가 온전하지 못하다고 느끼고 있으므로 더 나은 것을 약속하는 것처럼 보이는 대안의 공동체를 발견하면, 지배적인 국가와 국민 정체성 서사에 도전하는 정치적 집단의 대항 서사를 받아들일 확률이 높은 무대가 조성된다. 그러나 이런 조건들은 동시에 민족주의 서사들을 옹호하는 이들이 역공을 펼칠 수 있는 동기와 기회를 제공하기도 한다.

오늘날 우리가 처한 상황이 특별히 새롭다는 사실을 과장하려는 생각은 없다. 우리가 알 수 있는 가장 먼 과거 시대부터, 인류는 언제나 오늘날 우리가 다중 정체성이라고 부르는 것을 품어왔다. 특정 성별의 사람으로, 가족의 구성원으로, 종교 공동체의 신봉자로, 직업의 종사자로, 정치 사회의 참여자 등등으로 말이다. 그렇지만 인류 역사상 대부분의 시대에 살았던 사람들은 오늘날 많은 이들이 겪는 곤란함, 즉 자신의 정치적 정체성의 핵심에 대한 온갖 다양하고 상충하는 서사들 때문에 일상적으로 느끼는 곤란함을 경험한 경우는 별로 없었을 것이다. 서사를 만들어내는 능력 덕에 사람들이 자신들이 살아가는 사회와 매우 다른 사회, 자신들의 삶의 방식과 상당히 다른 삶의 방식을 상상할 수 있게 된 것은 아주 오래된 일이지만, 비교적 최근에 정말로 중요한 변화가 있었던 것도 사실이기 때문이다. 현대의 정보통신 시스템, 더 높아진 유동성, 도시화 경향으로 인해 전 세계적으로 점점 더 많은 사람들이 다양성의 정도가 매우 높고 정보통신망이 광범위하게 발달한 글로벌 도시들로 이동해 왔으며, 그렇기 때문에 그들이 다수의 서사에 노출되는 것은 거의 불가피했다.

이와 대조적으로, 인류 역사를 통틀어 대부분의 사람들은 상대적인 고립 속에서 살았다. 〈그림 1-1〉에서 볼 수 있듯이, 제2차 세계대전이 끝날 무렵까지 전 세계 인구의 3분의 2가 넘는 사람들이 매스컴에 대한 접근성이 제한적인 농촌 지역에 살았다. 이들이 평생 들었던 서사들은 대체로 그 지역 가문의 지도자들이나 종교·정치 지도자들이 전해주는, 그들이 어떤 사람들이며 또 어떤 사람이 될 수 있는지에 관한 아주 익숙한 이야기들이었다. 그들의 통치자를 자처하는 고위 정치가들이나 더 상위의

〈그림 1-1〉 농촌에서 도시로

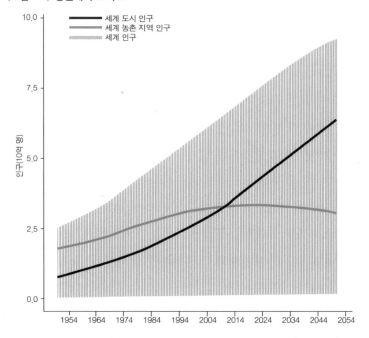

자료: UN 인구분과 경제사회업무국의 「세계 도시화 전망: 2018년 개정안」 데이터를 활용해 재커리 코즈롭스키가 작성했다. http://www.un.org/development/desa/publications/2018-revision-of-world-urbanization-prospects.html

공동체가 있었다고 하더라도, 그런 권위체들은 대체로 동떨어져 있는 것으로 보였다. 이런 제한적 공동체 사회에 거주하는 사람들의 정체성이나 삶의 방식과 실질적으로 너무도 다르게 묘사되는 서사들은 그들에게 구체적인 선택지라기보다는 그저 흥미로운 공상에 가까워 보였다.

게다가 이들이 전해 들은 서사가 표현하는 그들의 여러 정체성이란, 서로 공존 가능하고 또 적어도 크게 변하지 않는 것이었다. 가족 내에서의 지위, 성 역할, 직업, 종교적 신분, 정치적 충성과 같은 정체성들은 그들이 누구이고 또 누구여야 하는지에 대한 상대적으로 일관된 인식 속에 모두 녹아들어 있었으며, 대부분의 주변 사람들은 그런 시각을 공유했다. 그렇게 함으로써 그러한 정체성들은 더욱 강화되었다. 자신들의 정치적 정체성과 의무를 재고해야 할 필요를 자주 경험한 것은 소수에 불과했으며, 그들조차도 그렇게 할 수 있는 효과적인 기회가 많진 않았다. 결과적으로, 민족주의를 연구한 베네딕트 앤더슨, 에른스트 겔너 Ernst Gellner, 프랜시스 후쿠야마Francis Fukuyama와 같은 학자들이 내린 결론은, 후쿠야마의 말을 빌리자면 "근대 이전 사회에서는 정체성이 전혀 문제시되지 않았다"라는 것이다. "사회적 정체성의 분화"가 있기는 했지만, 사회적 이동성이 제한된 상황에서 사람들은 자신들의 공동체를 고를 수 있는 "선택지가 별로 없었"고, 따라서 "장시간 동안 가만히 앉아서 '내가 진정으로 누구인지'를 스스로에게 물었던 사람들"은 극히 드물었을 것이다.[27]

물론 그렇다고 해서 '전근대적' 삶이 일반적으로, 그저 목가적이고 평화로웠다는 것은 아니다. 대립과 권력투쟁은 유사 이래 늘 있어왔다. 그러나 오늘날과의 차이점은 전근대적 대립들의 경우, 보통 각 공동체에서 지배적인 서사들이 규정하는 전통적인 역할과 지위를 배경으로 서로 다른 사람들이 남보다 더 큰 영향력과 더 높은 자리를 획득하고자 하는 데서 비롯됐다. 군대의 사령관들은 황제가 되고 싶어 했고, 영주들은 왕이 되고 싶었다. 하위 성직자는 고위 성직자가 되고자 했고, 유력자의 세 번째 아내는 본처가 되길 원했다. 그러나 전근대 시대의 사람들이 스스로가 속한 정치공동체 자체와 그들 자신의 핵심 정체성을 놓고 내적 갈등을 겪는 일은 드물었다.

정치공동체는 종종 다른 단위의 공동체와 경쟁했고, 그와 같은 분쟁은 빈번하게 무력으로 마무리됐다. 정복자들은 대개 피지배자들에게 승리자인 자신들의 국민 정체성 서사가 표현하는 새로운 정치적 정체성을 강요했다. 대략 400년 전까지만 하더라도, 대부분의 사람들은 여전히

〈그림 1-2〉 제국에서 민족국가로

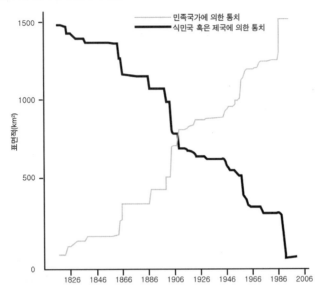

자료: Andreas Wimmer, Lars-Erik Cederman, and Brian Min, "Ethnic Politics and Armed Conflict: A Configurational Analysis of a New Global Dataset," *American Sociological Review*, Vol.74, No.2(2009), pp.316~337의 비슷한 그래프의 토대가 됐던 htttp://www.columbia.edu/-aw2951/ Datasets.html의 데이터를 이용해 재커리 코즈롭스키가 작성했다.

어느 제국에 속한 일원이었거나, 마을과 소도시에 살았거나 혹은 자치를 유지하거나 회복한 유목 부족이었다.

대부분은 제국에 속한 사람들이었다. 제2차 세계대전에 뒤이어 일어났던 탈식민지화 시대 전까지는 전 세계 영토의 태반을 이런저런 제국 체제들이 통치했다. 아시리아제국, 페르시아제국, 왕조를 교체하며 계속된 중국의 제국들을 비롯해 아랍의 칼리파국, 로마제국, 비잔틴제국, 오토만제국, 무굴제국, 잉카제국과 아즈텍제국, 스페인제국, 프랑스제국, 영국제국 등등이 있었다.[28]

그러나 제국의 통치를 받는다는 것은 종종 느슨한 통치하에 있다는 것을 의미했다. 비록 제국들은 각기 매우 상이했지만 대부분은 다층적이고 중첩적인 권위체들이었으며, 징세와 병역 부과를 별개로 한다면 대부분의 제국들은 정복지에서 자신들이 가장 선호하는 그 지역 토착 지도자들에게 권력을 일부 나눠주었다. 제국의 지배에 맞서는 직접적인 저항에는 가혹한 응징이 뒤따랐지만, 그러는 와중에도 제국은 지역 차원에서 상당한 수준의 자치를 허락했고, 그렇기 때문에 종교, 직업, 민족적 정체성, 문화적 삶의 방식 등과 같은 각 지역의 아주 다양한 전통적인 정체성들은 크게 위협받지 않은 채 남을 수 있었다.[29] 제국들은 물론이고 제국식의 국민 정체성 서사를 전파하면서 그들이 통치하는 이들의 정체성을 만들고자 했지만, 제국의 정치적 정체성이라는 것이 상대적으로 그다지 두드러진 것이 아니라 그저 각 지역의 친숙한 정체성, 즉 해당 지역 사람들이 줄곧 스스로를 인식하고 대부분의 시간 동안 자신들의 삶을 규정해 온 그런 정체성 위에 살짝 더해진 것이었다. 그래서 제국주의 정복자들에 대항해 싸웠던 이들이 그렇게 할 수 있었던 것도 일반적으로 말해 정치 세계를 '우리' 대 '그들'의 구도로 간단히 볼 수 있게끔 해주었던, 그들이 제국에 병합되기 이전부터 가졌던 전통적인 정체성과 의무감 때문이었다.

그러고 나서 제2차 세계대전이 끝나자 전 세계적으로 탈식민화 운동이 도래했다. 세계 각지에서 제국이 가장 우세한 형태의 정치체제였던 긴 시간이 끝나고, 이제 우리가 종종 실제보다 더 오래됐다고 생각하는 새로운 시대가 열린 것이다. 이는 바로 민족국가가 압도적으로 지배적인 정치공동체의 유형이 된 시대다. 이르게는 16세기 유럽에서 시작됐고, 18세기 후반에 미국혁명과 프랑스혁명 덕에 사상적으로 추동력을 얻기도 했던 일련의 과정이 마침내 완결된 것이다.[30] 정확한 숫자는 어떻게 정의하느냐에 따라 달라지겠지만, 1945년에는 세계적으로 대략 50개의 주권국가가 있었다. 그 후 유럽의 제국들과 일본제국이 아프리카와 아

〈그림 1-3〉 민족국가 수 증가

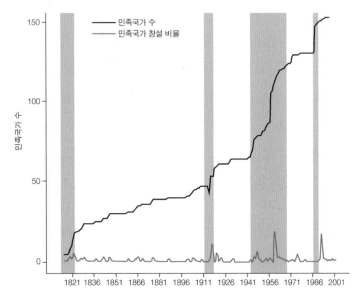

자료: Andreas Wimmer, Lars-Erik Cederman, and Brian Min, "Ethnic Politics and Armed Conflict: A Configurational Analysis of a New Global Dataset," *American Sociological Review*, Vol.74, No.2(2009), pp.316-337를 위해 축적된 htttp://www.columbia.edu/-aw2951/Datasets.html 의 데이터를 이용해 재커리 코즈콥스키가 작성했다.

시아에서 사라지면서 다수의 새로운 민족국가가 탄생했고, 그래서 1989년에 이르면 그 수가 세 배 이상으로 늘어나 180개를 웃돌았다.[31] 최초로 민족국가가 전 세계 인구의 대부분을 통치하게 된 것이다.

그러나 국가의 숫자가 증대했음에도 그것이 곧 오늘날 많은 사람들이 경험하는 것만큼 정치적 정체성들이 파편화하고 상호 경쟁 관계를 느끼는 정도까지 나아가지는 않았는데, 거기에는 한 가지 주요한 이유가 있었다. 민족국가들의 멋진 신세계가, 자본주의 미국과 미국의 동맹 대 공산주의 소련과 소련 동맹 간의 대립 관계가 만들어낸 포괄적이고 지배적인 구조 속에 존재했기 때문이다. 물론 많은 국가들은 비동맹 노선을 걸었고, 대부분의 국가들(특히 여러 형태로 계속되는 구 식민지 지배국의 영향을 비롯한 제국주의의 유산과 씨름했던 국가들)은 어느 편과 동맹을 맺어야 할지를 놓고 얼마간의 내부 논쟁을 겪었다. 그럼에도 불구하고 냉전 기간 동안에는 대다수 사람들이 생각하는 정치적 정체성 관념이 다음 질문에 답하는 것만으로도 어느 정도 명료해졌다. "우리는 철의 장막 중 어느 편에 서 있는가? 공산주의 쪽에, 아니면 자본주의 쪽에?" 이와 같은 구분의 근본적인 성격 때문에 양 진영에 속한 국가들은 자유 진영의 북대서양조약기구NATO와 공산 진영의 바르샤바조약Warsaw Pact과 같이, 이런 상황이 아니었다면 자신들의 국가주권을 축소하는 것으로 비칠 수도 있는 새로운 초국가적 협정과 기구들을 쉽게 받아들일 수 있었다. 이런 구조는 또한 곧 서방 대부분의 국가들이 국제통화기금International Monetary Fund, 세계은행World Bank, 그리고 궁극적으로 세계무역기구 World Trade Organization를 포함하는 친자본주의적 세계 경제기구들을 지지하도록 촉진했다. 쿠바나 북한 같은 공산주의 국가들이 소련과 중국의 원조에 의존할 당시에 말이다.

나는 냉전 시대 세계에서 자랐는데, 그렇기 때문에 오늘날과 그때를 비교했을 때 단지 국가들의 정치적 정체성뿐 아니라 개인들의 정치적 정체성 선택의 문제에서도 그때의 상황이 선택들을 더 간단하게 만든 것이 사실임을 입증할 수 있다. 핵전쟁의 위협은 언제나 우리 마음 한편에 자리하고 있었고 종종 전면에 등장하기도 했는데, 그래서 모든 여타 차이점과 우려들을 가리고 우리 정체성에 대해 상대적으로 통합된 의식을 고무하는 기능을 했다. 1961년에 케네디John F. Kennedy가 대통령 취임사의 틀을 "양측 모두 인류 최후의 전쟁을 막아주는 저 불확실한 공포의 균형을 바꿔놓으려고 매진하는 …… 거대하고 강력한 두 국가 집단" 간의 대립을 중심으로 짰을 때, 그가 제공한 것은 모두가 제 위치를 알고 있는 세계 정치에 대한 설득력 있는 서사였다.[32]

그리고 1989년, 냉전이 막을 내렸다. 베를린장벽이 무너지고 동유럽의 공산주의 체제들이 붕괴하기 시작했다. 그로부터 2년 후에는 소련이 멸망했다. 공산주의 종식은 또 한 번 국가 건설 바람을 일으켰고, 그 결과로 오늘날 유엔에는 195개의 회원국이 있다. 이런 바람이 불기 시작했을 무렵 후쿠야마는 자본주의와 자유민주주의에 맞섰던 주요한 사상적 대안이 소멸한 것이 곧 "역사의 종언"을 뜻하는 것은 아닌지 질문을 던지며 전 세계적으로 논쟁을 불러일으켰다.[33] 한동안 그 질문에 대한 대답은 '예'인 것처럼 보였다. 미국은 자국의 경제와 정치 시스템을 전 세계 모든 국가가 모방해야 할 본보기로 제시하는 유일한 패권국으로 우뚝 서 있었다.

그러나 그로부터 20년이 채 지나기 전에, 미국 외교협회Council on Foreign Relations 회장 리처드 하스Richard Haass는 미국이 혼자 전 세계를 지배했던 "단극單極의 순간"이 "실재"한 것은 사실이지만, 그런 시대는 이미 저물어가고 있으며, 따라서 역사적으로 서술하자면 그저 짧은 "한 순간"에 지나지 않는다고 선언했다.[34] 하스는 이 일시적인 단극체제가 끝나고 새로운 양극兩極 혹은 다극多極의 세계가 열리는 것이 아니라, "무극無極의 시대"로 이어질 것이라고 주장했다. 그는 "고전적인 다극체제"와 대조적으로 현재는 "더 많은 힘의 중핵들이 있는데, 그중 몇몇 중심들은 민족국가가 아니"라고 논하며 다음과 같이 주장했다.

확실히 현대 국제 체제의 가장 중요한 특징 중 하나는 민족국가가 권력에 관한 독점적 지배력을 상실했고, 어떤 영역에서는 그에 관한 가장 우세한 지위조차도 상실했다는 점이다. 국가들 위에는 구역 조직들과 전 세계적 조직들이, 아래에는 사설 무장 세력이, 옆에는 가지각색의 비정부조직들 NGOs과 기업들이 포진해 그 지배력과 지위를 위협한다. 권력은 이제 다수

의 수중에서, 또 다수의 장소에서 발견된다.[35]

하스는 이 '다수의 수중'의 실례로 브라질, 나이지리아, 한국, 호주와 같이 특정 지역에서 지배력을 행사하는 국가들뿐만 아니라 국제통화기금IMF, 유엔UN, 세계은행World Bank과 같은 국제기구를 지목했고, 유럽연합EU, 아프리카연합African Union, 미주기구Organization of American States와 같은 구역 기구들, 국제에너지기구International Energy Agency, 석유수출기구OPEC, 세계보건기구World Health Organization와 같이 더 특수한 목적을 가진 초국가기구들, 또한 캘리포니아와 우타르 프라데시와 같은 한 국가 내의 강력한 주들이나 뉴욕과 상하이 같은 글로벌 도시들, 다국적기업들, 알자지라al Jazeera나 CNN과 같은 국제 언론매체, 헤즈볼라Hezbolla와 탈레반Taliban과 같은 준군조직 무장세력, 그리고 '정당, 종교단체와 운동 조직, 테러 집단(알카에다), 마약 범죄 조직, 유익한 종류의 비정부조직들(게이츠 재단, 국경 없는 의사회, 그린피스)' 등을 포함시켰다.[36]

사실 하스는 무극 체제에 이바지하는 발전들을 오히려 과소평가했다. 그는 퀘벡, 스코틀랜드, 카탈루냐, 체첸 외 많은 지역에서 일어난 지역의 자치나 완전한 분리운동들에 주목하지 않았다. 이 운동들이 오랫동안 인정되어 왔던 민족국가들에 최근 수십 년 동안 극심하게 도전했는데 말이다. 또한 하스는 세계정치의 장에 참여하는 수천 개의 행위자를 새로 양산해 낸 국제 비정부기구의 폭발적인 성장을 상세히 기록하지 않았다.

이 책에서 내가 펼치는 주장과 관련해 지적하자면, 하스는 자신이 열거한 모든 기구가 존속할 수 있는 것이 부분적으로 해당 기구의 사명이 대단히 가치 있는 것이고 그렇기 때문에 그 기구에 참여하는 것 역시 극히 중요하다는 점을 설명하는 그 조직의 서사 덕이라는 데 주목하지 않

〈그림 1-4〉 국제 비정부기구(NGOs) 수의 증가

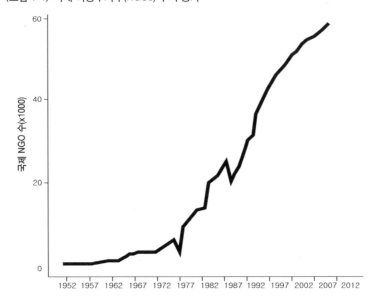

자료: Union of International Associations, "Historical Overview of Number of International Organizations by Type," https://uia.org/sites/uia.org/files/misc_pdfs/stats/Historical_overview_of_number_of_international_organizations_ by_type_1909-2013.pdf를 활용해 재커리 코즈롭스키가 작성했다.

았다. 물론 모두 다 그런 것은 아니지만, 어떤 경우에는 어느 조직의 일원이 된다는 것의 도덕적 구속력이 지속되곤 한다. 그 구성원으로서의 의무가 국민으로서의 의무와 상충할 때조차 그렇다. 유럽연합(이하 EU)은 각 회원 국가들에 특정한 종류의 형식적 권위를 행사한다. 탈레반은 무슬림들에게 자신들이 강제하는 종교적 법률을 따르는 것이 파키스탄이나 아프가니스탄과 같이 그들이 속한 정치공동체에 충성하는 것보다 더 근본적인 의무라고 주장한다. 탈레반은 자신들이 파키스탄과 아프가니스탄을 지도해야 한다고 여긴다. 핵실험을 반대하는 시위대들의 활동으로 시작했던 그린피스는 "비폭력적 대립"을 활동의 기치로 삼는다고 단언하는데, 다수의 그린피스 회원들과 다른 환경주의자들은 지구를 살

려야 한다는 도덕적 사명이 자신들이 속한 특정 국가에 대한 충성보다 월등히 앞서는 것으로 간주한다.[37] 무극의 세계라는 기술이 가장 어울리는 오늘날의 세계에서, 앞서 언급한 기구들을 포함한 모든 집단은 서로 경쟁하는 정치적 집합체들을 만들어낸다. 각각이 자신들에게 충성을 맹세하라는 상충하는 요구들로 소란스러운 합창을 이룬다.

경쟁하는 서사들의 격전지

잠재적 유권자들에게 선택지로 주어지는 정치적 소속과 의무들에 대한 대안 서사들의 폭증으로 인해 거의 모든 국가가 오늘날 어려움에 직면해 있지만, 각 사례마다 그 어려움이 나타나는 특수한 특징들은 모두 다르다. 물론 어느 정도 공통점 역시 존재하지만 말이다. 공산권 붕괴 이후에 나타난 새로운 국가 건설 바람 속에서 탄생한 나라들은 특별히 새로운 자유민주주의의 원칙들을 강조해야 하는지, 아니면 여러 형태의 종족 민족주의를 강조해야 하는지에 관한 질문에 휘말렸다. 서구 제국들의 붕괴로 인해 생겨난 국가들은 타당한 경계를 어떻게 정해야 하는지, 또는 이전에 속했던 제국의 통치자들과는 어떻게 적절한 관계를 설정해야 하는지를 놓고 발생하는 분쟁을 경험한다. 유럽과 북미 대륙에 있는 '오래된' 민족국가들은, 한편으로는 처음부터 그 국가들의 일부가 되고 싶지 않았을지도 모르는 소수집단들, 그리고 다른 한편으로는 자신들의 자리를 잃을까 두려워하는 전통적인 지배 집단들 모두가 토로하는 불만에 직면한다. 이제부터는 앞서 말한 각각의 종류에 해당하는 사례를 검토하고자 한다. 살펴볼 사례들은 다음과 같다. 체코공화국과 슬로바키아, 아랍에미리트연합과 필리핀, 영국과 미국 내부에서 반대자 정체성을 보이는 북아일랜드의 얼스터스코트 Ulster-Scots와 위스콘신 농촌 지역의 시민들이다.

체코공화국과 슬로바키아

제국 체제를 오랫동안 지지하거나 반대해 온 경험에 기초한 국민 정체성 서사를 대체할 만한 논리적으로 일관된 서사(설득력이 강한 서사는 차치하고서라도)를 구성하는 데 종종 어려움을 겪었던 과거 제국이 통치한 많은 지역의 거주민들처럼, 소련 위성국가들의 일원이던 시민들 역시 공산권과 자본주의권을 지지하거나 반대하는 데 초점이 맞춰졌던 서사를 대체하는 데 어려움을 겪어왔다. 그런데 이 과제를 더 어렵게 만들었던 현실은 이따금 간과되어 왔다. 1989년에 이르기까지 유고슬라비아, 체코슬로바키아 그리고 소련을 포함한 소비에트 국가들이 공산주의 체제뿐만 아니라 민족연방국가로 스스로를 체계화했다는 사실이다. 공산주의 도입에 앞서 존재했던 민족문화 공동체를 바탕으로 세부 지역을 나누고 또 심지어 개인 신분증까지 만들었다. 이러한 체계화는 민족문화 공동체들을 더욱더 강화하기도 했다. 그들이 이런 형태로 국가를 조직한 이유 중 하나는, 그렇게 함으로써 정치체제에 대한 지지를 이끌어 내고자 했기 때문이다. 공산주의 사상이 갖는 경제 및 정치 권력에 대한 주제들만으로 확보할 수 있는 것 이상의 지지 말이다. 공산주의의 붕괴 이래, 이런 국가들은 통합된 채 머물러야 하는지, 아니면 지역 혹은 민족의 경계에 따라서 대충 분할해야 하는지를 선택해야 했다. 이 국가들은 또한 당대와 후대에 어떤 종류의 국민 정체성을 선택해야 하는지 역시 결정해야 했다. 국가들의 대응은 각기 달랐다.

1990년에 구 체코슬로바키아 사회주의공화국은 체코슬로바키아 연방공화국이 됐고, 1992년에는 체코공화국과 슬로바키아공화국(일반적으로 슬로바키아라고 불린다), 두 개의 나라로 분리되었다. 나드야 네델스키 Nadya Nedelsky가 밝힌 것처럼 체코공화국은 1990년대의 다른 대부분 구 공산권 국가들과 마찬가지로, 국가는 자유롭고 평등한 시민들의 연합이 라는 점을 강조하고 인권과 민주주의 발전에 헌신하는 것을 강조하는 이른바 시민적 개념의 정체성을 채택했다. 이와는 달리 슬로바키아공화 국은 민족의 관점에서 그들의 정체성을 구성하는 길을 택했다. 슬로바 키아 헌법은 슬로바키아를 "우리 조상들의 정치적이고 문화적인 유산" 을 발전시키기 위해 "민족자결의 자연권"을 행사하는 "슬로바키아 민족" 의 성과로 정의했다. 영토 내에 존재하는 "소수민족들"을 위한 공간을 인정하는 단서를 달았지만 말이다.[38]

체코공화국과 슬로바키아 두 국가 모두에는 스스로를 여전히 기본적 으로 공산주의자라고 여기는 거주자들이 포함됐다. 어떤 이들은 통합된 구 체코슬로바키아에 계속 충성했다. 또 다른 이들은 자신이 거주하는 공화국에서 공표되는 정치적 정체성이 아니라, 현재 거주하지 않는 다 른 국가가 내세우는 정치적 정체성에 더 강한 애착을 보였다. 이 외에도 많은 이들은 단순히 그들의 정치적 정체성이 어떤 것이어야 하는지에 대해 확신이 없었다. 게다가 체코공화국과 슬로바키아, 이 두 신생 공화 국에 있는 소수민족들은 새로 탄생한 국가가 자신들을 차별로부터 충분 히 보호하지 않거나 혹은 자신들의 독특한 정체성을 인정하지 않을 수 있다고 우려했다.[39] 그래서 새로운 양국의 구성원들은 더는 공산권의 일원이라는 사실에 얽매이는 서사가 아닌, 다수의 서로 경쟁하는 정치 적 국민 정체성 서사에 직면하게 됐다.

과거 공산주의국가였던 다른 많은 나라들 역시 같은 문제에 직면해 왔다. 헝가리와 폴란드를 비롯한 몇몇 국가의 경우, 국가 차원에서 좀 더 시민적 형태의 자기 인식과 좀 더 민족적 형태의 자기 인식의 양자

사이를 오갔다. 러시아를 비롯한 다른 국가들은 내부의 분리주의운동에 맞닥뜨렸다. 이와 같은 나라 대부분에서는 민족주의적 포퓰리즘이 계속 우세했거나 최근에 부상하는 세력이 됐다. 특히 국민들이 경제적 어려움을 겪거나 다수의 이민자가 유입되어 강한 위협을 느꼈을 때, 그러했다. 2017년에 체코공화국은 과거 공산주의자였던 대부호富豪 안드레이 바비시Andrej Babiš를 총리로 선출했는데, 그는 반反이민 민족주의자로 스스로 탈바꿈하면서 '다문화주의'를 맹렬히 공격하며, 체코는 "우리의 조상들이 이곳에 세웠던 것을 위해 싸워야" 한다고 주장했다.[40] 슬로바키아는 비록 EU 가입 후에 이민 증가세를 얼마간 보였지만, 국민 정체성을 구성하는 데 강한 민족적 관념을 고수해 왔으며, 높은 동질성 역시 유지해 왔다.[41] 슬로바키아는 이민자와 난민의 수용을 더욱더 확고히 반대하는데, 특히 그들이 비기독교인일 경우 반대가 더욱 심하다.[42]

아랍에미리트연합

중동, 아프리카, 아시아에서 아주 이른 시기에 탈식민운동의 결과로 탄생한 신생국 다수는 충성심을 불러일으키는 국민 정체성을 구성하고 유지하는 과정에서 다소 상이한 도전들에 맞닥뜨린다. 과거 식민지들의 경계를 확립한 것은 대개 제국의 통치자들이었는데, 그들이 만든 '공동체들'은 그 지역의 깊은 역사적 형성 과정을 반영한 것도, 그 지역 원주민들이 스스로 선택한 것도 아니었다. 가장 두드러지는 예 중 하나로 아랍에미리트연합The United Arab Emirates(이하 UAE)을 들 수 있다. 현재 UAE의 일부인 아랍 수장국•들은 비록 공식적으로 대영제국의 식민지였던

• 아랍에미리트는 아미르라고 불리는 무슬림 정치체제의 군주가 통치하는 수장국들이 연방을 형성해 만든 국가다. 7개의 수장국(아부다비, 두바이, 샤르자, 아지만, 움

적은 없었지만, 영국은 오랫동안 그들이 선호하는 수장들과 조약을 맺으면서 그 지역을 통제해 왔는데, 특히 1932년에 바레인 Bahrain에서 석유를 발견한 이후로는 그 방법을 더 빈번히 써왔다.[43] 그러나 1968년에 영국이 페르시아만에서 철수하기로 결정하면서 영국의 보호하에 있었던 그 지역 국가들과 논의를 시작했고, 그 결과가 1971년 UAE의 설립으로 이어졌다. 캘버트 존스 Calvert Jones가 상세히 설명한 바와 같이, 이 새로운 정치체제는 건국 당시부터 그 구성원들 간에 공동의 국민 정체성을 길러내는 데 큰 어려움을 겪었다. 단순히 말해 기댈 만한 UAE의 역사적 정체성은 없었으며, 반식민투쟁이라는 공통의 목표에서 생겨나는 공동의 목적의식도 없었다. 그 대신 UAE 사람들 대부분은 강하고 독특하며, 종종 상충하는 부족 정체성을 지니며 성장했다.

UAE에는 통치자가 자기 부족민들에게 재화를 제공하는 옛 시대부터 계승한 부족식 관습이 남아 있는 데다가 오일머니 역시 있었다. 그렇기 때문에 UAE 정부가 일찍이 사람들을 사로잡는 목적론적 구조를 갖춘 경제 중심의 국민 정체성 서사를 통해 충성심을 길러내고자 한 것은 놀랄 일이 아니다. UAE는 통치를 받는 이들에게 이를테면 다음과 같이 말했다.

여러분이 UAE의 구성원이 되는 것을 기꺼이 받아들인다면, 여러분은 국가가 제공하는 '토지, 물, 주택, 의복, 신발, 음식, 병원, 차량' 외에 많은 혜택을 받을 자격이 있다.[44]

알쿠와인, 라스알카이마, 푸자이라)은 독립성을 유지하는 세습 왕정 체제이며, 두바이(1835)와 푸자이라(1952)를 제외한 나머지 다섯 개 수장국들은 1821년 영국과 협약을 맺고 영국의 보호령에 속했다가 1971년에 독립하여 연방국가를 만들었다.

그러나 국가에 대한 충성심을 주로 물질을 공급하여 획득하려는 것은 문제가 있는 전략이다. 이런 정책은 시민권을 요구하는 무수히 많은 사람들을 양산해 낼 경향이 큰데, 정말로 시민들이 광범위한 물질적 혜택을 받는다면 시민권에 대한 접근성을 오히려 엄격히 제한할 필요가 있기 때문이다. 또한, 이런 전략은 제멋대로 살고 게으른 의존 상태라고 할 수 있는 '불로소득 심리'를 쉽게 조장할 수 있다.

존스는 1990년에 이르러서 UAE 지도자들이 이런 문제들에 대해 분명히 자각하게 됐다고 말한다. 그들은 또한 석유에 영원히 의존할 수 없다는 것을 알고 있었고, 전 지구적인 시장과 금융체제가 점점 더 지배하는 세계에서 경제적 번영을 유지하기 위해서는 새로운 전략이 필요하다는 것 역시 이해하고 있었다. 그들이 내린 결론은 새로운 종류의 시민을 만들어낼 필요가 있다는 것이었다. 전 지구적 경제 속에서 번영을 이룩할 수 있는, 또 UAE를 번영할 수 있게 하는 그런 시민 말이다. 이 와중에 에미리트 통치 수장들은 중대한 난제에 직면했다. 그들은 여전히 UAE의 정체성에 대한 설득력이 높은 민족문화적 설명을 개진하는 데 어려움을 겪었던 것이다. 그들의 국가는 역사적으로 볼 때 신생국에 지나지 않는데, 비록 UAE의 시민들 중 다수가 오래된 부족 정체성, 범아랍 정체성, 혹은 무슬림 정체성을 중요하게 생각했지만, 이런 것들을 옹호하는 일을 너무 강조하면 정작 국가에 대한 충성심은 오히려 약해질 수 있었다. 한편으로 비평가들은 이런 무슬림 운동가들을 가리켜 에미리트 전통보다 '외국'식의 이슬람을 선호하는 사람들로 공격했지만, 다른 한편으로 이와 같은 정체성들을 주장하는 사람들 중 특별히 이슬람 근본주의자들과 같은 이들은 UAE 정부가 만든 경제적 전망에 기초한 에미리트의 국민 정체성을 강제로 도입된 부패한 서구식 산물이라고 비판했다.[45] 권력을 가진 수장들의 입장에서는 이렇게 민족문화적인 주제를 떠들썩하게 주창하는 운동 세력들과 너무 긴밀히 연합하는 것을 조심스럽고 신중하게 생각하지 않을 수 없다.

게다가 UAE가 이민자들의 노동력에 크게 의존하면서도 시민권과 그에 따르는 물질적 혜택에 대한 접근성을 엄격히 제한하는 것이 사실이기 때문에, UAE에 사는 시민집단이라는 것은 훨씬 거대하고 다양한 외국인 거주자들에게 둘러싸인 작은 규모의 특권을 가진 소수자 집단이다. UAE의 엘리트들은 그들의 자녀에게 에미리트의 문화적 정체성을 심어주는 것이 어렵다고 불평한다. 예를 들어, 특히 다수의 아이들이 필리핀 육아 도우미의 돌봄을 받는 상황에서는 더욱 그렇다는 것이다.[46] 또한 UAE는 그 체제의 강점이 군사력이 아닌 재력에 기반을 두고 있으며, 에미리트의 군주들이 자국 내의 여타 거주자들은 물론이고 대부분의 시민들에게도 정부 운용에 영향을 끼칠 수 있는 어떤 실질적인 힘을 부여하기를 원하지 않는 탓에, 정치적 권력을 주제로 하는 정체성을 통해 체제에 대한 충성심을 쉽게 얻고자 기대할 수도 없는 노릇이다.

결과적으로 UAE의 통치자들이 UAE의 시민이 되는 것이 가치 있는 것임을 보여주려면 그들이 만든 경제적인 설명을 개조하는 방법밖에는 다른 선택지가 거의 없었다. 그들은 여전히 UAE의 시민이 되는 것이 부유해지는 방법이라고 사람들을 설득했지만, 그러나 이제 부富는 UAE 비전 2021UAE Vision 2021에 기술되어 있는 UAE 정부의 2010년 전략 계획에 나오는 표현대로, 에미리트인들이 높은 "자립 능력과 주도력" 및 "강한 노동윤리"를 가지고 "왕성한 기업가정신"을 보여주는 "충성스러운 부르주아" 시민이 됨으로써 얻어야 하는 것이다.[47]

캘버트 존스는 UAE가 이제껏 추구해 온 이와 같은 비전이 매우 양가적인 성과를 거뒀다고 본다. 그의 표현에 따르면 젊은 세대의 시민들은 아주 흔하게 "특권의식에 찬 애국자들"이 된다. 이들은 자신이, 부와 지위에 이르는 길을 시민들에게 제공해 주는, 예외적으로 특별한 국가에 사는 예외적으로 특별한 사람이라고 굳게 믿는다. 그러나 이 중 다수는 여전히 스스로 창업을 통해 부를 얻는 것보다 공무원이 되어 부를 축적 하기를 선호한다.[48] 기업가의 정체성을 추구하는 사람들, 그중에서도 특별히 성공한 사람들은 스스로를 대개 전 세계 경제 엘리트 집단의 초 국가적·세계시민적 공동체에 속하는 일원으로 여기지, 자신들이 UAE 의 시민이라는 것을 우선적인 정체성으로 생각하지 않는다. 탈식민 후 에 생긴 다수의 정치체제 안에 살고 있는 사람들 역시 이와 비슷하게 그 들의 정체성에 대한 서로 다른 서사들을 개진하는 여러 운동과 집단들 에 직면한다. 이들은 또한 그들의 충성심이 어디를 향해야 하는지에 대 해서도 상이한 서사를 제공한다. 오래된 부족들을 향해야 하는지, 애초 에 제국주의 통치자들이 만들었던 국가를 향해야 하는지, 국가를 초월 해 존재하는 같은 민족이나 같은 종교를 따르는 신자들을 향해야 하는 지, 전 세계적인 경제기구들과 그런 노력들을 향해야 하는지 등등 말이 다. 이런 맥락에서 볼 때, 많은 사람들이 명확하면서도 지속 가능한 정 치적 집단의식을 형성하는 데 어려움을 겪는 것은 놀랄 일이 아니다.

필리핀

정치적 정체성을 유지하는 데 식민지 유산들, 탈식민 이후의 국가 건 설, 그리고 전 세계적 경제와 사회 관계망들 간의 상호작용이 어떻게 복 잡한 난제들을 일으키는지를 생생히 묘사하는, 또 다른 시도로는 잰 패 디오스Jan Padios의 『통화 중인 국가』가 있다. 이 책은 필리핀에서의 민 족 서사들을 다룬다.[49] 패디오스의 분석은 UAE 같은 곳에서 일하는 필 리핀 육아 도우미 사례를 포괄하지만, 이 책이 초점을 맞추는 것은 그가 "21세기에 다른 어떤 것보다도 가장 더 중요한 필리핀의 사회적·문화적·경제적 변화"라고 부르는 현상이다. 국가의 정책적 보조 덕분에 필리핀은 인도를 제치고 '세계 콜센터의 수도'가 됐다. 2015년에 이르면 필리핀의 콜센터 산업은 국내총생산GDP의 대략 7.5퍼센트를 차지했다. 이 수치는 해외에서 일하는 필리핀 노동자가 국내로 송금하는 액수와 거의 흡사하다.[50]

패디오스의 연구는 이 주요 산업이 부분적으로는 어떤 선전식의 서사를 통해 형성됐다는 것을 보여준다. 이 서사가 강조하는 것은 과거 미국의 식민지였던 필리핀의 역사적인 상황과 미국식 영어를 구사할 수 있는 필리핀인들의 능력이 미국 문화에 대한 깊은 친화성을 길러주었다는 사실이다. 이런 역량 때문에 필리핀 노동자들은 다른 어느 국가의 노동자보다 미국 소비자를 위한 콜센터 일을 더 효율적으로 수행할 수 있다. 마치 예전에 필리핀을 다스렸던 미국인 통치자들이 주장하곤 했던 것처럼, 이 산업의 경영진은 필리핀인들의 타고난 문화적 특징인 공감과 따뜻함 덕분에 그들의 콜센터 직무수행 능력이 탁월하다고 주장한다. 한 기업가가 말한 것처럼 "우리(필리핀인)들은 감정노동에 능하다"[51]라는 점을 강조하는 것이다.

패디오스에 따르면 최근까지도 필리핀 정부와 기업 대표들 모두 이와 같이 제국주의 시대에 만들어진 주제들을 자랑스러운 민족의 이야기로 엮어 필리핀인들이야말로 21세기 전 지구적 지식경제하에서 성공할 수 있게 특별히 준비가 잘된 사람들이라는 주장을 만들어냈다. 그들은 또한 이렇게 새로운 필리핀의 IT 서비스 경제가 해외의 필리핀 노동자들(예를 들어 UAE의 육아 도우미들)이 고향으로 돌아와 자신들의 아이들을 돌볼 수 있는 환경을 조국에 조성하게 될 것이라고 약속하기도 했다. 그러나 미국인을 상대로 한 필리핀인들의 문화적 유용성을 강조하는 이와 같은 최근의 서사는 필리핀의 정체성을 미국과의 연관성, 심지어는 지속적인 의존성 속에서 표현하게 된다는 메시지를 불가피하게 전달하게 된다. 비록 많은 필리핀인들이 이런 이야기를 좋아하지만, 그 이야기에 별 감응이 없거나 적대적인 반응을 보이는 사람들도 있다. 그런 이야기는 필리핀인들을 기껏해야 조수 역할을 하는 미국인들로 보일 수 있게 한다.

게다가 그와 같은 친절한 콜센터 산업이 필리핀 노동자들과 필리핀 국가를 경제적으로 어느 수준까지 끌어올릴 수 있는지 살펴볼 때, 거기에는 분명 한계가 있음이 드러났다. 많은 콜센터들의 기능이 자동화되면서 이런 한계는 더욱 심화될 수 있다. 그렇기 때문에 비교적 최근에 권위주의적 민족주의 포퓰리스트인 로드리고 두테르테가 권력을 획득하고, 종종 반미적 수사를 적당히 사용하면서 중국과의 긴밀한 관계를 추구한 것은 이해할 만하다. 물론 그가 트럼프 대통령에게서는 일종의 동류의식을 느꼈던 것 같지만 말이다. 사정이 이렇다면, 이 탈식민국가의 시민들은 여러 면에서 그들이 누구이고 또 그들이 무엇을 희망해야 하는지에 대한 생각이 수시로 바뀔 뿐 아니라, 서로 모순적인 설명들도 함께 수용한다고 볼 수 있다.

북아일랜드

비록 유럽과 북미의 더 오래된 민족국가들이 그들만의 특유한 어려움에 직면하지만, 그들이 현재 봉착한 난관은 어떤 면에서 보면 신생국가들의 난제와 별로 다르지 않다. 모든 국가는 건립 초기에는 그곳에 속하기를 원치 않았던 공동체들을 포함하는, 부분적으로는 대내적 제국으로 탄생했다. 이런 공동체 가운데 다수는 현재 그들의 정치적 지위에 만족하지 못한다. 피터 가드너Peter R. Gardner가 보여주듯이, 오랫동안 영국The United Kingdom of Great Britain and Northern Ireland●의 통치를 받아왔으나 아일랜드공화국 Republic of Ireland의 북동쪽 끝에 위치한 북아일랜드에서는 일부 개신교도들이 '얼스터스코트'를 자신들의 민족적 정체성으로 옹호함으로써 그들이 느꼈던 저항의 감정과 소외감을 표현했다.[52] 그들은 게일어나 영어가 아닌 그들만의 언어를 사용하는 교육을 추진했고, 더 나아가 얼스터스코트협회Ulster-Scots Agency는 얼스터스코트가 수백 년 된 민족일 뿐 아니라, 사실 이들이 미국이라는 나라를 세우고 미국 문화의 가장 훌륭한 특징을 만들어낸 가장 중요한 창설자들이라고 점점 더 강하게 주장해 왔다.[53]

'얼스터스코트 미국주의Ulster-Scots Americanism'로 불릴 만한 이와 같은 새로운 얼스터스코트 정체성 서사는 필리핀의 '콜센터 국가' 서사와 달리 어떤 특정한 경제 전략을 전개하는 데 공헌하지는 않았다. 그 대신 이 서사는 '집단의 존엄성에 대한 (깊은) 열망'과 '문화적 진정성의 의식'을 표현하는 것으로 보인다.[54] 그렇다고 하더라도, 중요한 의미에서 아일랜드도, 잉글랜드도, 심지어는 엄밀하게 말하자면 영국도 아닌 것으로 정체성과 충성심을 정의함으로써, 이 얼스터스코트의 정체성 서사는

• 우리가 이 나라를 영국(英國)이라고 부르는 까닭은 오래전 중국인들이 '잉'글랜드를 표현하기 위해 '잉'으로 발음 나는 글자 '英'을 선택했기 때문이다. 그러나 16세기에 웨일스가 잉글랜드에 완전히 편입되고, 1603년에 잉글랜드의 여왕 엘리자베스 1세가 후사가 없이 세상을 뜨면서 스코틀랜드의 제임스 6세가 제임스 1세라는 이름으로 잉글랜드의 왕위를 계승하는 등 여러 우여곡절 끝에 1707년에 이르러 잉글랜드와 스코틀랜드가 완전히 통합되면서 대브리튼 왕국(The Kingdom of Great Britain)이 공식적으로 탄생했다. 1801년, 여기에 아일랜드 왕국이 합쳐지자 대브리튼과 아일랜드 연합왕국(The United Kingdom of Great Britain and Ireland)으로 변경되었다. 이후 치열한 갈등을 겪으면서 1922년 무렵에 아일랜드 지역 대부분이 연합왕국에서 분리되었고, 1927년 아일랜드 북동쪽의 작은 지역만 연합왕국의 일부로 남아 그 상태가 현재까지 이어지고 있다. 이것이 현재 우리가 영국이라고 부르는 대브리튼과 북아일랜드 연합왕국(The United Kingdom of Great Britain and Northern Ireland)이다.

얼스터 집단 내에 "공동체의 분리감을 영속화하고 심화할 상당한 가능성이 있다"[55]라고 가드너는 평가한다. 스스로를 얼스터스코트라고 부르는 사람들은 영국과 아일랜드 간의 역사적인 식민 경험과, 그에 따라 가톨릭교도와 개신교도 사이에서 빚어진 갈등에서 비롯된 심각한 분열, 불안감, 적대감 속에 살면서 앞서 언급한 모든 것과는 다른 자기 집단의 서사를 정교하게 서술하기로 결정했다. 최근 브렉시트가 여러 어려움을 일으키기 전부터, 북아일랜드에서의 삶이 드러내는 엄청난 복잡성을 가중시키면서 말이다.

위스콘신의 농촌

다수의 서로 부딪치는 국민 정체성 서사들과 분투하는 이런 경험들은 식민사회나 탈식민사회들 혹은 오래 된 국가 내의 식민지화된 집단들에만 국한된 것이 아니다. 세계화와 파편화가 혼재된 우리 현시대에는 서로 경쟁하는 국민 정체성들이 더욱더 뚜렷해져 왔고 정치적으로도 더 의미 있게 변해왔다. 심지어는, 아니 특별히, 가장 오래된 현대 국가에서 오랫동안 지배적인 역할을 했던 집단들 간에서도 말이다. 그들이 바로 미국을 포함한 많은 나라에서 포퓰리즘 정치를 가장 열정적으로 받아들인 사람들이다. 캐시 크레이머 Kathy Cramer는 그의 저서 『분노의 정치학 The Politics of Resentment』에서 위스콘신주 농촌에 사는 시민들의 정치적 관점을 기술하기 위해 그들의 일상적 대화들을 사려 깊게 관찰해 연구에 활용했다. 그들 중 다수는 포퓰리스트이자 공화당 내 반反지도부 성향의 정치인 스콧 워커 Scott Walker에게 표를 던졌으며, 그다음에는 그보다 더 반지도부 성향인 도널드 트럼프에게 표를 던졌다.[56]

크레이머는 오늘날 위스콘신 지역에 지배적으로 퍼져 있는 '농촌 의식'에 세 가지 주요 구성 요소가 있다고 말하는데, 그것은 국민 정체성 서사를 형성하는 대표적인 주제들과 잘 맞아떨어진다. 그는 위스콘신의 농촌 지역에 사는 많은 주민들이 스스로를 "의사결정 권력에서의 합당한 몫"이나 "공공자원들의 합당한 몫"을 받지 못하는 뚜렷이 구별되는 공동체의 일원으로 여긴다고 주장한다. 또한 그 공동체를 "도시(와 근교) 지역들과는 문화 및 삶의 양식 면에서 확연히 다른 곳"이라고 생각한다는 것이다.[57] 이는 각각 정치권력의 주제, 경제적 주제, 구성적인 주제를 나타낸다. 이 농촌 지역의 주민들은 스스로를 진정으로 성실하게 온몸을 다해 일하는 사람들이라고 여기며, 자신들의 문제에 대해서 알지도 못하고 관심도 없는 도시의 엘리트들보다 더 도덕적이고 좋은 이웃이라고 생각한다. 위스콘신 농촌의 주민들은 자신들이 수혜를 입는 사람이 아니라 베푸는 사람이라는 점을 자랑스럽게 여긴다. 그러나 그들은 도시에 사는 사람들과 비교했을 때 물질적 보상을 훨씬 적게 받고, 게다가 "시골뜨기"와 "무식한 백인 노동자"라며 멸시받는다고 느끼기 때문에 분노한다.[58] 비록 이 농촌 지역의 정치적 집단 서사에는 세 가지 주제가 모두 섞여 있지만, 최근에 그들은 정치권력과 관련한 문제를 가장 부각했다. 그들은 주도인 매디슨시에 포진한 정부 관계자들, 관료들, 대학 전문가들이 그들의 삶을 좌우하는 결정을 하면서 자신들에게 전혀 실질적인 발언권을 주지 않는다고 믿는다. 어떤 면에서 보면, 바로 그 결과가 그들이 워커와 트럼프를 선택한 것이었다. 워커와 트럼프는 농촌 지역 주민들이 그런 불만을 품은 것이 정당하다고 말하면서 그들이 분노하는 대상인 엘리트들에 맞서 그들을 대리해 싸우겠노라고 약속했던 것이다.

물론 미국이나 다른 나라 할 것 없이 도시 사람들에 대한 농촌 지역의 불만은 늘 있어왔다. 또 하나 분명한 것은 오늘날 대부분의 위스콘신 농촌 주민들은 스스로를 단지 '농촌 사람'이라고만 여기는 것이 아니라 여러 다른 정체성 역시 인식하는데, 예를 들면 자신들을 '위스콘신주의 시민'이나 '미국의 시민'이라고 생각한다. 그럼에도 불구하고 크레이머의 연구가 전하는 그들의 대화 내용과 그들이 실제로 행한 투표 행태를 보면, 최근 위스콘신 농촌 주민들은 과거의 어느 때와 비교했을 때 상대적으로 훨씬 분명하게 스스로를 부당한 대우를 받는, 뚜렷하게 남들과 구별되는 정치적 정체성을 가진 존재로 간주한다. 그들이 품고 있는 '농촌 정치적 집단 정체성'은 종종 '위스콘신' 주민 정체성과 '미국' 국민 정체성 자체를 형성하는 데 지대한 역할을 하는 한편, 동시에 그와 같은 상위 정체성들과 대립하고 갈등을 빚기도 한다.

이를 설명할 수 있는 효과적인 근거가 있다. 크레이머가 언급하듯이, 비록 많은 위스콘신 농촌 주민들이 그들이 지닌 문제들에 실질적으로 책임이 없는 집단을 희생양으로 삼고 있긴 하지만, 그들이 직면한 문제는 실질적인 것이다. 위스콘신이나 여타 지역들을 막론하고, 농촌의 인구는 전체 인구에서 차지하는 비율이 상대적으로 적으며, 인구통계학적으로 볼 때 거주 인구가 늘어나는 도시와는 그 어느 때보다 매우 다른 모습을 보인다. 동시에, 현대의 통신 환경 덕택에 도시나 더 넓은 세계로부터 그 어느 때보다 훨씬 덜 고립되어 있어서 모든 경제적·문화적 차이가 그대로 잘 드러난다. 예를 들어 위스콘신 농촌 주민들은 권력자들이 도시와 근교 주민들의 필요에 걸맞은 교육 커리큘럼과 학생 등하교 보조 정책을 입안할 뿐 농촌 지역 특유의 문제를 다루지 않는다고 주장하는데, 그것은 일반적으로 틀린 말이 아니다. 따라서 위스콘신 농촌 주민들이 그들 스스로를 독특하고 모범적이지만 부당하게 무시당하는 사람으로 묘사하는 서사를 전하고, 또한 그런 서사로 지지자들을 결집할 수 있음을 보여준 것은 놀랍지 않다. 마찬가지로 그들이 자신들을 위스콘신 주민으로서, 또 미국의 시민으로서, 다시 한번 주요 행위자와 주된 수혜자로 만들어준다는, 즉 기계적인 포퓰리즘의 서사에 환호를 보내는 것 또한 놀랄 일이 아니다. 그들이 다시 한번 위대해질 수 있다고 약속하는, 그런 서사 말이다.

　도시와 농촌 간의 분열은 현재 충돌하는 정치적 집단 정체성을 형성시키는 서로 다른 많은 축 가운데 그저 하나일 뿐이다. 비록 모든 정치가 언제나 곧 정체성의 정치였다는 것이 사실이라고 할지라도, 쇄도하는 언론보도와 학계의 연구가 보여주는 것처럼 오늘날 우리는 놀랍도록 다면적인 정체성 정치의 시대에 살고 있다. 다시 한번 말하지만, 지금 이 시대를 완전히 이해하기 위해서는 민족국가에만 집중해서는 안 된다. 오늘날 집단 정체성의 정치에서 중요한 역할을 담당하는 행위자들 중에는 '흑인의 생명도 중요하다Black Lives Matter' 운동과 '아메리칸 인디언 운동 American Indian Movement'과 같이 인종 정체성을 옹호하는 사회운동들이 포함된다. 이뿐만 아니라 장애, 성정체성, 그리고 종종 문화적인 것으로 이해되곤 하는 다른 특징들에 의해 규정되는 공유된 이익과 정체성의 공동체들, 예컨대 청각장애인 공동체, 성소수자 공동체, 그리고 매우 큰 가지각색의 전통적인 소수민족과 이민자 집단들도 포함된다. 우리는 또한 하스와 다른 이들이 강조하는 초국가적 시민단체와 압력단체들 역시 정체성 정치를 실천하고 있음을 인식해야만 한다. 그들은 한 국가 내에서 또는 국경을 초월해 노동자, 환경주의자, 디아스포라 공동체, 인권과 국제 정의 기구들을 지지하는 세계시민주의자, 종교적 공동체 등을 비롯한 많은 집단을 위해 목소리를 낸다. 정체성 정치의 주제는 오늘날 알려진 것보다 훨씬 더 널리 퍼져 있는 분리주의 지역 운동에서도 때때로 매우 두드러진다. 그런 운동은 내가 이 책을 쓰는 시점을 기준으로 아마도 전 세계적으로 잘 알려진 운동인 스코틀랜드, 퀘벡, 카탈루냐와 티베트를 비롯해 카메룬, 코르시카, 플랑드르, 쿠르디스탄, 아제르바이잔의 나고르노카라바흐, 몰도바의 트란스니스트라에서 일어났던 반란 시도들을 포함한다.

한 발 더 나아가 허드슨베이회사Hudson's Bay Company와 동인도회사
East India Company와 같은 수백 년 된 예가 보여주듯이 전 세계적 정치 발
전을 결정하는 데 기업들이 해온 역할이라는 것은 그 자체로 전혀 새로
운 것이 아니지만, 숀 브레슬린Shaun Breslin을 비롯한 몇몇이 현대의 다
국적기업들이 맡아 수행하고 있는 정치적 역할에 한층 더 주목해야 한
다고 촉구한 것은 무척 합당한 일이다.[59] 어떤 다국적기업들의 연간 총
수입은 대다수 국가의 연간 총수입 규모를 초과하며, 많은 기업들은 피
고용자들의 강한 충성심을 키워내려고 노력한다. 이런 목적을 위해 경
제적인 서사를 주로 사용하지만 꼭 그것만을 배타적으로 사용하는 것은
아니다. 이들이 키워낸 정체성이 의미하는 바는 '그들 집단의 사람들'이
국가의 시민이기보다 기업에 충성하는 사람으로 행동한다는 것이다. 예
를 들어 구글 홈페이지에는 다음과 같은 문구가 명시되어 있다. "우리의
사명은 세계의 정보를 체계화하고 그 정보에 모두가 접근할 수 있으며,
또 그것을 유용하게 사용할 수 있도록 하는 것이다." 왜냐하면 이 기업
은 '모두를 위한 기회를 만들어내는 일에 헌신하기' 때문이다. 그러니까
이 홈페이지는 다수의 국가에서 세계시민주의적인 방식으로 행해질 구
글의 업무를 예고한다.[60]

게다가 오늘날 대부분의 사회운동들, 압력단체들, 문화단체들, 종교
공동체들, 지역자치 혹은 분리주의 옹호자들, 다국적기업들은 때때로
구성원들에게 다른 무엇보다도 먼저 그들을 향해 충성심을 표해야 하
며, 빈번하게 무능함을 보이는 국가와 정부는 오로지 그다음 순번이어
야 한다고 암시한다. 이뿐만 아니라 그런 암시들은 그 어느 때보다도 많
은 미디어들을 통해 더 빠르고 더 광범위하고 더 자주 퍼진다. 그러면서
이 집단들은 현대 일상생활의 배경음악이 되어버린 떠들썩한 정체성 서

사들의 아우성에 크게 이바지하는 것이다.

그들이 침묵할 일은 당분간 없을 것이다. 가까운 미래에 전 세계적으로 적과 동지를 구분하는 어떤 포괄적인 서사가 등장해 냉전이 한때 그랬던 것처럼 우리의 다양한 정치적 정체성들에 일종의 질서와 구조, 안정성을 제공해 줄 가능성은 사실상 거의 없다. 세계 도처에 널리 퍼진 테러에 대한 우려들도 이런 빈틈을 메우지 못한다. 전 세계 중 상당수의 국가가 공개적으로 공산주의를 받아들였고, 그 나머지 중 상당수의 국가는 자본주의를 찬양했을 때, 양 진영 모두에는 서로 반대되는 정체성과 충성심의 명확한 구조가 존재했다. 그러나 오늘날 거의 모든 국가와 국민들은 테러를 반대한다고 공언한다. 그들은 단순히 어떤 집단이 진짜 테러리스트이고, 누가 자유를 위해 싸우는 용감한 투사 혹은 성스러운 이상을 위해 몸을 바치는 고귀한 종복인지 서로 심하게 의견을 달리할 뿐이다. 심지어 어느 집단을 테러리스트 혹은 영웅이라고 지정하는 국가들 자체의 기준조차도 급속히 바뀔 수 있다. 예를 들어 로널드 레이건Ronald Reagan은 1980년대 아프가니스탄의 무자헤딘에게 열정적으로 찬사를 건네고 지원했었는데, 이들 중 일부는 후에 미국이 적대시하는 탈레반이 됐다. 미국중앙정보국CIA은 일찍이 사담 후세인Saddam Hussein을 고용한 바 있었지만 나중에는, 한때 CIA 국장을 지냈던 조지 H. W. 부시George H. W. Bush가 그를 히틀러와 비교한 일도 있었다.

이 모든 것이 의미하는 바는, 오늘날에는 사람들이 단순하게 테러 행위에 찬성하는지 아니면 반대하는지에 대해 판단을 내림으로써 현대 세계에서 벌어지는 상충하는 정치적 정체성 주장들에 어떤 질서를 부여하는 것이 거의 불가능하다는 것이다. 한때 공산주의에 찬성하는지 아니면 자칭 '자유 진영'에 찬성하는지만을 판단함으로써 그렇게 할 수 있었던 것과는 달리 말이다. 사람들은 무수하게 다양한 정치공동체들과 집단들에 대한 정보에 휩쓸린다. 많은 이들은 온갖 방향으로 이리저리 이끌리는 것을 경험한다. 여기서 내릴 수 있는 합리적인 결론은 이와 같은 정치적 서사들의 불협화음이 최근에 생긴 광범위한 경제적·문화적 변화들과 더불어 오늘날 아주 두드러지게 나타나는 강력한 민족주의 형태의 포퓰리즘이 더 호소력을 가지도록 일조했다는 것이다.

모든 변화에도 불구하고 전 세계 대부분의 사람들에게 가장 지배적이고 친숙한 정치적 집단의 서사는 여전히 민족국가들의 서사이기 때문이다. 수십억 명의 사람들은 비록 그들의 국가가 무능하고 내홍을 겪고 부패한 것으로 보일지라도, 여전히 민족국가의 서사들에 깊이 공감한다. 이 이야기들이 손쉽게 간단명료하고 또 권위 있는 형태로 전달될 수 있는 서사들이기 때문에 이와 맞서는 대항 정치적 정체성을 주장하는 이들은 종종 큰 어려움을 겪는다. 또한 많은 현대 민족국가들이 처한 곤경을 이야기할 때, 그들의 문제를 경제적 세계화의 영향력 탓, 인종적·민족적·종교적 소수자들이나 이민자들 탓, 그리고 구성원들이 상상하는 과거 한때의 모습이나 그들이 원하는 이상적인 모습으로 국가가 기능하는 것을 방해하는 모든 것과 모든 사람 탓으로 돌리는 서사들을 택하는 것은 쉬운 일이다. 이런 방식으로 설득력 있는 정치 서사들을 만들어낼 수 있기 때문에, 오늘날 전 세계의 민족주의적 포퓰리스트들은 미래가 자기들의 것이라고 믿는 것이다.

따라서 우리가 직면하는 난제들을 제대로 이해하기 위해서는 경제적·문화적 변화들이 어떻게 현대 정치 지형을 구성하고 있는지 살필 뿐만 아니라, 서로 충돌하는 국민 정체성의 서사들이 어떻게 다변화되고 있으며 또한 어떻게 우리를 분열시키고 있는지도 고찰해야 한다. 그러고 나서야 우리는 국민이 누구인지, 그리고 왜 그들이 응당 통치해야 하는지에 대해 편협한 민족주의, 인종주의, 종교 근본주의의 시각과 배타적이고 억압적인 서사를 보이는 병리적 형태의 포퓰리즘이 전 세계 곳곳에서 왜 그렇게 폭넓고 깊은 공감을 얻고 있는지 알 수 있을 것이다. 그렇게 된다면, 이와 같은 인식을 바탕으로 어떻게 하면 그런 병리적 포퓰리즘을 추동하는 걱정과 열망에 가장 효과적으로 대응할 것인지에 대한 사유를 마침내 시작할 수 있을 것이다.

2장

무엇이
훌륭한 국민 정체성 서사를
만드는가?

오늘날 세계 곳곳의 정치평론가, 정치인, 시민들 모두 병리적 형태의 포퓰리즘이 야기하는 위험에 대처하는 방안에 대한 여러 주장을 개진하고 있다. 사회과학자들은 해법을 제시하기보다는 원인이 무엇인지를 밝히는 데 집중하는 경향이 있지만, 현 상황의 심각성 때문에 몇몇 학자들은 정치적인 처방을 내리기도 한다. 병리적 포퓰리즘의 경제적·문화적 원인에 대한, 최근에 널리 알려진 대부분의 진단에 내가 대체로 동의한다는 것은 앞선 장에서 이미 밝힌 바 있다. 마찬가지로 최근에 논의되는 다수의 처방에 대해서도 대체로 동의한다.

그러나 중요한 제안들조차도 종종 바람직한 정치공동체라는 굉장히 모호한 개념에 둘러싸여 있는데, 그렇게 되면 더욱더 구체적이고 생생한, 게다가 대체로 편협하게 민족주의적인 포퓰리즘과 제대로 맞서지 못한다. 대부분의 학술적인 대응들은 도덕적인 원칙과 이른바 보편적인 관점에서 보았을 때 옳다고 여겨지는 정책에 초점을 맞추는데, 그러다 보니 어느 특정 국가의 관점과는 상당히 동떨어져 있다. 많은 학자들은 점점 더 포퓰리즘의 매력에 사로잡혀 가는 공동체들을 위해 필요한, 바람직한 국가와 국민 서사들을 명확히 표현하는 것을 특히나 꺼린다. 그러는 데는 이해할 만한, 심지어는 칭찬할 만한 이유들이 있다. 그렇다고 할지라도 그들 연구가 남긴 공백은, 우리가 나쁜 정치적 국민 정체성 서사들에 좀 더 나은 대항 서사들로 맞서기 위해 꼭 필요한 학문적이고 정치적인 프로젝트의 이행 방법을 모색하게 한다. 이 장에서 나는 이 일을 도모하는 데 필요한 몇 가지 기준을 제시하고자 한다.

일반적인 대응

개별 연구는 저마다의 방식으로 독특한 면이 있지만, 대부분은 병리적 형태의 포퓰리즘에 대한 대응을 서술할 때 크게 세 가지 논점을 강조한다.

첫째, 대부분의 연구는 바람직한 국가와 국민 정체성이 근본적으로 '시민적'이거나 자유민주주의적이어야 한다고 주장한다. 이 말은 '피와 땅'을 강조하는 민족이나 국민 개념보다는 보편적 원칙들로 표현되는 민주주의와 인권에 대한 헌신을 지지하는 관념에 이 정체성이 기초해야 한다는 것을 뜻한다.

둘째, 대부분의 연구는 그럼에도 불구하고 이와 같은 자유민주주의적 정체성이 특정한 공동체에서 지배적인 독특한 문화적 전통을 반영해야 한다고 주장한다. 이 두 번째 대응은 첫 번째 대응에 대해 문제를 제기한다. 만일 모두가 자유민주주의라는 동일한 원칙에 대한 헌신에 기초하고 있다면, 개별 국가의 바람직한 국가 정체성이란 얼마나 독특해질 수 있을 것인가? 대부분의 연구자들은 그들의 주장이 갖는 이런 근본적인 긴장을 어느 정도 인지한다는 사실을 내비치지만, 이 문제를 충분히 다루는 사람은 거의 없다.

셋째, 많은 전문가들은 그보다는 오히려 포퓰리즘 운동을 추동하는 경제적이고 문화적인 불만들을 정밀히 검토하는 데 집중하고, 그런 뒤에 그런 불만 사항들을 개선할 수 있는 일련의 경제정책과 사회정책을 제시한다. 경제정책은 일반적으로 고용과 임금, 혜택들을 늘리는 것을 촉진하는 일에, 사회정책은 인구통계학적 다양성과 높아진 이민자들의 유입 수준에 반대하는 이들과 타협점을 찾는 일에 주력한다. 병리적 포퓰리즘에 대한 모든 효과적인 대응에는 좋은 정책들이 반드시 포함되어야 한다는 일부 전문가들의 생각은 타당하다. 그러나 국가의 정체성과 그 목적에 대한 더 폭넓은 서사가 정책들의 의미와 정당성을 효과적으로 설명하지 못한다면, 그 정책들은 임의로 나열된 긴 목록 속의 항목으로 보일 뿐 강한 설득력을 발휘하기 어렵다.

몇 가지 최근의 예를 살펴보자. 야샤 뭉크Yascha Mounk는 그의 저서 『위험한 민주주의』에서 '자유민주주의의 수호자'들을 향해 반자유주의적 포퓰리스트만이 국가의 문제들을 해결할 수 있다는 "내러티브에 대적할 수 있는 긍정적인 메시지"를 제공하라고 요청한다. 이 긍정적인 메시지는 "다민족적 민주주의multiethnic democracy의 전통"에 기초한 "포용적 애국주의라는 새로운 언어"로 명확하게 표현되어야 하며, 그럼으로써 "민족과 종교를 초월해 우리를 결집시키는 것이 있음"을 보여야 한다. 그렇게 우리를 묶어주는 바람직한 끈은 "자유민주주의의 기본 신조들"인데, 이 신조들은 미사여구를 써서라도 칭송해야 하고, 문화적으로 적합한 시민교육 프로그램을 통해 사람들에게 주입해야 하며, 그것들이 더욱 완전하게 실현될 수 있도록 정부와 민간 조직의 정책들을 통해 강화해야 한다. 이 목적을 달성하기 위해, 뭉크는 세제개편과 주택정책의 변화를 촉구한다. 그리고 교육에 투자하고 복지국가를 재개편하며 경제적 안정과 의미 있는 일자리 제공해야 한다고 주장한다. 그는 마지못해 반이민 세력들과의 일부 정책적 타협을 요청하지만, 그러면서도 "특정 민족이나 종교 공동체에 뿌리를 내린 권리와 의무를 옹호한다는 명목으로 보편적인 자유민주주의의 약속들"을 버려서는 안 된다고 경고한다.[1]

뭉크의 정교한 주장은 내가 앞서 말했던 세 가지 요소와 거의 정확히 일치한다. 그러나 주된 난점, 즉 보편주의적 관념의 시민적 정체성을 선호하는 것과 독특한 국가문화의 발전을 지지하는 것 사이의 긴장관계에 대해 뭉크는 주로 후자가 전자를 희생시켜서는 안 된다고 권고한다. 비록 그의 책 부제가 '우리의 자유'를 명시함에도, 여기서 '우리'가 누구를 포함하는지에 대해서는 명확하게 설명된 바 없다. 모든 미국인들? 모든 자유민주주의자들? 모든 인류? 결과적으로 많은 이들은 뭉크의 논의가 자신들에게 적합한 이야기인지 혹은 자신들을 대변하는 이야기인지에 대해 확신이 없을 것이다.

윌리엄 갤스턴William Galston은 『반다원주의: 자유민주주의에 대한 포퓰리스트의 위협』에서 동일한 기본 공식에 충실한 견해를 보이고 있다. 그의 정책 제안 일부에 주된 차이점이 있지만 말이다. 하지만 그는 처음부터 자신의 관심이 '자유민주주의'에 대한 정치적 헌신에 기반을 둔 정체성을 가진 모든 국가에 있음을 분명히 한다. 이런 국가들은 현재 '엘리트주의자들'과 반다원주의적 '포퓰리즘 운동들' 이 양쪽에서 기인하는 '기형'과 직면한다고 갤스턴은 경고한다. 그는 모든 자유민주주 국가의 지도자들이 그런 기형에 맞서야 한다고 주장한다. 이는 "시민적 정체성의 근본 원칙을 중심으로 사람들이 통합될 수 있도록" 돕고자 하는 목표를 세우고 "그들 공동체의 공공 문화", "원칙, 공통의 역사 그리고 독특한 민족성을 아우를 수 있는 특유의 믿음 체계"를 명확히 표현함으로써 가능하다고 설명한다. 갤스턴의 대표적인 예는 마틴 루터 킹 주니어Martin Luther King Jr., 프랭클린 루스벨트Franklin Roosevelt, 로널드 레이건Ronald Reagan의 연설들에 나타나는 '장중한 애국주의'이다.

갤스턴은 완전고용과 임금 상승을 창출하고, 작은 도시와 시골 거주민들에게 대도시에 있을 법한 기회들을 만들어주는 경제정책들을 주창하기도 했다. 또한 그는 뭉크와 마찬가지로 반이민 세력과의 타협을 요청하는데, 이민자들이 영어를 배우고 "미국의 역사와 정치제도들에 관한 실용적 지식"을 습득하도록 돕는 일에 더 큰 초점을 맞추는 것과 "이민정책의 주된 척도를 가족 재결합이 아닌 경제적 기여도"로 바꾸는 것이 그 타협의 핵심이다. 그러나 여기까지가 앞서 다룬 병리적 포퓰리즘에 대한 전형적인 반응 중 첫 번째와 두 번째 사이의 갈등•을 어떻게 다룰지에 대해 갤스턴이 보여줄 수 있는 최선이다. 그는 정치 지도자들이 자유민주주의의 일반 원칙들을 "독특한 민족성"이나 그 외 개별 국가들 고유의 특성들과 어떻게 "융합"해 낼 수 있는지 혹은 해야만 하는지에 대해 설명하려고 들지 않는다.[2]

마지막으로『존중받지 못하는 자들을 위한 정치학: 존엄에 대한 요구와 분노의 정치에 대해』에서 프랜시스 후쿠야마는 같은 대답의 또 다른 변형을 보여준다. 후쿠야마도 "현대 자유민주주의의 기본 사상을 중심으로 형성된 신조적 국민 정체성creedal identity이 필요하다"라고 주장한다. 그러나 "신조적 정체성은 성공을 위한 필요조건이지 충분조건은 아니"라고 덧붙인다. 신조적 정체성은 "그들 자신의 문화로부터 지지를 받아야 하며, 이런 그들의 문화는 민주주의의 가치를 거부하는 문화보다 더 높이 평가받아야" 한다. 후쿠야마는 이런 점에서 "국민 정체성 서사"의 중요성을 인지함으로써, 적어도 미국에서는 "진보적 서사"를 이야기할 수 있다고 제안한다. 즉 "건국 원칙들을 기반으로, 국가가 그 존엄성을 인정하는 국민의 범위를 계속 확장하고 여러 장벽을 허물어온" 이야기 말이다. 그러나 그는 그런 서사들을 만들고 개진하는 것이 무엇을 수반하는지에 대해서는 더 이상 언급하지 않는다. 그 대신에

• 자유민주주의와 같은 보편주의적 관념의 시민적 정체성과 특정 공동체의 독특한 문화적 전통을 강조하는 정체성 사이의 갈등을 일컫는다.

그는 "바람직한 신조적 정체성"을 정의하는 일이 핵심 과업이라고 거듭 강조할 뿐이다. 그리고 후쿠야마도 다른 전문가들과 마찬가지로 "일자리, 소득, 안정에 대한 우려를 누그러뜨릴 수 있는" 경제정책을 논하는 데 대부분의 관심을 쏟고 있으며, 이민을 반대하는 이들과의 타협을 강력히 권할 때도 그런 모습을 보인다. 그는 시민교육뿐만 아니라 엄격한 귀화 시험과 (만약 할 수 있다면) "보편적 병역 요구"를 통해 이민자들을 자유주의적인 문화적 가치들에 "계획적으로 동화시키는 공공정책"을 요청하면서, 특별히 불법 이민자를 고용하는 고용주에게 제재 조치를 가할 것을 강조한다.[3]

나는 우리가 현재 국민들의 불만에 응답하면서 민주주의와 인권에 더 강력히 전념할 필요가 있으며, 이런 책무를 국민들의 삶 속에서 더 완전히 실현시킬 경제 및 사회 정책들을 채택해야 한다는 앞에서 언급한 저자들의 주장에 동의한다. 그들도 서로 동의하지 않는 바가 있는 것처럼 나도 그들의 정책 제안 중 일부에 동의하지 않지만, 넓게 봤을 때 비슷한 그들의 시도에 반대하려는 것이 아니라, 다만 무엇이 좋은 국민 정체성 서사를 만드는지에 초점을 맞춰 이와 관련된 내용을 추가하고자 할 뿐이다. 이 대목에 집중한다면 크게 세 가지 면에서 연구자들에게 도움이 될 수 있으리라 생각한다. 첫째, 그들이 대상으로 삼고, 또 대변하는 '우리'가 누구인지 명확히 설명하는 것을 돕는다. 둘째, 특정한 국민 정체성의 전통 안에서 자유민주주의적 헌신을 어떻게 가장 명확히 표현할 수 있는지 설명하는 것을 돕는다. 셋째, 외국인 혐오를 조장하지 않고 한 국가의 문화를 높이 평가할 수 있는 방법이 무엇인지 정확히 서술하는 것을 돕는다. 그렇게 함으로써, 국민 정체성 서사의 옹호자들이 시민적 정체성의 토대인 추상적 원칙과 독특하고 더 특수한 정치적 정체성 및 문화의 증진 사이에 긴장을 완전히 없앨 수는 없다고 하더라도 완화할 수는 있을 것이다.

더 나은 서사는 가능한가?

물론, 내가 추천하는 노선이 가능성 있는 길이라는 사실에 회의를 품을 만한 몇 가지 이유가 있다. 데이비드 리치David Ricci는 최근 두 권의 저서에서 현대 자유주의에는 특징적인 구조상의 불구성이 있다고 주장했는데(자유주의보다 더 좌편향된 입장들도 마찬가지다), 그런 설명은 왜 자유민주주의자들이 배타적이고 억압적인 포퓰리즘에 대항하는 데 어려움을 겪는지를 부분적으로 밝혀준다. 리치는 자유주의자들이 보수주의자들과는 달리 국민 정체성 서사에 대해 이야기할 의지가 박약하고, 아마도 그럴 능력이 없는 것 같다고 주장한다. 그런데 이 국민 정체성 서사는 안정적인 소속감, 자긍심, 연대감에 대한 대중의 욕망에 상징적으로 응답하고, 그런 욕망 충족을 돕는 실질적인 정책의 길잡이가 된다는 것이다.[4] 현대 자유민주주의자들은 자신이 보편적인 것으로 간주하는 민주주의 원칙들과 인권을 따르는 데 정치적 정당성을 두면서 문화적·인종적·민족적·종교적 다양성을 높이 평가한다고 공언하기 때문에, 대부분의 한 국가 내부에서 전통적으로 지배적인 집단의 역사와 특징을 기린다거나 그런 집단의 관심에 맞추기 위해 여러 조치를 고안하는 것을 불편하게 생각한다. 자유민주주의자들은 특정한 국민의 정체성을 말하는 모든 서사를 편협한 광신적 애국주의로 빠지는 첫걸음이라고 여기는 것이다.

리치에 따르면 자유주의자 대부분은 여러 형태의 과학적 합리성을 높이 평가하는데, 과학적 합리성은 국민 서사들이 종종 신봉하는 신화와 섭리주의 역사 서술을 의심하고 문제 삼는다. 그들이 보기에 대부분의 국가의 국민 정체성 서사를 시인한다는 것은 터무니없고 자기중심적인 우화를 믿는 것과 다름없는 것이다. 오늘날 많은 자유주의자들은 독립적인 주권 민족국가들로 이뤄진 전 세계 체제를 본질적으로 편견에 뿌리내린 증오와, 옹호의 여지가 없는 불평등을 양산해 내는 구식의 정치적·경제적 권력 시스템으로 여긴다. 그들은 오늘날 주권 민족국가들로 이뤄진 세계가 세계 연방공화국으로 발전할 수는 없다손 치더라도 궁극적으로는 적어도 더 세계시민주의적이고 연맹의 형태를 띤 민주주의가 되어야 한다고 생각한다.

　나는 이런 문제의식에 상당히 공감한다. 내가 지금의 정치적 신념을 품게 된 것은 한편으로 1960년대와 1970년대의 민권운동과 여권신장운동의 영향, 다른 한편으로는 베트남을 비롯한 여러 지역에서 그 귀결을 볼 수 있었던 냉전 시대의 군사주의와 편협함에 대한 환멸 때문이었다. 심지어, 털어놓기 조금 부끄러운 일일 수 있지만, 새파랗게 어렸던 시절 나의 정치적 상상력을 가장 불타오르게 했던 것은 1966년 〈스타트렉Star Trek〉의 첫 번째 시즌에 나온 엔터프라이즈호의 함교를 처음 봤을 때다. 승무원들은 '행성연방the United Federation of Planets'이라는 놀라운 행성 간 연방공화국의 장교들이었다. 그들 중에는 제2차 세계대전 당시 미국의 적국이던 일본에서 온 술루 대위, 냉전시대 라이벌이던 러시아 출신 체콥 소위, 아프리카계 미국 여성 우후라 대위뿐만 아니라, 험상궂게 생겼지만 아마도 합법적인 체류 외계인이었을 벌컨인Vulcan 스팍 중령 등이 포함됐다. 그러나 이런 급진성에 경계를 긋듯, 이 함선의 선장은 허풍을 떠는 아이오와 출신의 백인 제임스 커크였다. 커크와 기술장인 몽고메리 스콧 소령, 군의관 레오나드 매코이는 (나처럼) 모두 얼마간은 스코틀랜드 혈통이었다. 지금은 진부하게 들릴지 모르겠지만, 1966년에 이렇게 다양한 사람들이 서로를 평등하게 여기며 최고의 세계시민주의라 할 수 있는 연방공화국에서 주도하는 과학 탐험 임무를 함께 수행하는 모습은, 최고로 고양된 계몽주의 이상을 추구하는 개척자적 비전으로 보였다. 사실 나는 지금도 그 여정에 함께하고 싶다.

그러나 최근 나타난 배타적이고 억압적인 민족주의적 운동의 부상이 보여주듯이 우리는 그런 세계시민주의적 여정에서 너무 멀리 떨어져 있다. 게다가 나도 한때 그랬듯이, 그런 비전이 인류를 위해 명백히 규범적으로 옳은 것이라고 순진하게 가정하는 자유주의적 담론들은 오히려 그런 목표를 향한 전진을 막는 방해물이 될 수 있다. 리치의 말처럼 자유주의 담론의 이와 같은 설득 방식은 경제적 세계화와 세계시민주의적 다문화주의 때문에 피해를 받는다고 느끼는 개인과 집단들, 그리고 그 사회의 대표적인 종교와 애국주의 같은, 더 전통적인 세계관을 고수하는 사람들한테 호소력 있게 다가가기 어렵다. 자유주의적 수사는 종종 그런 집단이나 그들이 가진 신념과 가치에 대한 멸시를 드러내는데, 그렇기 때문에 이에 대한 반응으로 사람들이 분노하는 것은 이해할 만하다.

의견 차이는 불가피하더라도, 다른 면에서는 민주주의, 인권, 인류 행복 증진이라는 대의가 꼭 역효과를 낳는 방식으로만 전개된다고 결론지을 이유는 없다. 현재 자유주의자들이 설득력 있는 정치적 서사를 이야기하는 데 실패하고 있다고 해서, 그들이 아예 그럴 능력이 없다고 말할 근거는 없다. 물론 자유민주주의적 가치들이 인류의 이데올로기적인 갈등의 역사에 종지부를 찍을 만큼 충분히 지배적인 것이라고 증명된 것은 아니다. 그럼에도 불구하고 오늘날 전 세계의 사실상 모든 공동체에는 적어도 자유민주주의적 가치들을 인식하고 존중하는 일부 구성원들이 있으며, 우리는 그들이 그와 같은 가치를 표현하는 서사들에 호의적으로 대응할 것이라고 예상할 수 있다. 그러나 각 공동체마다 민주주의와 인권을 가로막는 장애물의 역사적 맥락이 같지 않고, 민주주의 발전과 인권신장을 위해 선호하는 제도적 형태도 다르며, 그 실행을 두고 벌이는 싸움 역시 상이하다. 이처럼 공유하는 가치와 맥락상의 차이점들이 섞여 있다는 것은 곧 각 정치공동체가 자신들의 가치와 정체성이 다음에 관해 하나 혹은 다수의 중첩적인 특유의 서사들을 만들어낼 수 있는 그 나름의 소재들을 가지고 있음을 의미한다. 첫째는 그 공동체의 가치와 정체성이 자유민주주의적인 신념에 대한 특수한 이해를 어떻게 반영하는지에 관한 것이고, 둘째는 그런 가치와 정체성이 다른 목표들과 더불어 자유민주주의를 실현하는 과정에서 맞닥뜨릴 수 있는 난제들과 기회들을 어떻게 반영하는지에 대한 것이다.

한 발 더 나아가, 자유주의자들이 궁극적으로는 현존하는 민족국가를 향한 충성심을 초월하는 원칙들을 신봉한다고 했을 때, 그들이 취할 수 있는 현명한 방법은 정치공동체와 정체성에 대한 서사들을 거부하라고 촉구하기보다는 오히려 그것들을 십분 활용해 그런 초월이 현존하는 민족국가의 최고 가치들을 실현할 수 있음을 보여주는 것이다. 국가와 국민 서사로 시작한다는 것이 꼭 그 상태 그대로 끝난다는 것을 뜻하지는 않는다.[5] 내가 앞으로 이야기하겠지만, 그것은 말 그대로 사람들이 자신의 문제라고 인식하는 가치, 정체성, 근심거리들에서 논의를 시작하는 것을 의미한다.

공동체에 이미 존재하는 지리적·사회적 경계를 넘어서야 한다고 제안하는 이야기는 사실 현재의 질서에 강한 애착을 가진 이들에게는 위협적으로 들릴 가능성이 높다. 이렇게 인식된 위협은 갈등을 유발하기 쉽다. 이런 위험을 온전히 피할 수는 없겠지만, 국민 정체성에 대한 설득력 있는 서사를 제공하면서도 위험을 완화할 수 있는 몇 가지 방법이 있다. 예를 들어 만약 자유민주주의자들이 인간의 행복추구권을 믿고,

많은 사람들이 고유의 정체성과 전통을 공유한 소규모 공동체에 참여하는 삶을 통해 행복을 추구하기를 선호한다면, 그들의 선택을 존중하는 것은 상당히 바람직할 뿐만 아니라 꼭 필요한 일이다. 우리는 자신이 누구인지 그리고 어떤 사람들이 되어야 하는지에 대해 현재 그들이 가지고 있는 생각에 비추어, 왜 그들이 스스로 한 선택을 자신들을 위해 옳은 결정이라고 믿는지 이해하도록 노력해야 한다. 우리는 또한 전통주의자들이 그들의 신념에 따라 특정한 방식으로 행동하는 경우에 발생하는 다른 사람들이 감내해야 할 기회의 박탈이나 결례의 범위와 정도에 대해 냉정히 따져봐야 한다. 공공장소에 설치된 기념비나 의례적인 전시물을 유지하는 것이나, 공공시설들을 특정 집단의 행사를 위해 사용한다거나, 다른 가치들을 표방한다는 이유로 판매를 거부한다거나, 혹은 세금이나 공적인 의무에 대한 면제 혜택을 주장하는 것과 같은 상황이 그런 예가 될 수 있다. 이런 행동들이 유발할 수 있는 다툼과 논란을 많은 사람들이 받아들일 수 있는 형식으로 해결하기 위한 노력의 일환으로, 자유주의자들은 각각의 집단들이 표방하는 가치가 여타의 도덕적 신념 가운데서도 민주주의와 인권에 대한 관심을 포함하는지, 포함한다면 어떤 방식으로 포함하는지를 살펴봐야 한다. 대부분의 경우, 이런 탐색을 통해 진정한 공통분모에 대한 인식을 어느 정도 얻을 수 있을 것이다. 비록 차이점들은 존속할지라도 말이다. 그렇게 되면, 자유민주주의자들이 폭넓은 범위의 집단들과 함께 집합적 서사들 속에 이미 하나의 역할을 하는 각 집단만의 독특한 (그렇지만 서로 완전히 다른 것은 아닌) 바람직한 가치들을 신장시킬 수 있다.

서사들은 이와 같은 협업에 일조할 수 있다. 서사가 과거와 미래 모두를 설명할 때 현재의 정치적 불만이나 난제들, 그리고 깊이 자리 잡은 정체성과 소속감뿐만 아니라 다른 집단들과의 역사적인 상호 교류를 통해 생긴 규범들도 포함하는 것이 자연스럽기 때문이다. 가장 중요한 것은 서사가 특정 정치집단의 구성원이 된다는 것을 독특하고 지속적인 집단적 기획으로, 그 집단에 참여하는 사람들이 오랜 시간에 걸쳐 더 광범위하고 더 심도 있게 득이 되는 것으로 만들고자 희망하는 그런 기획으로 보이게 할 뿐 아니라, **실제로** 그렇게 되도록 만들어준다는 점에서 유용하다는 사실이다. 베네딕트 앤더슨이나 유발 하라리를 비롯한 학자들이 보여준 바와 같이 사람들이 서로를 집단적 기획에 함께하는 동료 구성원으로 상상할 때, 그렇게 시작된 그들의 행위는 본래 상상 수준에만 머물러 있던 기획을 현실에서 구현하도록 한다. 그러나 이런 종류의 정치적 변형은 구성원들이 바로 이해할 수 있을 만큼 구체적인 방법으로 그들이 공유한 정체성을 이야기해 주는 서사, 그리고 그들의 모습을 분명하게 표현하는 그런 서사를 필요로 한다.

따라서 정치적 공동체의 일원이 된다는 것을 기술할 때, 그것을 근본적으로 추상적인 정치적 신조(특히 많은 이들이 대개 자신이 완수할 수 없음을 알기에 침울하게 받아들이는 의무들을 강제하는 신조)에 충성을 맹세하는 문제로 판단하는 요즈음의 수많은 전문가들과는 다른 방식을 택하는 것이 현명하다. 충성이라는 것은 어느 한 신조를 향해야 하는 것이라기보다는, 공동체에 참여하는 사람들이 자신의 이상뿐 아니라 정체성과 이익을 표현하는 것으로 이해할 수 있는 공동의 노력을 향해야 한다. 집합적 정체성의 이야기들은 그것이 우리가 미래에 더 잘할 것이라는 희망을 품게 할 때조차, 바로 지금 우리가 공동체의 특정한 정치적 프로젝트를 추진하기 위해 실제로 필요한 바를 수행하고 있다고 스스로 생각하도록 자신감을 북돋아줄 때 가장 고무적인 힘을 발휘한다. 그렇기 때문에 정치적 정체성 서사는 잔인함을 옹호하는 이들을 향해 이렇게 이야기할 수 있게 한다. "그것은 우리의 모습이 아니야!"라거나 적어도 "그것은 우리가 바라는 우리의 모습도, 우리가 되고자 노력하는 모습도 아니야"라고. 물론 훌륭한 집합적 서사일 경우에 말이다.

어떻게 훌륭한 국민 서사를 쓸 것인가?

무엇이 훌륭한 정치적 서사, 혹은 적어도 대부분의 서사들보다는 나은 서사를 만드는가? '훌륭한' 국민 정체성이라고 말할 때, 내가 의미하는 바는 다음 두 가지다. 첫째, 사람들을 끌어들이고 그들에게 동기를 부여하는 역할을 훌륭히 하는 것을 말한다. 둘째, 그것을 말하는 사람과 듣는 사람 모두가 정직히 말해 규범적으로 옹호할 수 있고 심지어는 칭찬할 만한, 그런 훌륭한 실질적인 메시지를 전하는 것을 말한다. 어느 한 서사가 이 두 가지 의미에서 훌륭함을 모두 충족시킬 때만, 서사는 앞서 말한 긴장을 완화할 만한 수단을 제공할 수 있다. 한편으로는 (완전히 보편적이지는 않더라도) 무엇보다 우선시하는 민주주의와 권리의 원칙들을 지키려는 다짐을 돈독히 하려는 노력과 다른 한편으로는 특정한 정치공동체의 일원이 된다는 것의 중요성에 대한 설득력 있는 논거 제공 사이의 긴장 말이다. 무엇이 훌륭한 정치적 서사를 만드는가 하는 문제에 대한 이와 같은 두 가지 차원에서 우리는 바람직한 서사를 구성할 수 있는 기준을 이끌어낼 수 있다.

국민 정체성 서사의 세 가지 요건: 공감, 존중, 그물망식 공정

내가 어렸을 때, 교육의 근본 법칙은 종종 '읽기reading', '쓰기'riting

(writing)' 그리고 '셈하기'rithmetic(arithmetic)', 이렇게 '세 가지 R'로 불리곤 했다. 물론 이 요소들을 모두 R로 시작하는 것인 양 부르기 위해서는 다소 억지 해석을 해야 했다. 특히 마지막 셈하기가 가장 심한 듯하다. 다소 비슷하게도, 오늘날 서로 다른 공동체에서 정치적 서사들을 발전시키고자 할 때 세 가지 서로 밀접하게 관련이 있는 기준들을 적용해야 한다. 우리는 그것을 훌륭한 국민 정체성 서사의 '세 가지 R'이라고 부를 수 있을 것이다. 첫째, 서사는 공감을 불러일으켜야 한다resonant. 둘째, 서사는 존중을 표해야 한다respect. 셋째, 서사는 단순히 동일한 규칙을 적용하는 것을 지양하고 다양한 입장과 요구에 맞출 수 있는 그물망식의 공정•함을 적용해야 한다reticulated. 여기서도 내가 세 번째 R을 위해 무리를 하고 있다고 볼 수 있겠다! 그러나 이 중 세 번째 요건은 우리에게 가장 낯설 수 있지만, 나는 바로 이 시점의 인류 역사에서 국민 정체성의 서사가 규범적으로 받아들여질 수 있으려면, 이 세 번째 요건이 아

• 저자가 사용한 'reticulated/reticulate'라는 말은 그물을 뜻하는 라틴어 rēe에서 파생한 rēiculāus에서 유래한 개념으로, 본디 그물 모양의 무늬나 형태를 띠는 것을 표현하는 개념이다. 이 개념을 처음 도입하고 발전시킨 분야는 식물학이며, 이것은 특별히 중심에 위치한 굵은 잎맥과 그 옆의 잔맥들이 서로 연결된 나뭇잎 모양을 일컬었다. 이를 망상맥(網狀脈, reticulate venation)이라 한다. 망상맥 모양은 이후 계통 발생 분류(phylogenetic classification)에서 두 조상 사이의 교잡으로 출현하는 망상진화(reticulate evolution) 양식을 설명하는 데 유용하게 쓰였다. 두 갈래로 엄격히 갈라져서 뻗어 나가는 가계도 형태가 아니라, 여러 방향으로 분기하면서도 동시에 한곳으로 수렴하기도 하는 망상맥 형태를 취했기 때문이다. 그렇다면 저자가 국민 정체성 서사의 요건으로 이 개념을 말할 때 특별히 의도하는 바는 무엇인가? 그것은 바로 기계적이고 획일적인 균등성과 대비되는 공정성으로서, 규칙 있게 차이와 다양성을 수용하는 공정성을 강조하기 위함이다. 이런 까닭에 원문의 reticulated, reticulate, reticulation 등의 표현을 경우에 따라 '그물망식의 공정' 혹은 '차이를 인정하는 공정' 등으로 옮겼다.

마도 가장 중요하다는 것을 앞으로 밝힐 것이다.

그러나 우선 규범적으로 바람직한 서사에 대한 관심이 곧 모든 서사들은 민주주의와 인권이라는 추상적인 원칙에 전념하는 똑같은 신조의 단순한 변형에 불과하다는 주장으로 환원되는 것이 아니라는 점을 명확히 보여주기 위해 새겨야 할 가장 중요한 요인은 서사가 공감을 불러일으켜야 한다는 첫 번째 기준이다. 공감을 불러일으키는 서사를 만들기 위해서는 정치 행위자들이 청중이 현재 생각하는 자신들의 정체성이나 이익과 직접 결부해 말해야 한다. 정치적 서사를 만드는 이들이 청중 자신들이 이해하는 스스로의 정체성과 이익을 어느 면에서 새롭게 생각해 보도록 설득하고자 할 때조차도(이런 시도는 거의 불가피하다), 그렇게 해야 한다. 서사는 사람들이 겪는 경제적이고 문화적인 불안과 어려움을 명확하고 설득력 있게 보여줘야 한다. 그것은 또한 사람들이 가장 소중하게 여기는 가치들 중 적어도 일부가 개진된 공동체의 목표들과 장래성 있는 정책들을 명확히 설명해야 한다. 솔 앨린스키Saul Alinsky 스타일의 시민운동가들이 오랫동안 설파한 바와 같이, 정치인 혹은 지식인 지망생들이 만약 성공하기를 바란다면, 사람들이 어떤 상태에 있는지를 그대로 보는 것에서 시작해야 한다.

그렇게 하기 위해서는 특정 지역 거주민들이 가지고 있고 추구하는 전통, 가치, 정체성, 관행뿐만 아니라 그들이 직면하고 있는 과제들과 같은 구체적인 정치적 맥락에 대한 풍부한 지식이 필요하다. 이렇게 만들어지는 국민 정체성 서사는 각기 다른 집단, 지역, 시기에 따라 필연적으로 확연히 달라진다. 집단마다 이미 지니고 있는 정체성, 역사, 당면 난제들이 언제나 다를 것이기 때문이다. 따라서 서사들은 해당 공동체의 사람들이 자신들의 고유한 것으로 인지하는 서사 안에 민주주의와 정의에 대한 좀 더 추상적인 의무를 끼워 넣을 수 있는데, 사람들의 지지를 얻기 위해서는 그렇게 해야만 한다. 그러나 그렇게 해야 하는 까닭이 꼭 지지를 얻기 위해서만은 아니다. 서사가 그런 방법으로 추상적인 의무를 전해야 하는 이유는 현재 그들의 정체성과 그들이 품고 있는 가치들이 서사가 제안하는 앞으로 만들어갈 상상의 공동체의 중요한 부분을 차지한다는 것을 공동체 구성원에게 진실하게 전하는 것이 옳기 때문이다. 일반적으로 보았을 때, 자신들의 공동체에 서사를 제공하는 정치 행위자들이 취하는 도덕적 관점 자체가 그들이 만들어가는 해당 공동체의 전통과 역사에서 비롯된다. 이런 현실을 인정하고 나타내는 서사를 전하는 것이 지적 정직성을 지키는 길이기도 하다.

　이런 점에서 나의 주장은 마이클 월처Michael Walzer의 입장과 같은 선상에 있는데, 월처는 특정 공동체의 맥락에 대한 이해를 바탕으로 하는 사회 비판을 가장 정직한 형태의 규범적 처방으로 보았다. 그와 같은 사회 비판은 우리가 살고 있는 현실 세계에서 우선적으로 파악되는 경험, 정체성, 도덕적 가치들을 해석하고, 그 후 그것들에 대한 가능한 한 가장 설득력 있는 이해를 기반으로 그 사회 구성원들을 설득하려는 시도의 결과물이다.[6] 그런 이해가 궁극적으로는 우리가 보편적 이성의 원칙이라고 간주하는 것에 호소하는 형태를 보일 수도 있고, 마찬가지로 어쩌면 신의 계시에 호소하는 형태를 띨 수도 있지만, 그렇지 않을 수도 있다. 그러나 우리가 진지하게 고려하는 관심사로서 특정한 사회 영역의 가치들을 다루는 데 보편적인 원칙이나 계시는 분명 논의의 출발점이 아니다. 출발점은 국민 정체성 서사가 명확히 설명하고 또 형성하고자 하는 정체성의 대상이 되는 실제 사람들의 믿음과 의견이다. 현재 실제 공동체에서 일반화된 도덕적 전통과 상식에서 시작한다고 해도, 그 사람들의 경험과 가치를 기반으로 하되 비판적으로 관여할 수 있다면, 민주주의, 인간의 존엄성, 기본 인권이 중요한 자리를 차지하는 서사들을 대체로 정교하게 표현할 수 있을 것이다. 다시 말하지만, 그런 가치들은 비록 지배적이지는 않더라도 현재 거의 모든 곳에 존재한다. 따라서 보편적인 가치를 말하면서도 공감을 불러일으키는 서사들을 쓰기 위해서는, 각 공동체 구성원들의 특수한 역사와 전통과 함께, 더 정확히 말해 그것들의 일부로서, 보편적인 가치를 포착할 수 있어야 한다. 한편으로는 구성원들의 독특한 정체성, 가치, 관심, 열망, 다른 한편으로는 그 공동체에서 인정받는 형태의 자유민주주의적 규범들, 이 양자에서 시작함으로써, 국민 정체성 서사는 더 큰 정치적 효능을 확보할 수 있을 뿐 아니라 더 지역적인 가치들과 더 세계시민주의적인 가치들을 더 설득력 있게 융합할 수 있을 것이다. 그리고 그렇게 함으로써, 두 번째 규범적인 필요 요건도 더욱 잘 충족할 수 있을 것이다. 즉, 그런 서사들은 존중을 표할 것이다.

이 두 번째 요건에는 무엇이 따르는가? 국민 정체성 서사가 존중해야 할 대상은 누구인가? 어떻게, 왜 그런가? 이 질문에 대한 답은 늘 뜨거운 논쟁거리였다. 게다가 21세기에는 세계 곳곳에서 한때 지배적이었던 것과는 또 다른 새로운 지평 위에서 물질적이고 도덕적인 차원의 논쟁들이 벌어진다. 현재 우리에게는 다른 곳에 사는 사람들의 소식과 이야기를 인류 역사상 그 어느 때보다 더 잘, 더 빨리 접할 수 있는 수단이 있는데, 이것은 대단히 큰 차이점을 만들어낸다. 오늘날 멀리 떨어진 곳에 사는 이들이 겪고 있는 문제를 조금도 알지 못한 채로 살 수 있는 사람은 거의 없다. 모든 개인의 존엄성에 헤아릴 수 없이 큰 가치를 두는 종교적·철학적·도덕적·법적·정치적 전통들을 의식하지 않은 채로 사는 것 역시 불가능하다. 대부분의 사람들은 이런 전통들 중 적어도 일부에 공감한다. 이들의 정부에서 인권과 민주적 자치를 존중하자고 약속하는 국제협약에 서명한 경우도 많다.[7] 언론인, 압력단체, 종교 지도자 그리고 때때로 다른 국가가 그런 약속을 이행하도록 압력을 가할 수 있고, 실제로 가하기도 한다. 따라서 거의 모든 사람에게 그들의 고유한 가치들이 모든 개개인을 존중하자는 목표를 강하게 지지한다고 주장할 수 있다. 항상 그런 것은 아니지만 거의 언제나 더욱 쉽게 강변할 수 있는 것은, 비록 온 인류는 아닐지라도 그들의 국가가 정당한 권력으로 통치하는 모든 사람은 바로 그 국가에서 존중을 받아야만 한다는 점이다.

게다가 대부분의 사람들은 거의 모든 상황에서 누군가를 존중하기 위해 첫째, 존중의 대상이 되는 이들에게 그들의 목소리, 즉 그들의 관심·희망·두려움을 이야기할 수 있는 기회를 제공해야 한다는 것에 동의한다. 어떤 사람들의 말할 기회를 박탈하면서 동시에 그들을 존중한다고 주장하는 것은 불가능하다. 둘째로, 존중한다는 것은 가능한 한 최대로 이해하고 조정하려는 융통성 있는 마음으로 사람들과 관계하는 것이다. 이는 모든 이들이 스스로가 선호하는 방식의 삶을 그것이 비합법적이거나 해롭다고 판단되는 경우가 아닌 이상 추구할 권리가 있다는 사실을 인정하는 것을 의미한다.

'아닌 이상'과 같이 어떤 '조건을 붙이는 것'은 확실히 존중의 범위를 제약한다. 예를 들어 서로 다른 민족 출신의 사람들의 결혼이 어느 공동체에서는 당연히 허용될 뿐 아니라 중시되는 반면, 다른 공동체에서는 불쾌한 일로 생각하고 그런 행위를 허용하는 공동체들을 너무 이국적이거나 타락한 곳으로, 그래서 존중할 수 없는 것으로 간주한다. 또한 거의 모든 공동체에서는 일부 구성원들이 선호하는 삶의 추구 방식이 과연 옳은지를 놓고 내부에서 격렬한 의견 차이를 보이며, 그렇기 때문에 한 공동체 내에서 모든 사람을 존중하는 과제를 달성하기 어렵도록 만든다. 그러나 거의 모든 곳에서 우리가 찾을 수 있는 것은 비록 특정한 선택과 행위들이 종국에는 비난을 피할 수 없을지라도 모든 사람, 특히

한 국가의 통치하에 있는 사람들은 일단 기본적으로 존중을 받을 자격이 있다고 주장하는 가치와 전통들이다. 그래서 국민 정체성 서사들을 전하는 사람들은 거의 언제나 그들이 영향을 끼치고자 하는 모든 사람의 존엄성, 가치, 관심들을 존중하도록 촉구하는 이야기를 그 공동체 고유의 도덕적 의무와 공명하는 형태로 전할 수 있다.

둘째 요건은 서사가 기술하는 개인과 공동체가 추구하는 다양한 삶의 방식에 존중을 표하는 것을 요청한다는 바로 그 이유 때문에, 우리의 논의는 자연스럽게 세 번째 요건으로 이어진다. 좋은 국민 정체성 서사가 되기 위해서는, 이야기가 그물식 공정을 담아야 한다. 서로 구별되지만 동등하게 중요한 두 가지 차원에서, 서사는 한 사회의 공유된 삶의 범위 내에서 상당한 수준의 다원주의를 공개적으로 기꺼이 수용해야 한다.

서사가 나뭇잎의 그물맥처럼 그물 모양 같아야 한다고 했을 때, 그 그물 모양이란 전체를 구성하는 요소들 중에서 언제나 예측 가능하진 않지만, 어느 정도 식별이 가능한 패턴들이 나타나는 망상조직과 같은 연계를 표현하기 위한 용어다. 이 패턴들은 뒤범벅 상태의 차이들을 일반적으로 효용과 내구성이 좀 더 높은, 더 정돈되고 매력 있는 배열들로 변형한다. 따라서 이런 그물 모양은 획일적인 균일성과 혼란스러운 무질서 모두와 대조된다. 훌륭한 국민 정체성 서사는 그 내부와 외부에 두 가지 종류의 식별 가능한 패턴이 있는 그물망을 짤 수 있도록 도와야 한다. 서사는 내부적으로 존중이라는 기준에 부합하면서 모든 시민적 삶이 동질적이 되도록 요구해서는 안 된다. 제임스 매디슨James Madison이 익히 알고 있었듯이, 모두가 동질적이 되는 것은 오직 자유를 소멸함으로써만 성취할 수 있는 일이다.[8] 서사는 오히려 다원주의를 단순히 인정하는 데 그치지 말고, 더 적극적으로 그것을 활성화해야 한다. 해당 공동체의 정체성 서사에서 중심이 되는 구성적 주제와 조화를 유지하면서 소수 종교, 특정 지역, 원주민 집단, 성소수자, 장애인 등과 같은 다양한 하위집단들의 요구에 가능한 한 최대로 호응하는 정책들을 승인해야 한다. 이런 노력은 연방주의, 입법기관을 통한 특별 대표, 일반적인 구속력을 가진 법 적용의 면제, 공공서비스에 대한 접근성 확대 등과 같이 다양한 형태를 띨 수 있다. 그러나 이렇게 각 차이를 융통성 있게 맞춰주는 일은 제한적으로 적용해야 한다. 사회를 구성하는 그물망 같은 전체 테두리 안에서 다른 사람들의 삶을 유지하도록 해주는 공간과 구조를 보존하려는 관심을 고려해야 하기 때문이다.

비슷한 의미에서, 좋은 서사는 언제든 동의할 수 있는 여지가 있을 때마다, 서로 구별되지만 또 겹치기도 하는 국민 정체성 서사들이 내세우는 서로 다른 공동체들, 정책들, 제도들과 타협하고 또 연대할 수 있는 개방성을 대외적으로 나타내야 한다. 따라서 서사는 해당 사회의 제도와 정책들이 융통성 없고 불변하는 것이 아니라, 여러 이야기가 동의하는 부분부터 차츰 발전한, 변화하는 패턴들의 관계망에 더 가깝다는 것을 인정해야 한다. 이렇게 외부를 향한 융통성의 정신은 국민의 경제적 번영, 정치적 권력, 구성적인 가치 증진에 도움이 되는 경우 지역 기구나 동맹들 또는 전 세계 수준의 기구나 동맹들의 일원이 되는 것을 수용하는 데까지 확대되어야 한다.

정치공동체의 그물망식 비전을 기꺼이 수용해야 한다는 요청이 필연적으로 상당한 수준의 다양성을 받아들이자는 요청인 바로 그 이유 때문에 많은 사람들, 그중에서도 특별히 민족주의적 형태의 포퓰리즘에 경도된 사람들은 이에 맹렬히 반대할 것이다. 아무리 민주주의와 인권에 대한 약속이 현재 전 세계 대부분의 지역에서 감지된다고 하더라도, 많은 지역에서는 그것이 여전히 지배적이라고 할 수 없다. 게다가 민주주의와 인권은 어디에서도 완전히 받아들여지지 않았다. 따라서 어느 한 지역의 지배적인 전통과 정체성에 공명하는 국민 정체성 서사를 쓰고자 한다면, 대개 결과적으로 봤을 때 모든 사람에 대한 존중을 나타내는 이야기나 사회 내의 다양한 집단의 요구에 기꺼이 호응하는 이야기, 혹은 다른 이들과 연대하는 이야기로는 귀결되지 않을 것이다.

그럴지도 모른다. 그러나 더 나은 서사들을 만들 수 있는 가능성을 살피지 않고 그저 그렇게 추정해 버리는 것은, 편협한 민족주의적 포퓰리즘에 대응할 수 있는 방법은 총력전을 펼쳐서 그것을 파괴하는 것밖에 다른 어떤 것도 없다는 결론에 이르는 것과 같다. 그런 노력이 실패할 확률은 적어도 포퓰리스트 성향의 전통주의자를 포함한 모든 집단과 가능한 한 최대의 공통분모를 찾으려 하는 접근만큼 크다고 생각한다. 확실히 현대 자유주의자들이 지지자를 더 얻지 못하고 적수를 더 얻게 된 것은 그들이 서로 다른 이들에 대해 지나치게 개방적이고 융통성 있게 접근해서라기보다는 오히려 그들의 신념에 전적으로 공감하지 않는 이들을 무시했기 때문이다. 진정한 다양성을 가장 두려워한 이들은 너무도 자주 다름 아닌 자유주의자들이었다.

공감을 불러일으키고, 존중을 표하며, 그물식 공정성을 담은 국민 정체성의 서사를 개진하는 것이 가치 있는 일이라고 언제 우리가 알 수 있는지에 대해 기준을 너무 높게 설정해도 안 된다. 나는 반다원주의적이고 권위주의적인 형태의 포퓰리즘 옹호자들을 완전히 물리치는 서사를 만들 수 있는 방법을 언제 어디서나 찾을 수 있다고 주장하지 않는다. 정치에서 확실한 것은 없다. 다만 우리는 그런 유의 서사가 진지한 정치적 경쟁자가 될 수 있는 잠재력을 모든 상황에서 찾을 수 있다고 믿는다. 대다수의 사회에서는 이미 존재하는 다양성 때문에, 어떤 소수집단들은 공개적으로 기꺼이 받아들인다. 다른 소수집단들은 멸시를 받지만 말이다. 이런 예들은 더욱 광범위한 포용성의 실현 가능성에 대한 선례가 된다. 그리고 대부분 사회에서는 정치 지도자들, 정당들, 운동세력들이 말치레일지언정 통치 대상 모두를 염려하기 때문에, 이들은 거의 언제나 더 배타적인 도덕 전통뿐 아니라 더 포용적인 도덕 전통 역시 상기시킨다. 그러고 나면 그들은 그런 포용적인 도덕에 부응해야 한다는 압박을 느낄 수 있다.

이제부터는 이와 같은 주장이 믿을 만하다는 점을 오늘날 병리적 형태의 포퓰리즘이 득세하는 몇몇 나라에서 더 나은 국민 정체성 서사의 잠재성을 주의 깊게 관찰함으로써 보여주고자 한다. 모든 사례에서 다음 세 가지가 확실히 드러날 것이다. 첫째, 민족주의적 포퓰리즘은 해당 국가의 성공에 크게 이바지하는 것으로 보이는 그 국가의 독특한 정체성에 대한 분명하고 강력한 서사를 개진한다. 둘째, 그런 서사에는 예측 가능한 기계적인 구조와 구성적인 주제가 있다. 지도자들은 그들의 국가나 민족이 한때는 고도로 발전했고, 행복하고, 도덕적이었다고(진정으로 세계 최고의 나라가 아니었다면) 사람들에게 거듭 말한다. 그랬었는데 부패하고 이기적인 엘리트들이 국가의 문화적 정체성과 위대함을 벗어나 빗나가면서 국가가 위험한 지경에 빠졌고, 오직 나라의 '진정한' 국민 혹은 그 국민의 대표들이 권력을 잡고 있을 때만 국가는 다시 위대하고 행복해질 수 있다고 말한다. 이런 메시지는 일반적으로 역사의 철칙처럼 제시된다.

셋째로, 오늘날에는 모든 사례에서, 심지어 우편향의 포퓰리즘이 주장하는 정체성의 서사조차도 민주주의, 다양성, 인권의 가치들에 존중을 표하지 않는 국민 서사는 거의 없다. 따라서 각 나라의 역사와 현재 상황들이 더 다양화되고, 포용적이고 평등 지향적이며, 더 폭넓게 존중을 표하는 국민의 서사를 개진할 수 있는 소재들을 제공한다. 물론 나는 이들 중 어느 국가에 깊숙이 관여하는 사회 비평가가 아니기 때문에, 이 공동체들에 대한 나의 논의는 잠정적인 성격을 띨 수밖에 없다. 다만 나는 이 국가들에 대해 더 많은 지식을 갖춘 다른 이들이 더 잘할 수 있는 방법을 찾을 수 있기를 희망할 뿐이다. 이어지는 3장에서는 내가 속한 나라인 미국에 대해, 어떻게 하면 우리가 더 나은 국민 정체성 서사를 이야기할 수 있고, 또 왜 그렇게 해야만 하는지에 대해 더 진전된 주장을 펼 것이다.

타 국민들의 더 훌륭한 서사들

첫 번째로 지구상에서 가장 행복한 나라 혹은 그 언저리에 있다고 통상 여겨지는 덴마크에 대해 살펴보자.[9] 덴마크인들은 전반적으로 행복할지 모르겠지만, 지난 15년이 넘는 시간 동안 덴마크에서는 반이민주의를 표방하는 자칭 포퓰리즘 정당인 덴마크 인민당이 점점 더 많은 지지를 받아왔다. 2015년 이후 지금까지 덴마크 인민당은 의회에서 두 번째로 큰 정당이다.● 덴마크 인민당에서 제한적인 이민정책과 귀화정책을 요구하고 덴마크 문화를 적극적으로 육성하는 시민교육제도의 도입을 주장하면서 다른 정당들도 덴마크 인민당이 선호하는 방향으로 자신들의 입장을 선회해 왔다.[10] 덴마크 인민당의 지도자들은 자신들의 입장을 덴마크 고유의 정체성을 지키기 위해 덴마크인들이 벌여온 길고 감동적인 투쟁 서사의 최신판으로 묘사한다. 그중 한 명은 다음과 같이 말했다. "덴마크의 천 년이 넘는 역사는 덴마크인들이 불리한 지리적·전략적 조건에도 불구하고 살아남기 위해 끝없이 투쟁해 온 역사다."[11]

덴마크 인민당은 경제에 집중하고 세금 징수와 정부지출 반대를 정체

●   최근 몇 년 간 덴마크 인민당(Dansk Folkeparti)에 대한 지지는 꾸준히 하락했다. 2019년 총선 결과 인민당은 전체 지지율 8.7%를 획득했고, 의석수는 전보다 21석을 잃은 16석에 그쳤다. 2022년 총선에서는 지지율 2.63%, 의석수 5석을 획득했다.

성으로 내세웠던 이전의 진보당Progress Party, Fremskridtspartiet: FrP에서 파생한 정당으로, 진보당에 비해 훨씬 더 성공을 거뒀다. 진보당은 그렇게 열렬히 민족주의적이지 않았다. 반대로, 덴마크 인민당은 당대표 크리스티안 툴레센 달Kristian Thulesen Dahl의 말처럼 처음부터 그 핵심을 "조국을 향한 따뜻하고 강력한 사랑"이라는 강령에 두었다.[12] 그 선언에는 경제적 주제와 정치권력의 주제도 담겨 있지만, 핵심적으로 강조되는 것은 "보존하고 강화해야 하는 우리 덴마크의 문화유산"이라는 구성적 가치들이다. 덴마크 인민당은 그 문화를 "덴마크인들의 역사, 경험, 신념들, 언어, 관습들의 총합"이라고 정의한다. 덴마크 인민당은 관습 중에서도 덴마크 대의정부 시스템의 일부로서 "덴마크 입헌군주제"와 그들이 "일반적인 종교의 자유"에 편견을 갖지 않으면서도 "정부가 지지하길" 바라는 "덴마크 복음주의 루터교회"를 강조한다. 또한 이 정당은 덴마크의 주권 유지 문제에 대단히 큰 중요성을 부여한다. 주권에 대한 위협이라는 이유로 EU를 반대하고(북대서양조약기구를 반대하지는 않는다), "다민족 사회로 전환되는 것을 받아들일 수 없다"라고 강력히 주장하며 지속적으로 대규모 이민을 반대해 왔다.[13]

그러나 덴마크 인민당은 지난 25년간 평균 60퍼센트 이상이었던 소득세를 통해 재원이 마련되는 덴마크의 광범위한 사회복지국가 시스템을 반대하지 않는다.[14] 또한 의료보험은 공공이 책임져야 한다는 점을 받아들이며, '공립학교와 사립학교 간의 자유로운 선택'이 보장되는 한 공교육 제도를 지지한다. 다른 많은 보수주의적 포퓰리즘 정당들과는 달리, 덴마크 인민당은 미래 세대가 "깨끗하고 건강한 환경에서 살 수 있도록", "자연 세계를 돌볼 것"을 요구한다. "덴마크와 덴마크 민주주의가 자유롭게 진화"하기 위해 "다른 정당과 기꺼이 협력"하면서 대의정부 내에서 적극적인 역할을 수행할 것을 약속한다. 또한 덴마크 인민당은

"근본적인 표현의 자유, 집회결사의 권리, 종교의 자유"를 지지하고, 그린란드Greenland와 패로 제도the Faroe Islands에 상당한 수준의 자치를 허용하는, 과거 덴마크 제국의 흔적이라고 할 수 있는 "덴마크 왕국 공동체"에 대한 지지를 맹세한다.[15]

요컨대 덴마크 인민당은 과거 덴마크의 행복과 위대함의 원천인 문화적 정체성과 전통을 보여줄 목적으로 짜인 특정한 덴마크 국민의 정체성 서사를 명시적으로 개진한다. 그 문화적 정체성과 전통은 현재 위협받는 것으로 그려지는데, 특별히 이민과 다문화주의 그리고 EU의 관료들이 그런 위협을 가한다. 그러나 덴마크 인민당은 미국에서는 아마 사회민주주의라고 간주될 법한 경제적 주제들을 포용하기도 한다. 정치권력의 주제와 관련해서는 지방과 국가 수준 모두에서 대의민주주의 기구들에 활발한 참여를 강조하고, 언제든지 가능한 한 다른 관점을 가진 정당들과 협력할 것을 역설하며, 심지어는 "그린란드와 패로 제도 사람들"의 특수한 지위를 그물망식으로 공정하게 인식하는 것 역시 강조한다.[16] 그리고 덴마크 인민당은 일정 정도 개인의 권리를 보증한다. 당대표를 오랫동안 하고 있는 크리스티안 툴레센 달을 보면, 그는 권위주의적인 포퓰리스트 독재자가 되고자 하기는커녕 국무총리 자리도 고사하는 쪽을 택했다.

사실 덴마크 인민당의 우파적 성격은 거의 유일하게 문화적 주제에서만 찾을 수 있다. 그렇기 때문에 특별히 이슬람교도 이민자들을 반대하면서 이민 제한을 요청하고 까다로운 귀화정책을 요구한다거나, 다문화주의와 다민족주의에 대해 일반적인 반감을 표출한다거나, 전통적인 개신교와 군주제 지지를 강조하는 것과 같은 입장들은 분명 이 당의 가장 큰 특징이다. 덴마크 역사에 비춰보았을 때 이런 입장들이 갖춘 호소력은 이해할 만하다. 특히 덴마크가 EU에 가입하면서 불거진 난제들과,

광범위한 경제적·문화적 세계화의 영향 때문에 생긴 문제들을 고려한다면 더욱 그렇다.

덴마크 인민당이 그런 난제들에 앞에서 위기감을 표하는 것이 많은 이들에게 공감을 불러일으키는 까닭은 그들이 오랜 기간에 걸쳐 확립되고 광범위하게 공유되는 덴마크의 정체성을 내세우기 때문이다. 역사학자 C. F. 앨런C. F. Allen의 베스트셀러가 보여주는 것처럼 낭만주의 사상의 영향을 받은 대표적인 19세기판 덴마크 역사를 보면 덴마크인들은 억압적인 귀족의 등장, 외국 종교 세력의 영향, 그리고 여러 차례에 걸친 외세의 지배로 수백 년 동안 고통받아 온 유구한 혈통을 가진 문화적으로 동질적이고 민주적인 농민집단으로 표현된다. 그러다가 1849년에 의회와 개신교 민족 교회와 함께 입헌군주제가 건설되면서 민주주의, 국민주권, 문화적 통일성을 회복했다.[17] 본질적으로 바로 이것이 덴마크 인민당이 오늘날 전하는 서사다.

그러나 이런 서사는 덴마크인들 사이에서도 논란의 여지가 있다. 현대 학자들은 덴마크가 사실 1864년 프러시아와의 전쟁에서 패배하고 슐레스비히, 홀슈타인, 라우엔부르크를 잃고 나서 민족국가 형성의 새로운 시기에 이르기 전까지는 복합적 다민족, 다언어의 군주국이었다는 점을 밝혀왔다.[18] 이어서 농민운동은 협동조합의 창설을 통해 덴마크 농업의 강화를 성공적으로 모색해 왔다. 현재까지 거의 모든 덴마크 농민들이 여전히 이 협동조합에 소속해 있다. 이런 농업운동은 19세기 말 니콜라이 그룬트비Nikolaj F. S. Grundtvig가 주도했던 교육 운동과 연대했다. 그룬트비는 평등 지향적인 덴마크 국민의 정체성을 가르치기 위해 '평민대학folkehøjskole'을 양성했다. 노동운동 역시 덴마크의 사회민주주의자들을 탄생시켰다. 이들은 사회주의를 민족국가 덴마크의 특징을 나타내는 연대의 표현으로 제시하게 됐다. 덴마크의 농민운동과 노동운동은 종종 반목했지만, 제2차 세계대전 이후 종국적으로 높은 비율로 세금을 거둬 수준 높은 사회보장을 약속하는 덴마크의 복지국가를 함께 지지했다. 문화 연구자 오베 코르스고르Ove Korsgaard는 이 시점에 "복지와 덴마크다움이 동일시됐다. 덴마크인이라는 것은 곧 덴마크식의 복지 기획과 본인을 동일시하는 것을 의미했으며(지금도 여전히 그렇다)"[19]라고 말했다.

이런 설명은 좀 더 목적론적인 관점에서 덴마크인의 정체성 서사를 다음과 같이 체계화한다. 그것은 서로 다른 집단들이 긴 시간 동안 합심해 모든 사람에게 복지와 행복을 제공하는 공동의 기획을 형성하는 것, 그리고 덴마크인들이 무한한 미래에 계속 유리하게 추구할 수 있는 것이다. 그러나 코르스고르를 비롯한 학자들은 그 뒤에 나타난 변화들이 이와 같은 덴마크 국민 정체성을 공격해 왔다고 주장한다. 유럽경제공동체EEC에 가입한 후, 자국의 통화를 유지한 채 EU에 가입하기로 한 덴마크의 결정은 덴마크의 국민 정체성이 유럽인의 정체성 속으로 더 깊게 함몰되지 않고 유지할 수 있을 것인가라는 의문을 유발했다. EU의 정책들은 이슬람교도들을 포함한 더 많은 이민자들을 덴마크에 정착하도록 했다. 현재 각기 다른 종류의 이민자 수를 모두 합치면 전체 덴마크 인구와 노동인구의 9% 미만을 차지한다.[20] 수 자체만 보면 그렇게 큰 것은 아니라고 할 수 있지만, 이 정도면 광범위한 사회보장 혜택을 받는 대가로 높은 세율을 감당해 온 덴마크인들의 열의의 근간인 강한 문화적 연대감과 경제적 협조 의식을 흔들기에 충분한 수치다. 세금으로 형성된 재원을 키우는 데 오래 기여한 바가 없고 모든 사람이 각자 자기 몫을 다할 것이라는 신뢰를 만들어내는 덴마크인들의 연대감을 느끼지 못할 수 있는 새로 이주해 온 사람들은 덴마크 복지 기획에 오래 참여했던 기존 시민들과 동등한 대우를 요구하고 있는 것처럼 보인다.

이러한 우려 이외에도, 일부 덴마크인들은 덴마크가 EU와 여타 지역 및 세계 기구들에 가입한 소국이기 때문에 참여를 위해서는 영어를 배워야만 하는데(세계에서 덴마크어를 배울 가능성은 없기 때문에), 그렇기 때문에 그들의 독특한 문화적 정체성이 한두 세대 안에 사라져 버릴 위험에 처했다고 느낀다. 이런 감정들은 덴마크 인민당이 내세우는 구성적 주제들이 그렇게 강력한 이유를 잘 설명해 준다.

덴마크 인민당의 서사가 이야기하는 문화적 불안감, 경제적 부담에 대한 두려움, 정치적 중요성의 상실은 모두 충분히 이목을 끌 만하다. 하지만 인민당의 성명 자체가 보여주는 것은 민주주의, 인권, 심지어 적어도 몇몇의 먼 공동체의 어느 정도의 자치(그린란드와 패로 제도의 부분적인 자치 _옮긴이), 이 모든 것의 가치들이 덴마크에서 큰 공감을 불러일으킨다는 것이다. 비록 고대 덴마크인들이 민주적인 농업민족이었다는 것이 신화라고 할지라도, 많은 덴마크인들이 상당히 민주적인 국민으로서 자신들의 이야기를 오랫동안 높이 평가해 왔다는 것은 신화가 아니다. 더 나아가서, 일군의 학자들은 다민족·다언어 사회였던 덴마크의 더 오래된 과거의 역사가 오늘날 더 큰 규모의 이민 문제에 대처하는 덴마크인들에게 자랑스러운 전통과 길잡이의 원천으로서 인식될 가치가 있다고 주장한다.[21] 이런 전통은 덴마크인들이 역사적으로 다양성을 수용하는 방법들을 찾아왔으며, 그럼에도 번영했다는 것을 보여준다. 그리고 사회학자 리처드 젱킨스Richard Jenkins가 제시하는 바와 같이, 만약 현대 덴마크인들이 특별히 국민 정체성의 상징으로서 그들의 국기 단네브로Dannebrog, 입헌군주제, 덴마크어를 중시한다면, 진보적 덴마크인들이 덴마크의 오래되고 매우 성공적인 사회복지 프로젝트를 계속 추진하는 데 초점을 맞춘 평등 지향적이고 포용적인 국민 정체성 서사를 개진할 수 있다. 거기에는 덴마크인들이 귀하게 여기는 모든 요소가 포함될

것이다.[22]

이 같은 입장이 너무 낙관적으로 보인다면, 그룬트비주의자들이 평민 대학에서 가르쳤던 핵심적인 문화적 가치가 [역사학자 클라우스 묄레르 예르겐센Claus Møller Jørgensen에 따르면] 폴켈리드folkelighed라는 점에 주목할 필요가 있다. 이 개념은 "관용, 개방성, 관대함이라고 정의되며, 폴켈리드를 성취할 수 있는 수단은 계몽과 합의를 향한 진솔한 대화다".[23] 덴마크 인민당은 이민 문제를 이슬람교도들을 향한 편견에 뿌리박힌 증오에 이르기까지 밀어붙이는데, 그것은 부르카와 니캅 착용을 금지하고 특정 지역을 "게토 구역"이라고 표시하며, 귀화한 시민들이 시장과 악수하도록 하는 것과 같은 조치들에서 확연히 나타난다. 상황이 그와 같다면 다른 덴마크 사람들이 "저것은 우리의 모습이 아니다"라고 역설할 수 있다고 보는 것은 무리한 주장이 아니다.[24] 아마도 그들은 정반대의 서사를 말할 수 있을 것이다. 폴켈리드, 즉 개방성과 관용으로 특징지을 수 있는 독특하지만 동시에 본보기가 되는 민주주의적 사회복지 기획에 전념하는 덴마크 국민의 정체성 서사 말이다.[25] 이런 서사는 혜택을 받는 모든 이들이 그 기획에 실질적으로 기여하는 것을 보증하는 정책들을 포함해야 하는데, 대부분의 이민자들은 이 기획에 함께하는 일을 자랑스럽게 여길 것이다. 이런 서사의 성공을 보장할 수는 없지만, 시도 자체에 가망이 없는 것은 결코 아니다. 결국 이 모든 문제에도 불구하고, 대부분의 덴마크 사람들은 여전히 행복하다.

1947년에 식민지 상태에서 벗어나 건국한 이래, 세계에서 가장 큰 입헌 민주주의 국가인 인도는 한층 더 어려운 사례다. 독립 이후 1980년대에 이르기까지, 네루와 간디 일가의 인도국민회의가 의석을 독차지해왔다. 그리고 나서 인도국민회의가 쇠약해지고 우편향의 힌두민족주의 정당인 인도인민당이 지지 세력을 늘려갔다. 2014년에는 마침내 나렌드라 모디Narendra Modi가 이끄는 인도인민당이 의회의 여당이 됐으며, 많은 주정부 선거 역시 석권했다. 이후 인도 정치의 향방은 이때 정해졌다.[26]

마노하르 조시Manohar Joshi는 인도인민당이 권력을 잡는 데 일조한 선거공약 선언문을 썼는데, 그는 여기서 "현대적인 인도를 건설"하는 "최고의 토대는 우리 고유의 **문화**"를 주장해 강력한 인도 국민의 정체성 서사를 제시한다.[27] 선언문 서문에서는 "인도인민당은 어떤 국가도 스스로에 대한 명확한 이해, 즉 자신들의 고유한 역사, 뿌리, 강점과 약점들에 대한 명확한 이해 없이 정책들을 계획해 낼 수 없다는 사실을 인식하고 있다"라고 말한다. 또한 "인도는 세계에서 가장 오래된 문명으로, 늘 전 세계가 부와 지혜의 나라로 우러러보았다"라고 천명하면서, 인도의 많은 강점을 확인한다. 선언문은 "영국인들이 나타나기" 전에는 "인도가 유럽과 아시아의 어떤 국가보다 산업과 제조업에서 훨씬 더 큰 역할을 수행하고 큰 영향력을 발휘했다"라고 역설한다.

그 당시 인도는 풍요, 번영, 부유함의 땅이었고, 자연과 완벽하게 조화와 평화를 이루면서 서로 나누고 아끼며 사는 나라였다. 고대로부터, 전 세계 곳곳에서 성행하던 거의 모든 종교는 인도에서 평화롭게 공존했고 앞으로도 그럴 것이다. 따라서 인도에서는 가장 고귀한 형태의 영적 공존을 경험을 할 수 있는 것이다.[28]

이 공약 선언문은 이어서 억압적인 영국인들이 들이닥쳤다고 지적한다(사실 이슬람교를 따르던 무굴제국이 영국보다 먼저 인도를 점령했었지만, 이 점은 언급하지 않는다). 조시는 영국인들에 맞서서 "인도 독립 투쟁"의 지도자들이 "인도의 양식과 사상을 그들 행동의 중심에 두었다"라고 썼다.

조시는 "그 지도자들은 문명 의식의 연장으로서 인도를 하나의 국가, 하나의 국민, 하나의 민족으로 만들었던 인도의 정치적·경제적 제도들을 재건한다는 비전이 있었다"라고 말한다. 그러나 독립 이후에 "일을 관장하던 최상층 지도자들이 …… 그런 정신과 비전을 상실하고 …… 인도의 세계관과는 동떨어진 영국인들이 만든 제도적 체계를 채택했다"라고 한다. 이와 같은 쇠퇴는 "늘어나는 불균형, 사회와 공동체의 분열, 테러리즘"을 포함하는 "다차원적인 위기"를 초래했고, 이런 것들이 인도를 "균열된 사회"로 이끌었다. 그러나 문제의 중심에는 "소수에게 집중되는 권력"과 "국민의 참여 부족"이 있었고, 이런 문제들 때문에 결국 "엄청난 규모의 부패와 정실주의"가 양산됐다. 국가가 발전하기 위해서는 인도인들이 "인도의 '사상'이 무엇인지 합의에 도달해야 하고 …… 인도의 세계관이 가지는 힘을 인지해야 하며", 또 "인도 국민들이 선호하는 바에 따라 정책의 접근법을 새롭게 설계해야 한다"[29]라는 것이다.

그러므로 이 공약 선언문은 인도가 민주주의라는 것을 강조하는데, 인도인민당은 민주주의를 압도적 다수인 힌두의 '문명의식'이 우세할 수밖에 없는 다수결 민주주의와 자주 등치시킨다. 그런데도 이 선언문은 인도를 "매우 상이한 지역들에 정착한 서로 다른 공동체들이 그들 고유의 목표"를 가진 "다양성의 국가"로 인식하고 있다. 선언문은 서로 다른 지역과 지방의 "특별한 요구들"과 "독특한 상황들"을 그물망식으로 인정할 "고도로 분권화된 연방체제"를 약속한다. 그렇지만 선언문은 "이 모든 것은 헌법의 범위 내에서 그리고 '인도 제일주의'의 정신에 입각해 행해야 하며, …… 사회의 어느 한 계층이나 어느 한 지역을 위해서 국가의 완전함을 해치는 그 어떤 행위도 있을 수 없다"라고 말한다. "인도인민당은 인도 사회의 다양성의 중요성을 인정한다"라고 역설하면서, "당은 다양성 안에서의 통합의 원칙을 믿는다"라고 설명한다. 선언문은 "관용과 공존이 …… 우리의 문화를 특징짓기" 때문에, 이런 인도의 비전이 현재 "가난에 허덕이는 이슬람교도 공동체"를 포함해 "모든 민족집단과 문화집단"에까지 퍼진다고 주장한다. 그러고는 "정부의 유일한 철학과 종교는 인도 제일주의여야 한다"라고 결론을 내린다.[30]

이 선거공약 선언문은 많은 부분을 민주적 절차와 공공 행정 부문의 전면적인 개선과 기업친화적인 경제발전, 교육 개혁에 대한 계획에 할애하고 있다. 따라서 인도인민당의 공약 선언문이 전하는 국민 정체성 서사는 자본주의의 경제적 주제를 추진한다. 또한 정치권력을 체계화하는 데 바람직한 방식으로 참여민주주의와 그물망식 연방제 정치를 격찬한다. 이 선언문은 모든 문화, 종교, 지역 공동체들을 존중할 뿐 아니라 그들의 발전을 위해 노력할 것을 약속한다.

그렇지만 이런 약속은 마노하르 조시가 "이질적인" 제도들을 인도의 고대 "문명의식"보다 열등한 것으로 공공연히 비난한 것과 상충한다. 다시 말해 그가 작성한 선언문에 나타난 주된 서사는 인도가 한때 인도를 위대하게 만들었던 고대문명으로 회귀할 때만 번영할 수 있다고 하는 기계적인 서사다. 이런 회귀 속에서 얼마나 큰 다양성이 존속할 수 있는 지는 확실하지 않다. 다문화주의에 대한 존중이, 특히 인도 내의 소수 이슬람교도들이 '인도 제일주의'하에서 정말로 공존할 수 있는지가 불확실하다. 조시가 언젠가 한 번은 인도인민당이 주 선거에서 이긴다면 "첫 번째 힌두교 주"를 만들 것이라고 말했다가 기소당한 바 있다는 점은 특기할 만하다. 인도 대법원은 결국 이를 허용되는 정치적 표현으로 판결했다.[31]

2014년 선거 당시에 모디 자신은 과거보다 힌두민족주의에 대한 강조를 줄이고, 기업 친화적인 경제개발을 장려하는 것과 정치 부패를 종식시키겠다는 것을 주요 공약으로 내세워 선거를 치렀다는 점 역시 중요하다. 그렇다고 해도 다른 인도인민당의 지도자들은 2014년 선거 전후를 막론하고 힌두민족주의를 강조하는 데 그다지 주저하지 않았다. 인도인민당이 집권하자 소비를 위한 소의 도축을 금지했는데, 많은 이들은 이 정책 때문에 이슬람교도들에 대한 사법 외 살인사건들이 급증했다고 보고 있다. 이들은 또한 힌두민족주의를 내세우는 대표적인 힌두교 승려 요기 아디트야나스Yogi Adityanath를 인도에서 인구가 가장 많은 주인 우타르 프라데시의 주 총리로 임명했다. 또 공식적으로 여성을 보호한다는 명목으로 경찰 조치들을 승인했는데, 결과적으로 그것은 이슬람교도 남자들을 향한 빈번한 폭력 사용을 허용한 것이 됐다. 모든 종교를 존중하겠다는 인도인민당의 선언에도 불구하고, 아디트야나스는 인도를 "세례"하려고 했다며 테레사 수녀를 비난하는 것과 같은 선동적인 발언을 반복했다. 가장 최근에는 인도인민당 정부가 이슬람교도가 다수인 카슈미르주의 특별 지위를 박탈했는데, 많은 사람들은 이런 움직임을 힌두민족주의의 표현으로 간주했다. 프랑스의 정치학자 크리스토프 자프렐로Christophe Jaffrelot는 인도인민당 주도하의 인도가 다수결주의를 따르지만 "고전적인 의미에서 자유주의적"인 것이 아닌 "'종족 민주주의'가 되는 길로 들어섰다"라고 주장한다.[32] 다른 논평자들은 오직 "인도의 사법부와 선거관리위원회"만이 "인도의 다수결주의가 계속해서 종교정치로 빠지는 것"을 견제할 수 있다고 생각하는데, 많은 이들은 그 두 기관이 그런 역할을 한다는 데 회의적이다.[33] 이런 분석들은 더 나은 인도의 국민 정체성 서사가 힌두민족주의 포퓰리즘의 위험을 제한할 수 있을지 묻게 한다.

2014년의 인도인민당 정강은 '인도 제일주의' 이외에 다른 국가종교는 없다고 공언했다. 이것이 곧 인도가 힌두교 국가가 되어야 한다는 명시적 요구는 아니었다. 모디는 경제성장과 기간시설 확장을 옹호했고,

또 전통적인 카스트제도의 특혜가 반민주적으로 지속되는 것과 그것이 동반하는 광범위한 부패를 비판했는데, 이는 비슷한 수사를 사용한 인도 국민회의가 절대로 근절하지 못했던 것이다.[34] 인도인민당은 2014년에 새로운 유권자들을 선거에 대거 동참시켜 선거에서 이겼다. 특히 정치 시스템을 폐쇄적인 것으로 혹은 자신들에게 무관심하다고 여겨서 관계를 끊고 있었던 도시 지역의 힌두인들을 중심으로 지지를 얻었다. 기존의 주 총리들이 더욱 효과적으로 통치했던 주들에서는 현직에 있던 이들이 강한 지지를 유지했다.[35] 왜냐하면 80퍼센트에 육박하는 인도인들이 스스로를 힌두교도로 간주하기 때문에, 인도를 힌두교 국가라고 생각한다는 것을 다수결주의와 떨어뜨려 생각하는 것은 매우 어렵다. 그러나 인도인민당의 성공에도 불구하고, 과연 대부분의 인도인들이 인도의 정체성과 관련해 '강성' 힌두민족주의 시각을 기꺼이 수용해 왔는지는 여전히 확실하지 않다.[36]

인도인민당의 공약 선언문 자체를 보아도 인도의 전통과 경험들이, 매우 상이하고 더욱더 포용적인 인도의 국민 정체성 서사를 위한 요소들 또한 제공한다는 것이 확인된다. 뛰어난 정치학자 수닐 칼나니Sunil Khilnani가 주장한 것처럼 "인도 사회 내에서 서로 다른 지역에 속한 사람들은 각자 그들만의 고유한 개념으로 나라를 이해해 왔다".[37] 영국의 지배와 영국식 분류 아래 놓이기 전에는 인도 아대륙亞大陸상의 많은 다양한 공동체들이 심지어 스스로를 인도인이라고 여기지도 않았다. 비록 카스트제도를 비롯해 "서사시, 신화, 민간설화에 나타나는 서사구조" 등은 비슷하게 공유했지만 말이다.[38] 그들이 영국인이 만든 인도의 정체성에 맞서 스스로의 서사를 기술했을 때, '인도인이란 누구인가'에 대해 서로 대항하는 다양한 설명을 가능케 하는 요소들이 제시됐다.[39]

게다가 갖가지 다른 점에도 불구하고 사실상 거의 모든 이야기들이 인도가 민주주의라는 점을 가치 있게 평가하는 것으로 수렴된다. 킬나니 자신도 "미국혁명과 프랑스혁명이 시작한 위대한 민주주의 실험에 …… 독립국가 인도가 세 번째 계기가 되는" 하나의 "원대한 서사"를 개진했다. 인도의 두드러진 다양성에 비춰보았을 때 어떤 종류의 민주주의가 적절할 것인가라는 핵심적인 문제를 놓고 인도인들은 논쟁을 벌여왔다. 마하트마 간디Mahatma Gandhi는 공유된 '문화적 의식' 내에서 폭넓은 종교적 전통들, 각 지역의 신념들과 정체성들을 국가가 기꺼이 수용하도록 촉구하는 한편, 인도를 자급자족하는 다양한 민주주의적 마을들의 나라로 표현했다. 그러나 고도로 유심론적이고 강경한 반국가주의적인 그의 비전은 독립 이후 영향력을 잃었다.[40] 그럼에도 불구하고 관용적인 '마을 공화국들'이라는 초기 인도 역사를 인도 민주주의의 진정한 뿌리로 상기하는 일은 오늘날까지도 지속된다.[41]

반면 자와할랄 네루Jawaharlal Nehru는 강력한 민주주의적 중앙집권국가를 선호했는데, 그것이 "상호 연결된 차이"를 인식해 인도의 문화적·종교적 다양성을 보호할 것이며, 결국 언어를 기반으로 구성된 주들을 포함해 모두를 경제발전을 위한 사회주의 성향의 정부가 주도하는 계획 하에 단합할 것이라고 보았다.[42] 위대한 달리트• 지도자 빔라오 람지 암베드카르Bhimrao Ramji Ambedkar는 구성원 자격을 융통성 있게 정하고 유동성이 높은 민주사회를 조성하고자 노력했다. 이는 일정 부분 콜롬비아대학교 재학 시절 그의 멘토였던 존 듀이John Dewey의 영향을 받은 것이었다. 암베드카르는 인도에서 이런 목표를 성취하기 위해서는 빈곤층에게 뚜렷한 경제적·교육적·정치적 기회를 보장하는 헌법 체제가 필

• 달리트(Dalit, दलित)는 인도 카스트제도하에서 가장 낮은 계급에 속하는 불가촉천민(不可觸賤民)을 말한다.

요하다고 보았다.[43] 그의 영향력 아래 인도의 헌법과 이후 정책들은 국가의 민주주의적 기획의 일환으로 물질적 혜택들과 소속감을 만들어내는 일련의 집단적 권리를 보장했다. 그러나 이런 방책들은 서로 다른 정치적 정체성, 운동, 정당들 간의 격렬한 갈등을 유발하기도 했다. 분열과 파편화 의식이 극심해지는 가운데 인도 국민회의가 영향력을 잃으면서 많은 이들은 모디, 인도인민당, '힌두민족주의'(힌두트바 Hindutva)를 가능한 최고의 선택지로 인식하게 됐다.[44]

그러나 민족주의적 힌두트바 비전은 여전히 극도로 논쟁적이다. 많은 사람들은 '인도의 사상'에 대한 현재의 논의에서 "인도의 건국 사상을 …… 세속적이고, 다원주의적이며, 다문화주의적인 것"으로 상기하도록 목소리를 내고 있으며, "이 모든 것이 민주주의라는 개념에 함축되어 있다"라고 주장한다.[45] 헌법이 인정하는 국가적 민주주의 내부의 다양성에 호소하든, 간디식의 다양한 민주주의적 마을 모델에 호소하든, 더 나아가 인도인민당이 전하는 민주적 연방 내에서 "가장 고귀한 형태의 영적 공존 경험"을 제공하는 인도의 서사에 호소하든 간에, 인도를 단순한 다수결주의로 정의하는 민주주의가 아니라 더욱더 다원주의적이고 그물망식의 민주주의로 규정하는 관념들은 계속 크게 공명할 것으로 보인다.[46] 경제와 부패에 대한 우려에 초점을 맞추고, 인도를 독특한 문화 덕분에 광대한 다양성을 서로 인정하고 진정으로 자축하면서도 발전할 수 있는 위대한 현대 민주주의로 묘사하는 여러 가지 설득력 있는 서사가 나올 가능성이 실제로 있을 수 있다. 만약 이런 서사들이 인도가 특별한 전통과 경험 덕에 실제로 가장 위대한 현대 민주주의국가라고 주장하고, 그 때문에 광신적 애국주의에 대한 두려움을 키운다 하더라도, 균형적 측면에서 인도에 대한 이 같은 사상이 발휘하는 정치적 효과는 유익할 것이다.

조심스럽게 마지막 사례를 간단히 들어볼까 한다. 이스라엘이다. 사람들은 너무도 자주 어떤 이가 이스라엘에 대해 지금까지 무엇을 이야기했는지에 따라 현대 정치에 대한 그 사람의 모든 입장을 판단해 버린다. 이스라엘의 집권 세력이 최근의 전 세계적인 우파 민족주의 포퓰리즘의 부상과 얼마나 밀접히 연관되는지 역시 확실하지 않다. 비록 그 세력 중 일부는 꼭 들어맞지만 말이다.[47] 그렇지만 오늘날의 사건들로 인해 이스라엘은 대조되는 국민 정체성 서사를 보여주는 완벽한 사례가 되었다.

메랄 츠나르와 내가 주장했듯이, 많은 권위주의적인 이스라엘 서사들은 다른 나라의 민족주의적 포퓰리스트들과 마찬가지로 오랫동안 그들의 국민 정체성 서사를 영속적인 법이나 기계적인 규칙을 따르는 것으로 표현해 왔다. 우리는 그런 법을 다음과 같이 요약한 바 있다. "유대인들이 고국 이스라엘에 자신들의 온전한 국가를 가지면 그들은 번영하고, 그런 국가를 갖지 못하면 그들은 고통받는다." 예를 들어서 1948년 이스라엘의 건국 선언은 유대인들이 "강제로 추방"되기 이전 "이스라엘 땅"을 "민족적으로나 보편적으로 중요한 문화적 가치를 만들었던" 그들의 본래 고향으로 묘사했다. 그 이후, 유대인들은 "대대로" 고향으로 돌아가고자 했다. 끔찍한 홀로코스트를 겪은 후 마침내 돌아올 수 있었을 때까지 말이다.[48] 건국 선언을 비롯한 이스라엘 건국과 관련된 문서들은 이스라엘을 동시에 "유대인의" 나라이자 "민주주의" 국가라고 규정했는데, 이 두 축이 만들어낸 긴장과 열망이 지금까지도 이스라엘 사람들의 삶에서 핵심적인 특징이 된다. 또한 건국 선언은 모든 인간의 기본권리와 자유를 존중한다는 중요한 약속을 했다. 그 선언은 이스라엘이 모든 거주자들의 유익함을 위해 나라 발전을 촉진할 것이고, "종교, 양심, 언어, 교육, 문화에 자유를 제공"함으로써 "종교, 인종, 성별과 상관없이 모든 거주자들에게 사회적·정치적 권리의 완전한 평등을 보장할 것"이라고 말했다. 건국 선언은 더 나아가 "주권적인 유대인들"이 이제 "그들고유의 땅에 정착했다"라고 하면서도 이스라엘 국가 내의 아랍계 거주자들에게도 평화를 보존하고, 완전하고 평등한 시민권을 바탕으로 한 나라를 만드는 데 참여하라고 요청했다.[49]

1948년 이후 많은 일들이 있었음에도, 이스라엘이 과연 진정으로 유대인의 나라이면서 아랍계 거주민들에게도 완전하고 평등한 권리와 시민권을 제공하는 민주주의 국가가 될 수 있을 것인가라는 물음은 더욱 민감하고 심각한 질문이 됐다. 2018년 7월 19일에 크네세트*는 이스라엘을 "유대인들의 민족국가"라고 정의하는 새로운 기본법을 통과시켰다.** 이 기본법은 "이스라엘이 유대인 민족의 고향"이며 "이스라엘 국가"가 유대인들의 "자연적·문화적·종교적·역사적 자결권"을 실현한다고 거듭 주장했다. 이 법은 "이스라엘 국가에서의 이런 민족자결권이 유대인들에게만 유일하게 주어진다"라고 명확히 기술한다. 또한 이스라엘 "국가의 공식 언어는 히브리어"라고 명시했다. 비록 "아랍어가 이스라엘에서 특수한 지위를 갖는다"라고 되어 있지만 말이다. 새 기본법에는 "비유대인" 역시 그들의 "안식일과 축제 기간을 휴일로 보낼 수 있는 권리가 있다"[50]라고 되어 있다. 그러나 이 법은 1948년의 건국 선언과 달리 이스라엘에 거주하는 아랍인들의 "완전히 평등한 사회적·정치적 권

●   크네세트(הכנסת)는 이스라엘 의회를 가리킨다.

●● 크네세트는 이때 이스라엘을 유대인의 민족국가로 한정하는 '유대민족국가법'을 찬성 62표, 반대 55표로 통과시켰다. 이와 함께 인구의 20%를 차지하는 아랍계 이스라엘인은 공식적으로 2등 시민이 되었고, 히브리어와 함께 공용어였던 아랍어가 특수어로 격하되었다.

리들"과 "완전하고 평등한 시민권"을 약속하지는 않았다.

그랬기 때문에 이 새로운 법은 많은 논쟁과 토론을 야기했다. 특별히 이목을 끌었던 것은 ≪뉴욕타임스≫ 논평란에서 벌어진 논쟁이었다. 2018년 8월 14일에 세계유대인회의의 회장 로널드 로더Ronald S. Lauder 는 "이스라엘, 이것은 우리의 모습이 아니다"라는 칼럼을 실었다. 이 글에서 로더는 "이스라엘을 유대인의 국가라고 올바르게 재확인하는 그 민족국가법은 …… 이스라엘의 드루즈교도, 기독교도, 이슬람교도 시민들의 평등의식과 소속감에 해를 끼친다"라고 썼다. 로더는 그의 방식으로 이스라엘 국민 정체성 서사를 이야기하면서 다음과 같이 말했다.

4000년 동안 유대인들은 세계의 도덕적 나침반으로 비춰졌다. 시오니즘 운동은 그 시작부터 오늘에 이르기까지 확고하게 민주적이었다. 그 운동의 전면에 내세웠던 것은 모두를 위한 자유, 평등, 인권이었다.

로더는 또한 이스라엘의 건국 선언이 종교적·언어적·문화적 자유뿐 아니라 사회적·정치적 권리의 평등도 보장했다고 강조했다. 그는 "테오도어 헤르츨Theodor Herzl, 하임 바이츠만Chaim Weismann, 제프 야보틴스키Zeev Jabotinsky, 다비드 벤구리온David Ben Gurion, 골다 메이어Golda Meir 가 언제나 유대 민족주의와 보편적 인본주의를 결합해야 한다고 강조했다"라고 주장했다. 로더는 "200년이 넘는 시간 동안", "근대 유대교"는 "민족의 자긍심과 종교적 소속감을 인류의 진보, 세속문화, 도덕성에 헌신하는 일"과 융합하면서, "계몽주의와 제휴해 왔다"라고 했다. 그러나 그의 관점에서 보면, 앞서 말한 새로운 기본법과 당시 이스라엘 정부는 "현대 유대인 존재의 핵심을 파괴"하는 행동을 하고 있었다. 로더는 "이 것은 우리의 모습이 아니며, 우리가 되고자 하는 모습도 아니"라고 결론

지으면서, "이스라엘이 계속해서 본래 만들고자 했던 유대인의 민주주의 국가가 될 수 있도록 확실하게 보증"하는 노력들을 요청했다.[51] 만약, 덴마크에 서로 다른 집단들이 덴마크의 사회복지 기획을 발전시키는 데 그 어느 때보다도 더 강력하게 협력한다는 국민 정체성 서사를 쓸 수 있는 가능성이 있고, 인도가 여러 형태의 다양성을 존중하고 발전시키면서도 세계에서 가장 큰 민주주의로 번영한다는 서사를 써낼 가능성이 있다고 할 때, 로더가 이스라엘인들에게 제시하는 것은 이것이다. 이스라엘인들은 자신들의 독특한 유대 전통의 가치들과 그에 대한 헌신을 최상의 계몽주의적 인본주의 가치들과 그 어느 때보다 완전하고 지속적으로 조화시킬 수 있음을 전 세계에 보여줄 수 있는 민주주의의 옹호자들일 수 있다는 것이다. 그에게는 이처럼 더 목적론적으로 체계화된 서사가 영감과 자긍심의 원천이다.

그러나 이스라엘의 교육부 장관 나프탈리 베네트Naftali Bennett는 "이스라엘은 우리의 모습이 자랑스럽다Israel Is Proud of Who We Are"라는 제목으로 로더의 글에 답하는 공개서한을 지체 없이 보냈다. 그는 "우리 국가의 유대적인 본연의 모습을 지키고자 하는 이들의 열망을 무시했던 사법부의 수십 년간에 걸쳐 계속된 판결 이후에야" 새 기본법이 통과됐다고 주장했다. 베네트가 보기에 "이민이나 팔레스타인 사람들에게 이스라엘 시민권을 확대하는 것"과 관련한 사건들에서 "인간의 존엄성과 자유"라는 또 다른 기본법에 대한 이스라엘 대법원의 해석은 이스라엘의 유대적 특징을 직접 공격한 것이나 다름없었다. 그는 "이스라엘의 아랍 공동체들을 위한 교육, 학계, 취업의 평등을 확실히 하기 위한 이스라엘 정부의 노력"을 높이 사면서 "이스라엘의 다른 기본법들은 …… 모든 이스라엘 시민들을 위해 표현의 자유와 평등을 강화한다"라고 주장했다. 새 민족국가법에서 이스라엘의 드루즈파와 "유대 국가와의 특별한 관계"가 정립되지 않았다는 점을 드루즈파가 "지적한 것은 정당"했다라고 인정하면서, 이 점은 "이미 통과된 법을 바꾸는 것 이외의 방법으로 시정"해야 한다고 주장했다. "유대 민족국가로서의 이스라엘"을 유지하기 위해 그 법은 유효해야 한다는 것이다.[52]

한편으로 인간의 존엄성과 자유에 관한 기본법에 기초한 이스라엘 대법원의 판결들을 공격하면서, 다른 한편으로 아랍계 이스라엘인들의 동등한 시민권은 다른 기본법들로 보호된다고 주장하는 베네트의 입장은 자유주의자들에게는 설득력이 없었다. 반대로 보수주의자들에게는 이스라엘의 유대 국가로서의 정체성이, 그 정체성을 재확인하는 법에 의해 위협받는다는 로더의 주장이 한층 더 설득력이 없었다. 여기서 내 목적은 이 논쟁을 중재하는 것이 아니다. 오히려 나는 이 논쟁을 로더처럼 스스로를 민주주의와 인권이라는 보편적 가치들의 주창자로 간주하는 사람들이 자신들의 공동체 유산, 기풍, 정신, 역사적 성취와 현대적 의무에 대한 충분히 맥락적이고 특수한 서사를 어떻게 말하고, 동시에 그 모든 것을 보편적 가치의 존중과 발전을 요구하는 것으로 어떻게 연결하는지에 관한 하나의 사례로 강조하고자 한다.[53] 로더가 유대인 공동체들을 위한 국제적 압력단체 조직을 이끄는 미국인이라는 점도 주목할만하다. 그가 ≪뉴욕타임스≫ 지면을 통해 이스라엘의 새로운 법을 비판했다는 사실, 그리고 이스라엘의 교육부 장관 베네트가 그것에 즉각 반응하지 않을 수 없었다는 사실은 오늘날 다른 많은 곳에서도 그렇겠지만, 특히 이스라엘과 같이 작고 고립된 국가도 국민 정체성을 정의하려는 국가적 노력이 종종 그 나라 국경 너머에 있는, 그렇지만 그들이 무시할 수 없는 여러 집단과 운동의 도전을 받게 된다는 것을 보여준다.

오늘날 많은 곳에서 이와 같은 도전들이 더 큰 설득력을 얻을 수 있는 경우는 로널드 로더가 했던 것처럼 비판이나 옹호가 그 공동체의 맥락에 바탕을 두고 고유한 정체성을 제공할 수 있을 때다. 그러나 설득력이 더 강하다는 것이 곧 승리를 의미하는 것은 아니다. 이스라엘이 앞서 언급한 새 법이나 로더가 비난했던 다른 근래의 조치들 중 어느 것이라도 가까운 미래에 바꿀 가능성은 대단히 적다. 그리고 만약 우리가 포용적이고 평등 지향적이면서도 동시에 특유의 국민 정체성 서사를 제공하는 정치인들이 우파 포퓰리즘을 내세우는 다른 정치인들을 이길 수 있다는 증거를 찾기 위해 전 세계 상황을 살펴본다 하더라도, 현재 그와 같은 사례가 많지 않은 것이 사실이다. 다시 말하지만, 많은 나라에서 진보 인사들은 자신의 정치공동체에 대한 설명이 지나치게 민족주의적이거나 지배집단을 온당치 않게 칭송하는 것처럼 들리는 것을 기피한다. 어떻든 간에 최근 선거들의 주요 특징은 말할 나위 없이 우파 포퓰리즘의 성공적인 부상이었고, 그렇기 때문에 다른 부류의 어떤 정치인들이 예기치 않게 성공을 거뒀다는 이야기는 찾기 어렵다.

그러나 몇몇 사례가 있기는 하다. 페루의 호르헤 무뇨스 웰스Jorge Muñoz Wells는 지난 2018년 10월에 리마 시장 선거에서 예상을 뒤엎고 몇몇 우익 민족주의 포퓰리스트 후보들을 제치고 승리를 거뒀다. 아마도 다수의 보수 진영 후보가 보수 유권자들의 표를 갈라놓았기 때문에 무뇨스가 가까스로 32.4%의 득표율로 이겼을 것이다.[54] 그렇다고 해도 무뇨스가 '우리가 페루다' 민주당Partido Democrático Somos Perú의 당원으로 처음 유명세를 얻었고, 그 당이 횡령과 가정폭력 등으로 기소된 세사르 아쿠냐César Acuña가 대표로 있던 진보연합당Allianza Para et Progresso과 제휴하자 당을 떠났다는 점은 주목할 만하다.[55] 무뇨스는 인민행동당Acción Popular의 후보로서 "차이를 발전의 기회로 여기는 문화를 통해 사회변혁을 일으키고", "사회 취약층"을 위한 "공정과 참여의 조건들을 만들어내겠다"라고 약속했다.[56] 이런 목표들은 그가 오랫동안 선호해 온 리마와 페루에 대한 특정한 비전의 일부로 제시됐다. 좌파 후보들이 승리를 거뒀던 과거 선거 결과들과는 전혀 다르게 브라질에서 극우파 포퓰리스트가 당선된 선거를 치른 바로 그해에, 페루의 가장 큰 도시에서 공개적으로 진보적 애국주의 비전의 일환으로 다양성을 적극 수용할 것을 옹호한 후보가 승리할 수 있었다는 것은, 비록 상대 진영이 분열됐다고 해도 괄목할 만한 일이다.

포용적인 국민 정체성의 비전을 중심으로 반우파 포퓰리즘 운동을 형성하는 노력의 또 다른 사례로 '모두의 헝가리 운동Mindenki Magyarországa Mozgalom'(이하 MMM)을 들 수 있다. MMM은 무당파 정치 신인 페테르 마르키저이Péter Márki-Zay가 세운 조직인데, 그는 2018년 2월에 오르반 빅토르 총리의 피데스당Fidesz party(청년민주동맹당)이 강세였던 호드메죄바샤르헤이Hódmezővásárhely 시장 보궐선거에서 놀랍게도 57%의 득표율로 승리했다.[57] 물론 이 새로운 정치운동은 2018년 4월에 전국적으로 실시된 선거에서 오르반과 피데스당의 광범위한 승리를 막지 못했고, 오르반은 즉시 자신의 권력을 확대하기 위해 헌법 개정에 착수했다.[58] 그러나 마르키저이와 MMM 조직은 꾸준히 반대운동을 결성했다. 예상과는 달리, MMM 조직은 헝가리의 모든 주요 좌파 성향 정당들뿐 아니라 중도 우파 정당들의 참여도 이끌어냈다.[59]

시작부터 마르키저이는 헝가리와 '시장경제' 모두에 헌신한다는 점에서 자신을 보수주의자라고 칭했다. 그러나 그는 피데스당과 사회주의자들이 경합하는 지역에서는 사회주의자들을 기꺼이 지지할 것을 암시하기도 했다. 그는 "민주주의, 언론의 자유, 법치국가 …… 그리고 유럽 통합의 의무"의 회복을 강하게 옹호했다.[60] 오르반이 "비자유주의적 민주주의"라고 자랑스럽게 공언한 정권이 명백하게 헝가리의 국정을 책임지고 있는 지금 이 글을 쓰고 있는 시점에, 2018년 봄 마르키저이가 보여준 것 같은 예기치 않은 선거전의 승리가 얼마나 자주 재연될 수 있을지 가늠하기는 아직 너무 이르다.• 그러나 피데스당을 상대로 한 단발적인 승리가 민족주의적이면서도 포용적인 비전을 내세웠던 후보의 주도로 가능했다는 점은 여전히 의미심장하다. 그의 비전은 심지어 EU라는 '외부의 그물망식 공동체'에 대해서도 수용력이 있었다.

이보다 한층 더 놀라운 일이 터키에서 일어났다. 2019년 6월에 에르도안의 정당인 정의개발당 후보가 이스탄불 시장 선거에서 패배했다. 이 선거는 그해 3월에 치른 선거에서 그가 패하자 정의개발당이 이의를 제기해 다시 치른 선거였는데, 정의개발당의 6월 선거 결과는 3월 선거 때보다도 더 좋지 않았다. 선거에서 이긴 에크렘 이마모을루Ekrem Imamoglu는 에르도안의 점점 심해지는 권위주의적 통치와 최근의 경기침체에 대응하는 방식에 반대하며 뜻을 같이한 야당 연합의 지지를 받았다. 이마모을루는 이스탄불의 "민주주의"와 "정의"를 "세우고", 개개인들의 "생활방식이나 그들이 어떤 옷을 입는지는 우리의 관심이 아니"라고 말하며 "모두를 적극적으로 포용"할 것이라고 약속했다.[61] 에르도안파 후보의 패배는 에르도안식의 경제적·민주정치적 서사가 현실에서 실패했음을, 그리하여 신뢰를 잃었음을 보여준다. 또한 이스탄불의 유권자들은 에르도안의 편협한 종교적 민족주의를 반대하는 것 역시 지지했다.

이와 같은 승리들은 희귀한 최근의 사건으로 남아 있다. 우리는 다원

• 2022년 4월 3일 헝가리 총선은 오르반 빅토르의 피데스당이 53.1%의 득표율로 의회의 총 199석 중 135석을 차지했다. 오르반 총리는 이로써 2010년부터 총리직을 계속 유지하고 있다. 마르키저이를 필두로 한 야권 연합은 오르반의 피데스당에 맞서 접전을 벌였으나 투표 결과 35%의 득표율로 56석을 얻는 데 그쳤다.

주의적이고 평등 지향적인 조치들을 긍정하는 정치적 국민 정체성 서사를 논하는 것이 앞으로 헝가리나 터키, 혹은 여타 지역에서 꾸준히 성공을 거둘 수 있을지 알지 못 한다. 그러나 지금으로서는 그런 서사들 없이 어떻게 그와 같은 중요한 성공이 가능할 수 있는지도 불투명하다. 다음 장에서 살펴볼 미국의 사례도 이와 다르지 않을 것이다.

3장

오늘날
'우리 미국인들'은
누구인가?

미국인 서사들의 필요성

대단히 학식이 높고 또 무척 논쟁적이던, 지금은 고인이 된 정치학자 새뮤얼 헌팅턴Samuel Huntington은 그의 마지막 책 제목을『우리는 누구인가?: 미국의 국가 정체성에 대한 도전들』[1]이라고 지은 바 있다. 2017년 도서 평론가 칼로스 로자다Carlos Lozada는 헌팅턴을 일컬어 "우리 시대의 예언자"라고 칭했다. 왜냐하면 이 책에서 밝힌 헌팅턴의 '선견지명'이 도널드 트럼프의 '메시지와 호소'에 부분적으로 반영됐기 때문이다. 비록 헌팅턴은 트럼프 개인의 성품에 '우려'[2]를 표했을 테지만 말이다. 헌팅턴은 미국의 정체성이 "미국의 신조"[3]라고 할 수 있는 자유민주주의적 원칙들을 포용하는 것에 전적으로 기초하고 있다고 주장해 왔으나,『우리는 누구인가』에서는 그러한 관점에서 벗어났을 뿐 아니라 그것을 묘하게 조롱하기까지 했다. 놀랍게도, 헌팅턴은 그의 이전 관점을 "기껏해야 반쪽짜리 진실"[4]이라고 평한 나의 비판을 동의하는 차원에서 인용했다. 그리고 다른 반쪽의 진실에 대해서는, 미국의 정체성에는 "문화적 핵심", "영국계 개신교 문화"가 있고, 이것이 "멕시코인들의 이민"과 "전투적 이슬람"[5]에게 위협받고 있다는 새로운 주장을 펼쳤다.

헌팅턴의 주장과 도널드 트럼프의 언설 사이의 유사점은 명백하다. 트럼프는 멕시코인들의 이민에 대한 위험을 경고하면서 선거운동을 시작했고, 후에 이슬람교 이민자들의 입국금지 행정명령을 발표했기 때문이다. 멕시코 이민과 이슬람 이민에 대한 트럼프의 태도는 그를 전 세계적으로 많은 여타 우익 포퓰리스트 지도자들과 마찬가지로 반이민 포퓰리스트로 지목하게 만든다. 미국이 멕시코인들과 이슬람교도들의 유입을 포함한 이민을 통해 큰 이득을 얻었다고 생각하고, 미국에 깊숙이 뿌리박힌 인종, 종교, 성별에 따른 편견의 전통들은 옹호의 대상이 아니라 언제나 단호하게 배격해야 한다고 믿는 사람들은 그런 주장들을 몹시 혐오한다.

그러나 트럼프의 반이민 노선은 거의 모든 사람이 예상치 못했지만, 그의 대성공을 도왔다. 2016년 초반에만 해도 양당의 대다수 지도자들은 트럼프를 반대했을 뿐 아니라 공개적으로 조롱했다. 트럼프는 이들의 예측을 보기 좋게 깨뜨렸는데, 그것은 그가 보통 미국인 중 꽤 많은 수가 공감하는 미국의 국민 정체성 서사를 제공했기 때문이다. 그 때문에 트럼프는 공화당 대통령 경선에서 쉽게 이길 수 있었고, 대통령선거인단 투표에서 간신히 이길 수 있었다. 트럼프는 취임 연설에서 캠페인 시기에 내렸던 결정을 발판 삼아 자신의 서사에 마치 인도의 힌두민족주의인민당BJP의 성공적인 선언을 떠오르게 하는 이름을 붙였다. 트럼프는 다음과 같이 약속했다.

> 오늘부터 죽 새로운 이상이 우리 나라를 다스릴 겁니다. 오늘부터 죽 오직 미국만이 우선시될 것입니다. 미국이 우선입니다.[6]

이전 장들에서 나는 오늘날의 여러 정치적 상황들에서 편협하고 억압적인 국민 정체성 서사에 맞서 더 포용적이고 평등한 서사를 주장하는 것이 가능할 뿐 아니라 필수적이라고 주장했다. 미국에서는 오늘날 그런 서사들을 발전시키는 것이 꼭 필요한 것인가? 그렇다면 더 나은 서사들을 찾을 수 있을까? 예상했겠지만, 두 질문에 대한 나의 대답은 '모두 그렇다'이다. 이런 내 생각을 입증하기 위해서, 먼저 트럼프 대통령의 '미국 우선주의'의 이상을 더 전면적으로 살펴볼 것이다. 그러고 나서 '미국 우선주의'에 맞서 건설적으로 경쟁할 수 있는 미국 국민 정체성에 대한 몇몇 대안적인 서사에 집중하고자 한다. 그래서 왜 모든 것을 고려했을 때, 이들 중 한 가지가 최고의 미국 서사인지 설명할 것이다. 그것은 바로 「독립선언서」의 권리 수호 프로젝트를 모든 곳에 있는 모든 사람을 위해 실행하고 완수하는 데 헌신하는 모습으로 미국을 그리는 서사다. 그렇지만 모든 이들이 이 서사를 받아들이도록 하는 것이 내 목적은 아니다. 그보다 내가 바라는 바는 오히려 다른 이들도, 서로 겹치지만 구별되는 미국인의 좋은 정체성 서사들을 다양하게 제기하도록 북돋아 미국인으로서 우리가 누구인지를 궁극적으로 결정할 민주적 논의를 풍성히 하는 일이다.

미국이 우선이다!

트럼프 대통령의 취임 연설은 포퓰리즘을 "일반 국민의 의지와 음모를 꾸미는 엘리트 간의 다툼을 상정하는 이념"[7]으로 표현한 현대 학계의 최소주의적 정의에 완벽히 들어맞는다. 또한 트럼프의 연설이 오늘날 민족주의적 포퓰리즘 서사에서 흔히 볼 수 있는 국민들 스스로의 지배 필요성에 관한 철칙을 나타낸다는 점에서 구성적인 짜임새에서도 포퓰리즘과 어울린다. 트럼프는 "워싱턴에 있는 소수의 집단이 정치적 이득을 취하는 동안" "국민들은 그에 따르는 희생을 감당하고 …… 너무도 많은 시민들이" "미국의 대참사"를 경험해 왔다는 식으로 미국의 과거사를 만들어 전했다. 트럼프는 이어서 "2017년 1월 20일은 국민들이 다시 이 나라의 지배자가 된 날로 기억될 것"이라고 선언했다. 미국을 위대하게 만들기 위해서 오늘날 요구되는 것은 언제나처럼 이와 같은 국민들의 권력 회복이다. 이것이 정치권력에 대한 트럼프의 중심 주제였다. 그가 폭력적인 범죄로부터 더 강력히 보호하겠다는 것과 국익을 위해 더욱 강력한 군대를 만들겠다는 약속 역시 함께했지만 말이다.

경제적인 문제와 관련해서 트럼프 대통령은 "무역, 세금, 이민, 외교에 관한 모든 결정이 미국 근로자들과 미국 서민 가정들에 이득이 되는 방향으로 내려질" 미래를 약속했다. 그는 새로운 기획들이 "새로운 도로, 고속도로, 교량, 공항, 터널, 철도"와 더불어 "우리의 일자리를 되찾게 해줄 것이고 …… 우리의 국경 수비를 되살릴 것이고 …… 우리의 부를 회복하게 할 것"이라고 선언했다. 트럼프는 이 모든 것과 그 외 여러 가지를 통해 국민들을 "복지정책의 원조 대상에서 벗어나 다시 일자리를 얻을 수 있도록" 할 것이고, 그것이 또한 "미국을 다시 한번 위대하게 만들 것"[8]이라고 했다.

무엇보다도 트럼프 대통령은 그의 사상의 핵심을 구성하는 주제인 미국 국민들의 내재적인, 그러나 지금 침해받고 있는 위대함을 강조했다. 그는 물론 그가 캠페인에서 했던 "우리 미국의 문화가 전 세계에서 제일이다"[9]라는 식의 표현을 반복하지는 않았다. 트럼프는 그의 미국 우선주의 노선이 "모든 나라는 자국의 시민들에게 봉사하기 위해 존재한다. …… 자국을 우선시하는 것은 모든 나라가 누리는 권리이다"라는 신념에 기초한 것이라고 설명했다. 트럼프는 그렇기 때문에 미국 우선주의가 모든 나라들이 따를 수 있고, 또 따라야 하는 철학이라고 암시했다. 실제로 다른 나라들이 이런 노선을 취할지는 전적으로 그들 선택에

달린 문제이지만 말이다. 트럼프는 미국인들이 "스스로의 삶의 방식을 다른 이에게 강요하려고 하면 안 되며, 대신에 그 자체가 모든 이들이 따를 수 있는 전범으로 빛이 나게 해야 한다"라고 주장했다. 그는 또한 자신의 노선은 "미국의 모든 시민"을 망라한다고 역설했다. 미국인들은 "하나의 정서, 하나의 고향, 하나의 영광스러운 운명"을 공유하는 "하나의 국민"을 형성하며, 거기에는 "편견이 깃들 여지가 없다"라는 것이다. 트럼프는 모든 미국인은 "흑인이건, 히스패닉이건, 백인이건 간에 우리 모두 똑같이 애국자의 붉은 피가 흐른다"라는 것을 다 안다고 하면서, "우리 정치의 근본 원리는 바로 아메리카합중국에 대한 절대적인 충성이며, 조국에 대한 우리의 충성을 통해서 우리는 서로에 대한 충성을 재발견할 것이다"[10]라고 단언했다. 다양성을 옹호하는 많은 사람들은 트럼프의 이런 말에서 불길한 징조를 읽었다.

앞의 장에서 간략하게 기술했듯이 좋은 국민 정체성 서사의 세 가지 기준이라는 관점에서 보면, 트럼프의 미국 우선주의 서사는 확실히 경제적·문화적·정치적 차원에서, 그리고 수많은 미국인들이 대단히 소중히 여기는 정체성들에 대해 공감을 이끌어냈다. 그는 또한 모든 미국 시민뿐 아니라 다른 국가들에 대한 존중을 전달하려고도 했다. 그러나 그의 미국관美國觀은 현대 미국을 구성하는 많은 서로 다른 집단, 문화, 삶의 방식들을 가능한 한 최대로 수용하는 것을 의미하는 그물망식 공정에 대한 여지를 거의 남기지 않았다. 트럼프의 수사는 다원화된 사회에서 '절대적 충성'을 요구하는 일이 전체주의적 결과를 초래할 수 있다는 염려를 심화했다.[11]

취임식을 전후로 행한 트럼프의 트위트, 연설, 가장 중요한 그의 정책들을 보면, 그가 여러 형태의 다양성에 대해 적대감을 보인다는 근거는 차고 넘친다. 대통령 후보 선언을 하기 전 몇 해 동안 트럼프는 반복적으로 버락 오바마의 시민권에 의문을 제기했는데, 이는 흑인 대통령에게 뭔가 '비미국적'인 면이 있다고 여겼음을 시사한다. 선거운동 기간에 트럼프는 미국 태생의 멕시코계 판사가 법을 공평하게 적용하지 못할 수 있다고 주장했고, 흑인과 이민자들의 범죄 통계를 극도로 과장하면서 흑인과 히스패닉계 미국인들의 삶을 폄하했다.[12] 2016년 5월에 열린 한 집회에서는 "유일하게 중요한 문제는 우리 국민의 통합이다. 왜냐하면 다른 사람들은 전혀 의미 없을 뿐이니까"[13]라고 말했다고 전해진다.

트럼프가 개인적으로 인종에 대해 어떠한 관점을 견지하든 간에 "미국을 다시 한번 위대하게 만들자"라는 그의 약속이, 오래전 대부분의 백인 기독교 남성들이 지배하던 미국을 동경하고 그때를 회상하는 집단에 가장 호소력 있게 다가갔다는 것은 분명하다. 트럼프가 대통령으로 당선된 현상을 분석하는 전문가 대다수가 입을 모으는 것은 미국이 본질적으로 유럽 혈통의 기독교 국가여야 한다고 믿는 사람들이 트럼프를 지지하는 후보로 꼽았다는 점이다. 존 사이즈John Sides는 민주주의 기금 유권자 연구 모임Democracy Fund Voter Study Group에서 주도한 2016년 여름의 연구를 통해 30퍼센트의 트럼프 지지자들이 미국인에게는 유럽 혈통이라는 사실이 중요하다고 여겼으며, 72퍼센트는 미국인은 미국에서 태어나야 한다고 보았고, 63퍼센트가 미국인으로 간주하는 데 기독교인이라는 사실이 상당히 또는 대단히 중요하다고 생각한다고 밝혔다.[14] 다른 어떤 후보보다도 월등히 높은 이와 같은 수치들을 분석하면서 린 배브레크Lynn Vavreck는 다음과 같은 결론을 내렸다.

> 트럼프 후보가 인종, 종교, 미국의 정체성을 강조한 것이 공화당 경선에 참여한 유권자들 중 비교적 적은 수인 일군의 지지자들을 결집하는 촉매가 됐으며, 그 도움으로 그가 예상을 뒤엎고 공화당의 후보로 선출됐다.[15]

대통령 자리에서 그가 행한 발언들, 즉 샬러츠빌에서 시위했던 백인 우월주의자들 중에도 "아주 좋은 사람들"이 있다고 한 것, 유색인종을 향한 경찰의 폭력에 반대하는 흑인 운동선수들과 연예인들을 비난한 것, 아프리카 대륙의 국가들과 아이티에서 온 이민자들을 깔보는 발언을 했다고 보도된 것 등은 여전히 확고한 백인 정체성을 가진 사람들에게 호소력 있게 다가갔으며, 그렇지 않은 다른 미국인들을 소외시켰다.[16] 이뿐만 아니라 트럼프와 그가 임명한 사람들은 이 특정한 유권자들이 선호하는 사회정책들을 훨씬 많이 추진했다. 도로, 고속도로, 교량, 공항, 터널, 철도 등을 짓겠다고 한 경제발전 공약은 진행하지 않은 채 말이다. 법무부 장관 제퍼슨 세션스Jefferson Sessions와 그의 후임들은 재임 기간 동안 법무부의 민권부를 통해 입학 사정 시 인종 요소를 지나치게 강조하면서 차별 철폐에 적극적인 조치를 취하는 것으로 의심되는 대학들을 상대로 여러 소송을 제기했다.[17] 법무부와 벤 카슨Ben Carson

---

- 2017년 2월, 버지니아주 샬러츠빌시 의회에서 남북전쟁 당시의 남부 연합군 사령관 로버트 리 장군의 동상을 철거한다는 결정을 내렸다. 이후 여러 차례 소송이 이어졌는데, 그해 5월 리처드 무어(Richard Moore) 판사는 철거 집행정지를 명령했다. 그 후 동상 철거를 반대하는 백인우월주의자, 대안우파 지지자, 극우민족주의자 등의 산발적 시위가 이어지다가, 8월 11~12일 "우파 총집결(Unite the Right)"이라는 표어 아래 대규모 집회가 샬러츠빌에서 열렸다. 이들은 '쿠 클럭스 클랜(The Ku Klux Klan, KKK)'의 휘장을 들고 "피와 영토"라는 나치의 구호를 외치며 백인 중심의 인종적 정체성을 전면에 내세우기도 했다. '우파 총집결'에 반대하는 대항 시위대도 현장으로 몰렸는데, 경찰이 시위를 통제하는 과정에서 헬리콥터가 추락했는가 하면, 승용차에 탄 '우파 총집결' 시위대 중 한 사람이 대항 시위대를 향해 돌진하는 사건 등으로 사망자 3명, 부상자 약 50명이 발생했다. 트럼프 당시 대통령은 백인우월주의자들을 강력히 비판하는 대신에 '양 진영' 모두에서 나타나는 편견, 증오, 폭력을 규탄한다고 발표해 공분을 사기도 했다.
- 트럼프 정부하의 법무부는 정권 초기인 2017년부터 이와 같은 소송을 벌여왔다. 당

장관이 이끄는 주택도시개발부는 주거 문제와 관련해 인종차별에 맞선다는 '공정주택법the Fair Housing Act'의 취지에 따라 제기해야 할 '결과적 차별 관련 소송disparate impact suits'을 진행하지 않았다.[18] 트럼프 행정부는 또한 백인민족주의 성향의 극단주의 조직들에 반대하는 단체에 대한 연방정부의 지원을 소리 없이 중단했다.[19] 또한 전국에서 가장 극단적으로 반이민자 입법과 유권자 제한 입법을 옹호하는 사람 중 하나인 캔자스주의 주무장관 크리스 코바크Kris Kobach를 수장으로 하는 위원회를 만들어 부정투표 혐의를 조사하게 했다.[20] 위원회 자체는 쇠했지만, 유색인종의 투표권 행사를 저지할 것으로 예상되는 유권자 관련 기획들은

시 소수인종 우대 정책과 관련해 가장 귀추가 주목된 사건 중 하나는 '공정한 입학 사정을 바라는 학생들(Students for Fair Admissions)'(이하 SFFA)이라는 단체가 하버드대학교를 상대로 시작한 법정 싸움이었다. 이 단체를 이끄는 사람은 친공화당 보수주의 정치 전략가 에드워드 블룸(Edward Blum)으로, 그는 오랫동안 소수 인종 우대 정책을 반대하는 소송들을 주도했다. 이 소송에서 SFFA가 주장한 바는 하버드대학교가 연방정부의 지원을 받는 기관과 단체들이 모두 준수해야 하는 1964년에 통과된 '민권법' 6장(Title VI)의 차별 금지 조항을 위반했다는 것이다. SFFA는 하버드대학교가 입학 사정 시 지원자의 '인종'을 고려 사항 중 하나로 간주하면서 흑인과 남미계 미국인들에게 유리하고, 아시아계 미국인들에게는 불리하게 작용했다고 주장했다. 트럼프 정권의 법무부는 SFFA 편에 서서 연방 지방법원에 의견서를 제출했으며, 연방 지방법원은 2019년 10월 하버드대학교의 입학 정책이 적법하다고 판결했다. 원고 측이 항소하자 2020년 11월 연방 제1순회 항소법원은 원심을 확정했는데, 이때도 트럼프 정권의 법무부는 SFFA 편에 서서 항소법원에 의견서를 제출한 바 있다. 원고는 2021년 2월에 대법원에 상고했고, 그사이 들어선 민주당 조 바이든 행정부는 하버드대학교 편에 서서 대법원이 SFFA의 심사청구를 각하할 것을 지지하는 성명을 발표했다. 연방대법원은 2022년 1월, 이 사건을 노스캐롤라이나대학교 입학 사정과 관련한 비슷한 사건과 함께 심사하기로 결정했고(SFFA v. President and Fellows of Harvard College와 SFFA v. University of North Carolina), 2022년 10월 31일에 구두 심리를 진행했다. 판결은 2022~2023년도 회기가 끝나는 6월 전에 내려질 전망이다.

계속해서 정부와 공화당의 지지를 받았다.

세션스 장관과 트럼프 대통령의 전前 보좌관 스티브 배넌Steve Bannon은 1920년대부터 1965년에 이르기까지 미국의 이민정책을 결정했던 인종에 근거한 출신 지역 할당 시스템에 찬사를 보낸 바 있다.[21] 비록 그 시스템을 부활시킬 계획이 있는 것은 아니지만, 트럼프 정부는 정기 인구조사 시에 국외추방에 도움이 될 시민권 신분 관련 문항을 추가하려고 애썼으며(연방대법원이 정부 입장의 논리적 근거를 문제 삼자 그제야 그런 시도를 중단했다), 인구 구성의 다양성을 촉진하는 가족 결합 우선 이민정책 대신에 고숙련 전문가의 이민을 선호하는 정책으로 선회하거나, 전체적으로 합법적인 이민 자체를 축소하는 이민법 제정을 지지했다.[22] 2018년 중간선거에 이르기까지 트럼프는 멕시코와 미국의 국경을 향하는 가난한 중앙아메리카인들의 대열에 대해 공포를 조장했고, 확증이 없는 상태에서 추정뿐인 위협에 대비한다는 명목으로 수천 명의 군대를 배치했다. 그는 민주당이 이민자 신분의 살인자들을 원조하고 있다고 단언했고, 불법체류 이민자를 부모로 둔 미국에서 태어난 어린이들의 시민권을 박탈하는, 명백히 위헌의 소지가 있는 대통령령을 공포하겠다고 경고했다.[23]

이와 같은 정책과 발언 그리고 다 열거하지 못한 수많은 예들은 트럼프의 미국 우선주의가 진정으로 모든 미국인을 존중하고 그들에게 귀기울이는 정책기조로 보기 어렵게 할 뿐 아니라, 심지어는 민주주의, 인권, 법치를 분명히 따를 것인지에 대해서도 의심하게 한다. 그렇기 때문에 미국인들은 트럼프의 미국 우선주의 이상이 보이는 그런 특징들을 견제하는 한편, 트럼프가 효과적으로 전달한 정당한 문제점들도 함께 다룰 수 있는 미국 국민의 정체성에 대한 더 나은 서사들이 있는지도 탐색해야 할 정치적·도덕적 의무가 있다.

후보들은 꽤 있다. 로널드 레이건은 빛나는 "언덕 위의 도시"라는 비유를 통해 미국을 선택받은 나라로 조명하는 서사를 즐겨 이야기했고, 조지 W. 부시George W. Bush는 이 관념에 기초해 미국은 "전 세계의 자유를 증진시키는 사명"의 일환으로 "자유를 위한 운동을 앞에서 이끌도록 부름받았다"라고 역설했다.24 대니얼 로저스Daniel Rodgers는 "언덕 위의 도시"라는 말이 유래한 존 윈스럽John Winthrop의 평신도 설교 원문의 핵심은 그가 우선 불가피한 것으로 보았던 사회적 불평등이 야기하는 긴장들을 완화하기 위한 '사랑에 기초한 공동체' 건설을 요청하는 것이었고, 또한 사람들이 "전 세계의 도덕적 심사" 아래 놓인 것처럼 살아야 한다는 경고였음을 밝혔다. 레이건의 서사에서 쓰인 것처럼 자본주의를 칭송하는 것이나, 부시의 경우처럼 전 지구적 성전聖戰을 요청하는 것과는 전혀 다른 이야기인 것이다.25 그렇지만 이런 서사들은 본디 다양한 목적에 따라 재해석될 수 있기 마련이다. 그것이 바로 이런 이야기들이 오랜 시간에 걸쳐 공동체가 공유한 의식들과 연속성의 확립을 도울 수 있었던 까닭이다. 오늘날 많은 미국인들은 미국을 '언덕 위의 도시'로 이해하는 것에서 여전히 희망을 발견하고 감화를 받는다.

그러나 내가 앞서 개진한 좋은 국민 정체성 서사를 위한 세 가지 기준에 비춰보면, 미국의 청교도 조상들에게서 비롯된 이와 같은 서사는 심각한 한계를 노정한다. 윈스럽의 이상은 종교적으로 동질적인 신정神政이며, 공동체의 목표에 관한 목적론적이고 유기체적인 서사를 따르는데 그것은 자신 외에 어떤 다른 신도 섬기지 말라는 엄격한 개신교의 신이 부과한 것으로 이해된다. 비록 윈스럽의 주장이 메사추세츠 식민지를 '기독교적 사랑의 본보기'가 되도록 요청하는 것이었다고 하더라도, 거기에는 다양성을 깊이 있고 폭넓게 인정할 여지는 없었다. 식민지 통치자였던 윈스럽은 청교도 교리를 따르지 않는 사람들을 포용하자는 요청에 반대하면서 다음과 같이 주장했다. "우리 메사추세츠 공동체는 하나의 거대한 가족이다. …… 어느 한 가족이 방문하는 모든 사람을 대접할 의무가 없듯이, 모든 선한 사람이 (환대의 차원에서 대접하는 것 말고는) 그럴 필요는 없다. 그렇다. 한 공동체도 그래야 할 어떤 의무도 없다."[26] 따라서 윈스럽은 많은 이민자들을 수용하기를 거부했고, 후에 미국식 종교의 자유를 대표하는 우상이 된 로저 윌리엄스Roger Williams와 앤 허친슨 Anne Hutchinson 같은 종교적 반대자들을 메사추세츠 밖으로 추방하도록 조장했다.[27]

조지 W. 부시도 미국의 서사를 비슷하게 이해하는데, 그가 첫 대통령 취임사에서 유려하게 표현한 것처럼, 미국의 서사는 "회오리바람을 타고 그 폭풍을 이끄는 천사"이다.[28] 그러나 부시가 예기치 않은 끔찍한 결과를 초래한 미국의 반복적인 전 세계적 군사작전들을 정당화하기 위해 이 서사를 이용하자, 도널드 트럼프를 비롯한 수많은 미국인들은 오히려 미국이 계속해서 다른 나라들의 일에 간섭하는 성전의 나라가 되기보다 고립주의를 지향하는 모델을 추구해야 한다고 확신하게 되었다. 부시의 개신교식 섭리주의 서사는 미국 바깥의 많은 사람들의 권리를 존중하는 데 실패한 정책들을 촉진했다. 심지어 그들의 권리 보장을 추구할 것이라고 공언했던 경우에도 말이다.

내가 부시 대통령을 혹평할 자격이 있다고 여기는 것은 아니다. 나 역시 예전에 비슷한 맥락에서 미국인들은 스스로를 인간 삶의 질을 증진시킬 수 있는 담대하고 창의적인 혁신들을 항상 탐색하는 "선구자적인 국민"으로 보아야 한다고 제안한 바 있다.[29] 나는 아직도 미국의 발전에 지대한 역할을 해왔던 그런 선구자적인 개척정신의 유용성을 높이 사고 있지만, 이와 같은 선구자적인 관념이 바람직한 미국의 국민 정체성 서사로서 21세기인 오늘날 쓰이기에는 그것이 미국과 유럽의 길고 어두운

제국주의 역사와 너무 깊게 얽혀 있다는 점 역시 분명하다. 국가와 민족의 정체성과 관련한 모든 서사가 부도덕한 목적에 쉽사리 동원될 수 있다는 점을 우려하는 사람들은 결코 어리석지 않다.

그렇지만 미국에는 다른, 더 나은 선택지들이 있다. 내가 제시한 기준에 비춰봤을 때, 세 가지 각별히 희망적인 미국의 정체성 서사가 있다. 첫째는 존 듀이와 몇몇의 견해라고 볼 수 있는, 미국 정치를 민주주의 기획으로 보는 서사다. 둘째는 미국을 다양성을 지워버리지 않으면서 더욱더 완벽한 연방을 추구하는 헌법적인 시도로 보는 것인데, 이는 버락 오바마가 '여럿이 모인 하나E pluribus unum'●의 서사를 통해 가장 훌륭하게 전했던 것이다. 셋째는 권리들을 모두에게 확장시키는 「독립선언서」의 기획이 미국의 특징을 결정한다고 보는 서사, 곧 에이브러햄 링컨Abraham Lincoln이 가장 인상적인 형태로 표현했던 이상이다.

이 세 가지 서사 모두 목적론적이고 유기체적인 성장의 서사로 조직될 수 있다. 각각 더 심화된 민주주의, 포용적인 다양성을 보존하면서도 가능한 한 더 심화된 통합성, 그리고 더더욱 많은 사람들이 더 확실하게 기본권을 누리는 것을 목표로 나아가는 것 말이다. 그러나 이들은 윈스럽의 '언덕 위의 도시' 서사에 비해 훨씬 더 개방적인 목적론이다. 이 서사들은 모두, 특히 민주주의적인 서사들은 멀리 있는 최종 목적을 향해 즉각적으로 또 외곬으로 달려가기를 호소하는 것이 아니라, 본질적으로는 그때그때 감지되는 문제들을 다소나마 해결하기 위해 상황에 따라 조정·수정해서 나라를 올바른 방향으로 이끌어가기를 요청하는 것으로

●　1776년 미국의 창립자들이 새 나라의 국장(國章)을 설계할 때 이들의 예술 고문이던 제네바 태생 미국인 피에르 두 시미티에르(Pierre Eugène du Simitière)가 제안한 열세 글자의 라틴어 표어로, 13개 주가 모여 하나의 연방을 이루었음을 뜻한다.

볼 수 있다. 그리고 만약 진보와 발전이 가능하다고 한다면 그것은 신의 섭리의 작용이나 역사 철칙의 결과가 아니라, 국민들 스스로가 자신들의 정체성을 규정하는 선택과 행동을 통해 도래할 수 있는 것으로 표현된다. 이 서사는 따로따로 그리고 때로 함께, 미국인들을 모든 정치적인 국민들이 오늘날 받아들여야 하는 어려운 인식에 이르도록 도울 수 있다. 그것은 바로 우리가 누구인지는 불가피하게 우리가 누구여야 하는지에 대한 우리 스스로의 결정에 상당 부분 달려 있다는 점이다.

민주주의 서사들

널리 알려져 있듯이, 제임스 매디슨을 비롯해 미국 연방헌법을 기초한 대표자들 중 상당수가 민주주의가 초래할 위험을 깊이 우려했으며, 자신들이 창출해 내고 있는 것은 국민이 직접 통치하는 것이 아니라 선출된 대표자들이 통치하는 공화국이라고 역설했다.[30] 그러나 한번 널리 용인된 자치를 제한적인 것으로 억누르기란 쉽지 않다는 것이 증명됐다. 간헐적인 파열들, 몇몇 중요한 역행들, 그리고 현재까지 계속되는 투쟁들이 있음에도 미국의 역사는 민주주의에 대해 점점 더 광범위하고 강한 포용을 보여준다. 이런 노정은 잭슨 대통령 시기에 이르러 제퍼슨의 정당이 민주당이라고 개명한 것이나, 투표권을 모든 백인 남성에게 확대하고, 그다음에는 모든 남성에게 그리고 21세 이상 모든 남녀 시민들에게, 최종적으로는 18세 이상에게 확장한 것, 그리고 19세기에 많은 주에서 판사들을 직접선거를 통해 뽑도록 한 것이나 20세기에 수정헌법 17조를 통해 연방 상원의원을 직접선거로 뽑도록 한 것, 또한 경선이 널리 퍼져서 후보 선출 과정이 민주화된 것 등을 포함한다. 이와 같은 역사적 발전 덕분에 미국을 민주주의의 확장 기획으로 보는 서사들은 다른 어떤 서사들보다도 포용적이고 평등을 지향하는 미국 국민 정체성의 이상을 지난날에 가장 잘 발전시켜 온 이야기로 평가될 상당한 자격이 있다고 본다. 어쩌면 오늘날에도 이런 서사들이 가장 훌륭히 그 역할을 할지도 모른다.

사실 민주주의에 전념하는 것은 내가 이 책에서 제안하는 훌륭한 국민 정체성 서사를 발전시키는 전략 전체에 대해 중요한 대안을 시사한다. 평등 지향적인 포용은 '국민'이 누구인지에 대한 어떤 특정한 설명개진 없이 그저 광범위한, 그리고 종종 일반 대중이 참여하는 자치의 민주주의를 고무하는 것만으로도 대부분 달성될 수도 있다. 어쩌면 특정한 형태들의 억압, 착취, 지배에 맞서 더욱더 민주적이고 평등한 조건들을 수립한다는 대의하에 저항을 조직하는 것만으로 충분할 뿐 아니라, 더 안전할 수 있다. 미국이 낳은 가장 뛰어난 민주주의 이론가 존 듀이는 종종 이런 입장을 취했다. 그의 책, 논문, 연설들은 종종 미국의 독특한 정체성에 대한 어떤 특정 서사를 강조하는 대신 민주주의를 일그러뜨리는 경제적 불평등과 기업 권력의 집중화에 대항해 싸워야 할 필요가 있다는 점과 참여민주주의적 의사결정(때때로 국가 간의 경계를 초월하는)을 확장할 것을 강조했다. 그는 제1차 세계대전 시기에 미국을 "앵글로색슨의 나라"[31]로 포장했던 광신적 애국주의 성향의 인종적 민족·국가주의를 혐오스러운 것으로 여겼다. 좀 더 최근에는 유럽의 정치사상가 샹탈 무페Chantal Mouffe가 일반 대중의 정치적 힘을 동원하고 친기업 신자유주의 경제정책들에 반대하는 것을 목적으로 하는 '좌파 포퓰리즘'을 주창하면서, "민주적인 요구들을 '국민'의 창출을 통해 해결하려는 시도는 다원성을 부정하는 동질적인 주체를 산출할 (혹은 한층 더 나쁘게는 전제할) 것"이라는 위험성을 지적했다.[32]

그러나 듀이가 때때로 지적했고 이 책에서 내가 말하기도 한 것처럼, 무페는 민주주의 기획들이 공동의 목적을 위해서는 그 작업에 함께 참여하고자 하는 사람들이 중요하게 여기는 가치들이나 그들의 정체성들과 조화를 이뤄야 한다고 주장했다.[33] 그런 기획들은 사람들이 처한 "상황이 어떠하고 그들이 어떻게 느끼고 있는지"에서부터 시작해야 하며, "그들에게 희망을 줄 수 있는 미래에 대한 비전을 제공해야 한다"라고 말했다.[34] 무페는, 현재의 역사적인 시점에 이와 같은 주장이 의미하는 것은 바로 "국가적 차원"에서 그리고 "그 나라의 전통 중에서 제일 우수하고 가장 평등 지향적인 측면들과 애국주의를 동일시함으로써" 국민들을 동원하는 것에서부터 시작하는 일이라고 말했다.[35] 그는 비록 우리가 더 좋은 국민 서사를 발전시켜야 한다고 주장하거나 어떻게 하면 그렇게 할 수 있는지에 대해 스스로 제안하는 수준까지 나아가지는 않았지만, 그의 분석은 그 방향을 가리키고 있다. 무페가 거기까지 미치지 못한 주된 이유 중 하나는 그가 듀이와 마찬가지로 정치적 정체성을 규정하면서 특정 국민에 대해 특징적 설명을 하는 대신 "민주주의적 가치들이 주된 역할"을 하는 방식으로 광범위하게 "민주주의 자체에 기초한" 일반적인 의미의 "국민" 개념을 확립하고자 했기 때문이다.[36]

이런 노력은 해볼 만한 가치가 있다. 그렇지만 정치적 삶의 핵심적인 목표로서 민주주의 자체에만 몰두하는 것이 시민들을 결집할 수 있는 공동의 목적의식을 의도한 만큼 충분히 제공할 수 있을지에 대해서는 여전히 의문이 남는다. 이 점에서 사회학자 루스 브라운스타인Ruth Braunstein이 2017년에 낸 『예언자와 애국자: 정치적 분열을 초월해 나타나는 민주주의에서의 믿음』은 유익하다.[37] 브라운스타인은 2010년부터 진보 성향의 종교적 활동가 모임인 '인터페이스Interfaith'와 보수 성향의 티파티 모임 '패트리어츠The Patriots'의 구성원을 민족지학의 관점에서 상세히 관찰하고, 또 그들과 대화를 나눴다. 그가 확인한 것은 이 두 집단이 많은 쟁점에서 첨예하게 의견이 갈릴 뿐 아니라 조직하는 방식도 상이함에도 서로 공유하는 몇몇 공통된 불만과 이상들이 있다는 점이었다. 이들은 미국의 민주주의 기획을 더 심화하는 일에 적극적으로 참여하는 것을 "바람직한 시민성의 이상"으로 받아들인다는 점에서 흡사했다.[38] 여기서 브라운스타인은 당연하게도 일종의 희망을 발견했다. 내가 주장해 온 바와 거의 마찬가지로, 그는 "다수의 집단들이 미국에 대한 다양한 이야기들을 갈고 닦고 전하며, 어떤 하나의 이야기가 특별히 심하게 우세해지지 않는" 한, 민주주의적 참여에 대한 그들의 노력이 나라를 단결시키고 또 발전 가능하게 만들기 위해 필요한 공동 기반을 충분히 찾아내고 충분한 타협을 이룰 수 있도록 해줄 것이라고 주장했다.[39]

브라운스타인은 그러나 다음과 같은 점 역시 지적했다. 미국 민주주의 기획에 헌신한다는 공통점이 있음에도, 두 집단이 수많은 경제적·문화적 쟁점에 대해서는 "해결이 거의 불가능"해 보이는 근본적인 불일치를 보인다는 것이다.[40] 심지어 자신들이 민주주의를 개선하는 일에 헌신하고 있다는 강한 공동 의식을 공유하고 있음에도 이들이 건설적으로 협업할 수 있을지는 역시 불확실하다. 브라운스타인의 연구 대상인 예언자들과 애국자들의 적극적인 행동이 대개 시사하는 것처럼, 이들은 대부분의 미국인들보다는 민주적 참여에 더 큰 관심을 보인다. 적극적인 공직 참여를 가치 있게 여기는 시민공화주의 혹은 더 근대적인 민주주의 전통들이 미국 정치 문화의 중요한 특징인 것은 사실이다. 그러나 대부분의 미국인들은 민주적인 직접행동을 아마도 오스카 와일드가 사회주의에 대해 한 유명한 말과 같은 태도로 대할 것이다. "그것은 개개인들의 너무 많은 저녁 시간을 앗아간다."

오직 민주주의에 호소함으로써 포용적이고 평등 지향적인 정치를 일으키려는 노력은 또 다른 난관에 직면한다. 미국과 다른 여러 나라들의 역사가 보여주듯이, 만약 민주주의가 순전히 다수의 지배를 의미한다면 종교적·인종적·문화적 소수자들의 권리들은 안전하지 않을 것이다. 더군다나 제임스 매디슨이 경고했고, 프랜시스 로젠블루스Frances Rosenbluth 와 이언 셔피로Ian Shapiro가 최근에 주장했듯이, 대표자들의 선출과 같은 많은 제도들은 극단적으로 혹은 적어도 좋지 않은 방식으로 민주화될 수 있다. 정상적으로 작동하지 않는 민주주의 제도들은 로젠블루스와 셔피로의 표현대로 "민주주의를 민주주의로부터" 구하는 것, 혹은 매디슨의 표현대로 "공화주의적 정부에서 흔히 나타나는 질병에 대한 공화주의적인 처방"을 찾는 것을 불가피하게 만들 수 있다.[41]

아마도 가장 충격적인 것은 오늘날 젊은 미국인들 중에 정치에 적극적인 관심을 보이는 사람들은 절반이 채 안 된다는 사실이다. 그들은 또한 나이든 세대와 비교했을 때 민주주의를 항상 최고의 정치형태로 여기는 경향이 낮다.[42] 정치에서 유리되어 있고, 민주주의에 환멸을 느끼는 시민들은 다른 무엇보다 민주주의가 중심이 되는 국민 서사에 마음이 움직일 가능성이 낮다. 요컨대 미국의 정치적 삶의 중심 테마를 민주적 가치로 만들고자 할 때 심각한 장애물이 있는 것이다. 물론 모든 선택에는 장애물이 따른다. 그럼에도 이와 같은 우려가 시사하는 바는 다음과 같다. 병리적 형태의 포퓰리즘을 이겨내는 운동들이 성공하기 위해서는 미국인들을 민주적 자치에 참여하는 국민으로 설명하는 서사뿐 아니라 미국 국민에 대한 또 다른 서사들 역시 필요하다.

'여럿이 모인 하나'의 서사

미국 연방헌법 전문은 '우리 미합중국의 국민들'이 우리 연방정부를 창설한 목적들을 요약한다. 첫째 목적은 "보다 더 완전한 연방을 형성하는 것"이다. 헌법 제정 직후인 1789년, 연방의회는 "여럿이 모인 하나 E Pluribus Unum"라는 표어가 포함된 모양의 국새를 채택했다. 그렇기 때문에, 건국 시기 이래로 미국인들이 다방면에 걸친 다양성에서 출발해 더욱 강력한 연합을 형성하는 데 헌신한다고 표현하는 것이 언제나 가능해졌다. 그러나 버락 오바마처럼 미국의 이야기와 본인의 개인적인 이야기를 이 목적과 그토록 완벽하게 일치시킨 미국의 정치 지도자는 아무도 없었다. 그를 일약 유명인사로 만들어준 2004년 민주당 전당대회 연설에서 오바마는 "내가 물려받은 다양한 유산"에 감사를 표하면서, 그 자신의 이야기는 "거대한 미국 서사의 일부"이고 그 때문에 그는 미국에 신세를 진 셈이라고 강조했다. 오바마는 "지구상의 그 어떤 다른 나라에서도" 자신의 이야기는 "결코 가능하지 않았을 것"이라고 공언했다.[43] 오바마는 그 가능성의 기원을 모든 이들이 "평등하게 창조됐다"라고 한 「독립선언서」의 명제를 실현하려는 미국의 노력에서 찾았지만, 그는 미국의 기획이 단순히 모든 사람의 동등한 권리를 보장하는 것이라고 주장하지 않았으며, 그것이 가장 우선적인 목표라고 보지도 않았다. 그 대신에, 성경적이고 가족적인 용어를 사용하면서 오바마는 다음과 같이 주장했다.

미국의 서사에는 잘 알려진 우리의 개인주의 못지않은 또 다른 중요한 요소가 있다. 우리가 모두 하나의 국민으로 연결되어 있다는 믿음이다. …… 나는 내 형제를 보살피는 사람이고, 내 자매를 보살피는 사람이다. …… 이것이 우리가 각자 자신의 꿈을 추구하면서도 동시에 미국이라는 하나의 가족으로 함께 모일 수 있도록 한다. 에 플루리부스 우눔, '여럿이 모인 하나'.[44]

오바마가 묘사한 미국의 거대한 서사는 「독립선언서」에 호소하고 있지만, 그는 그 서사를 시민의 덕성과 의무를 강조하는 공화주의적 사상이나 도덕적 책임을 강조하는 미국의 종교적 전통의 관점에서도 해석했다. 2007년에 대통령선거 출마를 선언하는 연설에서 오바마는 그의 캠페인이 "시민성의 의미를 다시 강조하고 우리의 공동 목적의식을 회복하는 데 관한 것"이라고 말했다.[45] 오바마가 출석했던 교회의 제러마이아 라이트 목사가 선동적인 견해를 피력해 그의 선거운동이 위기를 맞았을 때, 오바마는 필라델피아 국립헌법센터에서 행한 연설로 대응했는데, 그 연설은 미국 헌법이 "이 나라의 원죄인 노예제로 얼룩"졌지만, 그럼에도 이미 노예제 문제에 대한 해답이 그 안에 새겨져 있다"라는 주장으로 시작했다. 오바마는 미국 헌법의 "가장 핵심에는 법 앞에 평등한 시민권의 이상이 있다"라고 했다. 미국 헌법이 국민에게 약속하는 것은 그들의 자유와 정의, 그리고 시간이 지날수록 개선할 수 있고 또 그래야만 하는 연방이었다. 오바마는 이 같은 노력의 여정을 지속하기 위해 미국인들이 "여럿으로부터 우리가 진정한 하나를 이룬다는 정신으로 우리가 설령 각기 다른 이야기를 가지고 있을지라도, 우리는 공동의 희망을 품고 있다는 사실을, 우리 모두 같은 방향으로 나아가길 원한다는 사실을 명확히 새겨볼 필요가 있다"라고 역설했다.[46]

2009년에 카이로에서 했던 연설에서 오바마는 미국이 "전 지구 방방곡곡에서 들어온 온갖 문화에 의해 형성됐는데, 이 나라는 '에 플루리부스 우눔(여럿이 모인 하나)'이라는 간결한 문구를 좌우명으로 삼아 매진한다는 자신의 주장을 되풀이했다. 그는 이것이 세계시민주의적인 목적이라고 확언하면서, 국내적인 차원뿐만 아니라 전 지구적인 차원에서 모든 사람은 인간으로서 서로에게 공동의 이익을 위해 협력해야 할 책임을 진다고 주장했다.[47] 2012년 대통령선거 후보 수락 연설에서 오바마는 동료 미국 시민들에게 다음과 같이 말했다. 양도할 수 없는 개인의 권리들을 강조하는 미국의 건국정신은 "개인의 책임"과 "개인의 주도권"에 대한 헌신을 장려했을 뿐 아니라 "시민성, 즉 이 나라는 오직 우리가 서로에게 그리고 미래세대들에게 지는 특정한 책임을 수용할 때만 제대로 돌아간다는 관념"에 대한 헌신 역시 강조했다.[48] 오바마는 뒤이은 감동적인 두 번째 취임 연설에서 「독립선언서」의 인간의 평등과 침해할 수 없는 권리들에 대한 자명한 진리를 일컬어 "우리를 미국인으로 만들어준 것"이라 칭하면서도, "우리의 개인적인 자유를 보존하는 일은 궁극적으로 하나의 국가와 하나의 국민으로서, 또 시민으로서의 집단행동을 요구한다"라고 강력히 주장했다.[49]

미국 최초의 흑인 대통령이 되고 또 재선에서 승리한 오바마의 눈부신 성공은 이런 이야기가, 특별히 그에 의해서 전해질 때 큰 반향을 불러일으켰다는 것을 증명한다. 이 이야기는 여러 가지 형태의 정당하고 참으로 가치 있는 다양성을 인정하는 방식으로 모두를 존중할 것을 약속했다. 그렇기 때문에 이것은 좋은 국민 서사가 갖춰야 하는 세 가지 기준(공감, 존중, 차이를 인정하는 공정 _옮긴이)을 충족한다. 이뿐만 아니라 이 이야기는 다양성을 희생하지 않고 통합성을 추구한다는 구성적인 주제를 나머지 두 가지 주제, 즉 기회를 모든 이들에게로 확장할 수 있는 경제정책을 요구하는 주제와 모든 이들의 투표권 행사를 보장하고 민주적 시민의 의사결정을 장려하는 정치적 권력과 관계된 주제를 완벽하게 조화시킨다.

그럼에도 불구하고 오바마 대통령 임기 시의 경험은 후에 오바마 자신도 표명했던 바 있는 특정한 교훈을 시사한다. 나는 오바마가 '에 플루리부스 우눔'을 향한 미국의 여정을 존 듀이의 민주주의적 실용주의 정신과 현대 숙의민주주의 이론들을 따를 때 가장 잘 추구할 수 있는 것으로 이해했다고 주장한 바 있다.[50] 더욱더 완전한 연방을 이룩하기 위한 활동이 대부분의 다양성 요구를 억압할 필요도 없고 또 그래서는 안 된다고 오바마가 강조했음에도, 실용적인 숙의민주주의의 절차에서 나온 것이라면 그 어떤 경제적·사회적 정책 해법들이라도 수용하겠다는 오바마의 개방성은 곧 연방에 대한 그의 비전이 어떤 구체적인 내용을 담고 있지 못하며, 그렇기 때문에 다소 공허하게 보일 수 있다는 것을 의미했다. 더욱 중요하게는, 연방의회에서 공화당이 법안이나 대통령의 각료 임명 사안들을 놓고 선의로 심의와 협상에 임하기를 거부하고 오바마 정권의 실패만을 목표로 매진했을 때, 미국의 '에 플루리부스 우눔' 기획은 이에 대응할 수 있는 그 어떤 실질적인 길잡이 노릇도 제공하지 못했다. 오바마가 할 수 있었던 것이라고는 그저 타협하지 않는 적수를 선거에서 이기기를 기원하는 것밖에 없었다. 하지만 오바마는 그가 2008년에 확립했던 민주당의 폭넓은 지지층을 확장하기는커녕 현상유지 할 방법조차 찾지 못했다. 오바마 개인의 인기는 여전히 높았지만 말이다.

2012년 재선 선거운동 당시에 오바마는 다음과 같이 말했다.

내 첫 번째 임기 때의 실수는 대통령의 일을 그저 정책들을 똑바로 만드는 것으로 생각했다는 것이다. …… 이 자리의 본질은 특별히 어려운 시기에 미국 국민들에게 통합 의식 및 목적과 낙관주의를 제공할 수 있는 이야기를 들려주는 것이다.[51]

그는 두 번째 취임 연설에서 아마 누구보다도 더 훌륭하게 '에 플루리부스 우눔' 서사를 이야기했다. 그러나 그 이야기는 미국이 더 통합되는 것이 아니라 점점 더 양극화되고 있다는 현실을 바꾸지 못했다. 오바마의 외교 보좌관이자 연설 보좌관이던 벤 로즈Ben Rhodes는 오바마가 그의 두 번째 임기 말미에 유발 하라리Yuval Harari의 『사피엔스』를 읽고 자신의 역할이 "우리가 누구인지에 대해 정말 좋은 서사를 이야기하는 것"이라는 생각을 더욱 강화했다고 썼다.[52] 오바마는 2016년 5월 히로시마에서 국가들은 "국민들을 단결시켜 희생과 협력을 이루는 이야기를 통해 부흥하는데, …… 그와 같은 이야기들이 꽤 자주 다른 사람들을 억압하고 비인간적으로 대하는 데 사용되곤 했다"라고 반추했다. 그는 이어서 다음과 같이 말했다.

내 나라 미국의 이야기는 "모든 사람은 동등하게 태어났고, 창조주에 의해 생명, 자유, 행복 추구 등을 포함하는 침해할 수 없는 일정한 권리들을 부여받았다"라는 간결한 말로 시작했다. 그 이상을 실현하는 것은 언제나 쉽지 않았다. …… 그러나 그 서사에 어긋나지 않도록 충실하고자 하는 것은 가치 있는 일이다.[53]

그러나 이번에 오바마는 미국의 이야기를 '에 플루리부스 우눔'을 성취하기 위한 여정과 동일시하지 않았다. 그 대신 그는 "우리가 반드시 이야기해야 할 서사는 우리가 단일한 인류의 일부라는 급진적이고 필수적인 인식"임을 힘주어 강조했다.[54] 오바마는 어쩌면 은연중에 미국인의 국민 정체성이 그가 이전 12년 동안 제시했던 이야기가 아니라 다른 어떤 서사를 통해 명확히 정의되어야 한다는 점을 인정한 것 같다. 만약 그가 진심으로 그런 결정에 도달했다면, 나는 그가 옳았다고 생각한다.

「독립선언서」의 서사

미국의 이야기가 「독립선언서」의 문구로 시작됐다고 한 오바마의 히로시마 연설은 사실, 그는 미국에서 오랫동안 토론되어 온 한 견해와 부합하는 것이었다. 물론 앞서 말한 대로, 로널드 레이건은 미국의 기원을 존 윈스럽의 '언덕 위의 도시' 설교에서 찾았고, 대니얼 웹스터Daniel Webster를 비롯한 많은 남북전쟁 이전의 개신교 휘그당원들은 플리머스 식민지로 거슬러 올라가서 미국의 시작을 찾았다.[55] 한편 다수의 학자들은 「독립선언서」가 아니라 연방헌법의 채택을 미국 연방정부의 시작으로 간주하기도 한다. 「독립선언서」를 비판하는 사람들 뿐 아니라, 많은 미국의 법관들 또한 이 '두 번째 건국'이야말로 진정으로 법적인 정당성이 있는 것이라고 역설해 왔다.[56] ● 남북전쟁 이전 시기의 남부 노예 소

● 1606년 영국의 제임스 1세(James I)는 「버지니아 칙허」를 내려, 런던의 버지니아 회사(The Virginia Company)의 북아메리카 식민지 건설을 허가했다. '버지니아'는 당시 북아메리카 신대륙의 대서양 연안 거의 전부를 가리키는 말이었다. 1607년 104명의 영국인이 지금의 버지니아주에 해당하는 지역에 성공적으로 정착해 국왕의 이름을 따 제임스타운 식민지(The Jamestown Colony)를 세웠다. 한편, 1620년에는 종교적 박해를 피해 네덜란드로 이주해 있던 영국의 청교도인들이 플리머스 회사(The Plymouth Company)로부터 북아메리카 토지 양도 증서를 매입하여 메이플라워호를 타고 대서양을 건너 지금의 메사추세츠주에 플리머스 식민지(The Plymouth Colony)를 세웠다. 존 윈스럽은 플리머스 북쪽에 건설된 메사추세츠만 식민지(The Colony of Massachusetts Bay)의 총독이었으며, 그가 '언덕 위의 도시' 설교를 전한 것은 1630년이다. 이후 북아메리카의 13개 식민지가 제2차 대륙회의를 열어 영국으로부터 독립을 공식적으로 선언한 것은 1776년이었고, 영국과의 독립전쟁 중이던 1777년에 '연맹규약(The Articles of Confederation)'을 통과시키고, 이어 1781년에 13개의 주가 이를 비준함으로써 아메리카합중국(The United States of America, 미국)을 건국했다. 건국 후 발생한 여러 문제 해결을 위해 조지 워싱턴(George Washington), 벤저민 프랭클린(Benjamin Franklin) 등 신생국의 지도자

유주들에서 도금시대鍍金時代에 재산권을 강조한 법치의 옹호자들과 현대의 헌법 원의주의자*들에 이르기까지, 많은 미국인들은 「독립선언서」 도입부의 보편주의적이고 평등 지향적인 표현을 너무 중대하게 여기는 것이 야기할 위험들을 감지했고, 그렇기 때문에 대부분은 그들의 미국 서사를 1787년 필라델피아에서 시작하는 것을 선호했다.

이와 달리 미국이 「독립선언서」에서 시작됐다는 시각을 가장 영향력 있게 표현한 것은 링컨의 1863년 게티즈버그 연설이었는데, 이 연설은 다음과 같은 유명한 말로 시작한다.

여든하고도 일곱 해 전에, 우리의 선조들은 이 대륙에 새로운 한 나라를, 자유의 이념에서 비롯되고 모든 사람은 평등하게 태어났다는 사상에 헌신하는 그런 나라를, 탄생시켰습니다.[57]

들은 1787년 5월부터 9월까지 필라델피아에서 제헌회의를 열었으며, 그 결과로 탄생한 것이 미국의 연방헌법(The Constitution of the United States of America)과 이를 기반으로 한 헌정 시스템이다.

• 원의주의(原意主義, Originalism)는 헌법 해석 접근법 중 하나인데, 원의주의자를 표방하는 판사와 법학자들은 보통 모두 헌법 해석의 일관성, 객관성, 안정성을 강조한다. 원의주의에는 다음과 같은 두 입장이 대표적이다. 첫째는 헌법 제정에 참여했던 대표들의 원래 의도(original intent)를 파악해 해당 헌법 조문을 해석해야 한다는 입장이고, 둘째는 공포될 당시에 일반인들이 해당 헌법 조문을 어떻게 이해했는지, 그 원래 의미(original meaning)를 파악하여 그에 따라 해석해야 한다는 입장이다. 따라서 헌법 제정자의 원래 '의도'에 방점을 두느냐, 일반인들이 이해한 원래 '의미'를 더 강조하느냐에 따라 원의주의자들 사이에도 이견이 있을 수 있다. 예를 들어 대표적인 원의주의자로 알려진, 2016년에 작고한 연방대법원 판사 앤터닌 스캘리아(Antonin Scalia)는 본인이 표방하는 원의주의가 철저히 '의미' 중심임을 여러 차례 밝힌 바 있다.

햇수를 세보거나 인간은 모두 평등하게 태어났다는 명제가 무엇인지 파악해 보면, 우리는 링컨이 1776년과 그때 공표된 「독립선언서」 이야기를 하고 있음을 알 수 있다. 링컨이 미국의 시작점을 1776년으로 보는 이와 같은 시각을 가지게 된 것은 게티즈버그 연설보다 훨씬 앞선 일이지만, 이를 링컨이 고안한 것은 아니었다. 링컨은 또한 이런 시각이 함축하는 바를 버락 오바마가 나중에 시도한 것처럼 '에 플루리부스 우눔', 즉 다양성을 없애지 않으면서 더 강력한 통합성을 추구하라는 명령으로 해석하지도 않았다.

그 대신, 링컨이 「독립선언서」에 호소하는 미국의 일반적인 전통에 기대어 말한 까닭은 미국이라는 나라의 최상위 목표가 점점 더 많은 사람들의 기본적인 권리들을 보장하고, 궁극적으로는 모든 사람의 권리를 보장하는 것이라고 주장하기 위함이었다. 1863년에 이르면 잭슨주의 노동자들을 옹호하는 세력과 남북전쟁 이전의 여성 민권운동이 이미 그런 전통을 계승한 상황이었고, 그 이후로 오늘날에 이르기까지 재산권, 인권, 민권, 성소수자 권리, 장애인 권리, 그 외 다른 권리들의 주창자들이 그 전통을 계속 이어왔다.[58] 링컨은 특별히 매사추세츠의 노예제 폐지론자인 라이샌더 스푸너Lysander Spooner와 노예 출신의 편집자 프레더릭 더글러스Frederick Douglass와 같은 반노예제 헌정주의를 주창하는 이들의 전통 속에서 본인의 이야기를 만들었다.[59] 비록 그 노선에 완전히 동의하지는 않았지만 말이다. 스푸너는 1845년에 나온 그의 책 『노예제의 위헌성』에서 "미국의 국민들은", "자신들의 독립된 정치적 실존을 처음 공포한" 「독립선언서」라는 "헌법"과도 같은 문서에서 모든 인간이 자유에 대한 자연적 권리가 있음을 "자명한 진리"로 간주했다고 주장했다. 스푸너는 이런 도덕적 원칙이 노예제를 위헌으로 만든다고 역설했으며, 또한 이런 입장이 1787년 헌법과 배치되지 않는다고 했다.[60] 헌법이 노예제를 보호하고 있다고 보았던 개리슨주의식의 노예제 폐지론자들*과 절연한 더글러스는, 그 후 스푸너에 기대어 연방대법원을 비롯한 법원들이 보통 법조문이 허락하는 한 "법의 언어를 전적으로 정의와 자유의 편에서 해석해야 한다"라는 입장에서 판결을 내려왔다고 주장했다.[61] 더글러스는 헌법이 '노예제'라는 표현을 한 번도 쓰지 않았지만, '자유의 축복'을 보장하는 일에 관해서는 마치「독립선언서」처럼 명시적으로 약속했다는 점을 지적하며, 미국인들이 헌법을 반노예 문서로 읽을 수 있고 또 그래야만 한다고 주장했다.

링컨은 원래 헌법이 그 자체로 노예제를 금지한다는 주장에 동의하지 않았다. 그런데도 1850년대와 1860년대에 이르면 링컨과 새로 출범한 공화당은 온건한 형태의 반노예제 헌정주의 노선을 채택하게 됐다. 그들은 헌법이 애초에 의도했던 것, 그리고 집행되어야만 하는 바는 노예제가 되도록 평화롭고 점진적으로 소멸할 수 있도록, 또 궁극적으로는 완전히 소멸할 수 있도록 함으로써「독립선언서」의 원칙들의 실현을 추구하는 것이라고 역설했다.[62] 링컨이 1850년대 내내 행한 연설들을 보면 그가 인간의 평등과 양도할 수 없는 권리들을 천명한「독립선언서」의 공표를 종종 '미래의 사용'을 위해 수립된 '준칙'으로 불렀음을 알 수 있다. 그 준칙은 우리가 "끊임없이 주목해야 하고, 그것을 위해 끊임없이 애써야 하고, 비록 그 목표를 영원히 완전하게는 달성할 수 없다손

• 　노예제폐지론에 앞장섰던 ≪해방자(The Liberator)≫의 편집인 윌리엄 로이드 개
　　리슨(William Lloyd Garrison, 1805~1879)의 노선을 말한다. 개리슨은 미국 연방
　　헌법이 노예제를 묵인했고, 경우에 따라서는 노예주들의 이익을 적극적으로 보호하
　　는 데 큰 역할을 했다고 주장했다. 한 예로, 1854년 독립기념일에 메사추세츠주에서
　　열린 반노예제 집회에서 개리슨은 연방헌법 사본을 불태우면서 헌법을 일컬어 "죽
　　음의 서약이자 지옥과 맺은 계약"이라고 소리쳤다.

치더라도 끊임없이 그에 가깝게 성취할 수 있도록" 해야 하는 것이고, 그래서 "그것의 영향력을 끊임없이 넓히고 또 심화"함으로써 "인종에 관계없이, 모든 곳에 있는, 모든 사람의 삶의 가치와 행복의 수준이 높아지도록" 하는 것이다.[63]

링컨이 「독립선언서」를 그의 정치적 신념과 그가 생각하는 미국 서사의 기반으로 기꺼이 선택한 것은 경제에 관한 그의 주된 관심에도 영향을 끼쳤다. 링컨은 해체 직전까지 몸담았던 휘그당의 강령이라고 할 수 있는, 재산권을 보호하면서 경제적 기회를 증진할 수 있는 연방정부 차원의 조처들을 요청하는 입장을 취했다. 「독립선언서」는 또한 정치권력을 공화주의적 자치의 시스템 속에서 체계적으로 조직하는 데 대한 그의 확고한 공약의 기반이 되기도 했다. 「독립선언서」가 목적한 바를 위해 헌신하면서, 링컨은 인종문제에서 많은 비평가들이 평가하는 것 이상으로 괄목할 만한 개인적 성장을 이룰 수 있었다. 링컨이 그 전에는 흑인들이 완벽한 정치적 평등이 아니라 「독립선언서」의 기본권에 준하는 평등을 누려야 한다고 강력히 주장했다면, 이후에는 흑인들이 그런 기본권만이라도 의미 있게 누릴 수 있으려면 그들 중 다수는 참정권이 필요할 것이라고 최종적으로 결론지었다. 링컨의 이런 입장 표명은 존 윌키스 부스John Wilkes Booth●가 그를 암살하도록 부추겼다.

흑인들의 참정권 문제를 둘러싼 링컨의 입장 변화가 극명하게 보여주

● 1838년 메릴랜드주 태생의 부스는 볼티모어, 필라델피아, 뉴욕을 비롯해 남부 곳곳에서 공연했던 극단 배우였다. 그는 노예제를 옹호했으며 남북전쟁 당시 링컨에 반대하는 음모를 꾸미다가 급기야 1865년 4월 14일 워싱턴 D.C.의 포드 극장에서 링컨을 권총으로 암살했다. 현장에서 도주하여 은신했으나 곧 연방군대에 의해 포위되었고, 검거 작전 중 총탄에 맞아 사망했다.

는 것은 미국의 국민 정체성 서사를 「독립선언서」에서 표방한 원칙들을 실현하는 것으로 이해한 링컨의 입장과 앞서 살펴본 오바마의 입장 사이의 근본적인 차이다. 오바마의 목표는 숙의민주주의의 과정을 통해 통합성을 만들어내는 것이었다. 그러나 이 경우 만약 통합성이 생기지 않는다면 무엇을 해야 하는지 불분명하다. 링컨의 목표는 모든 사람에게 기본권리를 확장하는 것이기 때문에 더 구체적인 동시에 타협의 여지가 적다. 이것은 정책들을 통해 반드시 증진시켜야만 하는 기획이며, 이 기획은 특정 집단의 권리를 부인하는 이들의 선호를 때에 따라서는 무력을 사용해서라도 무마하거나 짓밟는 것을 정당화한다.[64]

링컨이 생각한 미국 국민 정체성은 물론 오바마의 비전보다는 트럼프의 미국 우선주의 비전과 훨씬 더 첨예하게 대립한다. 링컨이 미국의 임무로 표명한 것은, 확실히 다른 나라에서 벌어지는 일에 활발히 간섭하는 일이라기보다는, 전 세계의 훌륭한 모범 국가가 되는 것이었다. 링컨은 미국을 단결시키는 데 초점을 맞췄다. 링컨은 또한 미국의 대대적인 영토 확장을 가능케 한 멕시코·미국 전쟁을 신랄하게 반대했다. 그는 이 전쟁을 정의롭지 못하고 제국주의적인 것이라 평했다. 그렇지만 링컨이 모든 사람의 삶의 가치와 행복을 증진하기 위해 미국이 「독립선언서」의 영향력을 널리 퍼뜨리도록 애써야 한다고 말했을 때, 그가 진정으로 모든 사람을 염두에 두었다는 점은 틀림없는 사실이다. 트럼프와는 달리 링컨은 세상에 중요하지 않은 '다른 사람들'이 있다고 암시한 적이 없다.

반이민 노선으로 무지당Know-Nothings이 최고의 인기를 구가했던 1850년대의 링컨의 행적을 보면, 앞서 언급한 그의 신념을 나타내는 극명한 증거를 찾을 수 있다. 링컨은 당시에 친구 조슈아 스피드Joshua Speed에게 다음과 같은 편지를 썼다.

나는 무지당 지지자가 아니네. 이것만은 확실하네. 어떻게 내가 그렇게 될 수 있겠나? 어떻게 흑인들에 대한 억압을 혐오하는 사람이 백인 중 특정한 집단에 속하는 사람들을 모욕하는 것을 지지할 수 있겠나? 우리는 전진하기는커녕 빠르게 퇴보하고 있네. 우리는 '모든 사람이 평등하게 창조됐다'고 선언하면서 이 나라를 시작했지. 우리는 지금 현실적으로 그것을 '모든 사람은 평등하게 창조됐다, 흑인들만 제외하면'이라고 읽는 셈이네. 무지당이 정권을 잡게 되면, 그것은 곧 '모든 사람은 평등하게 창조됐다, 흑인과 외국인과 가톨릭교도들을 제외하면'으로 읽게 될 것이네.

만약 링컨이 이 편지를 오늘날 쓰게 된다면, 그는 아마도 제외 대상 명단에 멕시코인과 이슬람교도들을 포함했을 것이다.[65] 비록 링컨이 제일 먼저 자국민들을 신경 썼다고 해도, 만약 어떤 정책들이 「독립선언서」가 표방하는 목표, 즉 인종에 관계없이 모든 곳에 있는 모든 사람의 권리를 보장한다는 그 목표와 어긋난다면, 그는 분명히 그 정책들을 미국 국민들이 헌신적으로 지켜왔고 또 지켜야 하는 가치들을 침해했다고 여길 것이다.

오늘날의 「독립선언서」의 서사

연방헌법이 그 자체로 모든 사람의 권리를 보장하라는 「독립선언서」의 기획을 실현할 책무가 있다고 본 링컨과 공화당원들이 옳았는지에 관계없이, 어쨌거나 그들은 자신들의 비전을 중요한 수정헌법 13, 14, 15조의 형식으로 헌법에 새겨 넣었다.* 「독립선언서」의 그 원칙들은 이제 분명하게 헌법적인 권위를 주장할 수 있다. 이와 같은 발전은 근본적인 중요성을 띤다. 단순히 「독립선언서」의 목적이 미국 국민 서사의 핵심에 그럴듯하게 자리 잡을 수 있을 것인가에 대답하기 위해서뿐 아니라, 어떻게 한 나라가 민주주의와 인권의 원칙들을 그 정체성의 핵심으로 두면서도 그 정체성이 그들 고유의 것이고 특별히 가치 있는 것이라는 확신을 유지할 수 있을 것인가라는 더 폭넓은 질문에 대답하기 위해서 그렇다. 오로지 보편성을 띤다고 여겨지는 자유민주주의의 신조에 기초한 시민적 정체성에 헌신하겠다고 맹세하는 것과 그와 동시에 더 특수한 국민감정을 기꺼이 받아들이는 것 사이에는 긴장이 형성되는데, 앞서 말했듯이 일반적인 자유민주주의적 대응들은 병리적인 포퓰리즘의 도전에 맞서면서 이런 긴장을 분명하고 효과적으로 다루지 못했다. 그렇다면 「독립선언서」의 목적을 실현하는 데 전념하는 미국의 국민 정체성 서사는 이 과제를 더욱더 잘 수행할 수 있을 것인가?

나는 그렇다고 생각한다. 물론 「독립선언서」는 개인들의 양도할 수 없는 권리들을 보호하는 것이 정당성 있는 모든 정부의 목적이라고 설명한다. 그런 일에 관해 미국인과 미국 정부에 그 어떤 특별한 임무가 따로 있는 것은 아닌 것이다. 그러나 「독립선언서」의 존재 자체가 미국인을 특

• 수정헌법 13조(1865년 발의, 비준), 14조(1866년 발의, 1868년 비준), 15조(1869년 발의, 1870년 비준)를 아울러 남북전쟁 수정헌법(The Civil War Amendments) 혹은 남부 재건기 수정헌법(The Reconstruction Amendments)으로 부른다. 13조는 노예제와 강제 노역을 (형벌의 일종인 경우를 제외하고) 영구히 폐지했고, 14조는 미국 시민의 자격을 처음 정의함과 동시에 각 주가 시민의 특권과 면책을 침해하는 법을 만들거나 집행하는 것을 금지하고, 적법절차 없이 개인의 생명, 자유, 재산을 빼앗거나 개인이 법률의 동등한 보호를 받지 못하도록 하는 것을 막았으며, 15조는 인종이나 피부색, 과거 노예였던 전력을 이유로 연방정부와 주정부 선거에 참여할 수 있는 참정권을 박탈하거나 침해할 수 없음을 천명하는 등 당시 해방된 흑인들의 인권 보호를 위한 기초를 마련했다.

수한 위치에 서게 하고, 독특한 정체성을 갖게 한다. 그들은 자신들의 나라가 링컨이 게티즈버그에서 이야기한 대로 "그런 목적에서 비롯되고 그런 목적에 헌신하도록" 만들어진 최초의 국가이고, 정치공동체와 통치에 관한 이와 같은 비전을 최초로 실험했다고 말할 수 있으며, 그것은 곧 사실이다. 미국인들은 이 비전에 사로잡혀서 유럽에서 가장 지배적인 통치형식이었고 과거에 미국 땅에서도 역시 우세했던 군주정, 귀족정, 그리고 마침내는 신정을 일련의 놀랍게도 새로운 정치·사회 제도들로 대체했다. 이후 이 제도들은 지금까지 전 지구적으로 세력을 펼쳐왔지만, 지금도 여전히 많은 점에서 독특하다. 미국인들은 또한 그들 자신이 공식적으로 천명한 원칙들을 가장 터무니없이 욕되게 했던 노예제도를 근절하는 문제를 놓고 내부적으로 격렬하게 분투해 왔고, 그러면서 미국 국민으로서 자신들의 경험 속에서 인종과 지역 쟁점들을 핵심적이고 일반화된 문제로 만들어왔음을 강조할 수 있고, 또 그렇게 해야만 한다. 이 점은 여타 현대 자유민주주의국가의 시민들이 미국을 이해하는 데 어려움을 호소하는 부분이기도 하다.

이 모든 것은 미국인들이 스스로를 특별한 역사적 책무가 있고, 독특한 위업을 이루고, 「독립선언서」에서 시작된 정부의 목표를 추진하고자 노력하는 데 어떤, 유일하다고 할 수는 없을지라도 특수한 도전들에 직면하는 국민으로 간주하도록 만든다. 미국인들은 그들의 국민 정체성이 자유민주주의적인 원칙들에 대한 맹세뿐 아니라, 과거·현재·미래를 아우르는 어떤 숭고한 공통의 노력에 자신들 스스로가 참여자가 되는 일에 기초를 두고 있다고 볼 수 있다. 이 점은 다른 어떤 정치공동체와도 사뭇 다른 점이다. 그렇다면 많은 미국인들은 권리와 민주주의 자체에 헌신하는 것을 통해서만이 아니라 미국인이 됨을 통해서 의미를 찾을 수 있고 또 실제로 그렇게 찾는다. 그들은 「독립선언서」와 헌법에서 시작된 노력과 기획의 후손이며, 그들은 그 노력과 기획의 결과로 만들어진 미국식 삶의 최대 수혜자이고 수탁자이며, 또 때로는 희생자이다.

이와 같은 미국인의 정체성 의식은 오랜 시간에 걸쳐 놀랄 만큼 광범위한 나라 곳곳의 주민들에게 큰 공감을 불러일으켰고, 이뿐만 아니라 전 세계의 많은 이들을 깨우치고 분발하게 해왔다. 「독립선언서」의 원칙들은 남북전쟁 후 수정헌법 13, 14, 15조에 의해 헌법에 명확히 수용됐고 그때부터는 이런 경향이 더욱더 확실해졌지만, 사실 그보다 훨씬 이전부터 너무나 다양한 운동이 「독립선언서」의 원칙들에 호소해 왔다. 설사 부유한 이들이 자신들의 경제적 특권을 강화하기 위해 「독립선언서」를 이용해 온 사실이 있다고 하더라도, 「독립선언서」의 서사는 민주주의 서사들처럼 포용적이고 평등 지향적인 개혁들을 위한 주요한 역사적 자산으로 평가받아야 한다.[66] 「독립선언서」의 서사가 이렇게 큰 공감을 불러일으킬 수 있는 까닭 중 하나는 그것이 인간의 행복한 삶에 대한 단일한 비전이 아니라 대단히 다양한 형태의 행복 추구 노력들을 지지한다는 점이다. 여타의 종교적인 견해들이나 심지어 개인과 공동체의 성장을 위해 민주적 참여가 중심이 되어야 한다는 입장들과도 다르게 말이다. 나는 이처럼 모두를 위한 권리 보장을 골자로 하는 「독립선언서」의 비전에 헌신하는 미국인의 정체성 서사가 결과적으로 자유민주주의의 원칙들과 독특한 형태의 미국인으로서의 국민 의식 양자를 일반적인 '시민적' 국민 정체성 서사보다 더 완전하고 효과적으로 연결한다고 생각한다. 그것은 또한 민주주의적 서사들이나 오바마의 '에 플루리부스 우눔' 서사보다도 더 폭넓게 호소력이 있고 지속력이 있는 목적의식을 생기게끔 한다.

그렇지만 여전히 많은 사람들에게 이런 미국의 정체성 서사는 불안하게 들릴 수 있다. 이런 서사는 이제 대체로 학문적으로 설득력이 없고,

정치적으로는 해로운 것으로 여겨지는 18세기 자연권 학설을 부활시키려는 노력으로 비칠 수 있다. 그런 학설은 편협한 기독교 및 초기 계몽주의의 도덕관과 이어져 있으며, 종종 유럽과 미국의 제국주의를 정당화하는 것을 도왔다. 더욱이 「독립선언서」의 서사는 미국인들이 공동선을 추구하는 대신에 자기 자신의 개인적 권리를 요구하는 데 집착하도록 유인할 가능성도 있다. 또한 미국인들은 많은 사람들이 심각하게 물질적으로 불평등한 조건 속에서 살아가는 현실과 모순되는 형식적인 권리의 평등에 그저 만족할 수 있다. 최악의 경우는 미국의 특권층이나 잘 조직화된 집단들이 자의로 규정한 권리를 사용해 다른 사람들이 어떻게 살아야 하는지에 대한 자신들의 이기적인 관점을 국내외의 다양한 공동체에 강요하는 것이다.

　이런 우려들은 설득력이 있다. 미국인들이 「독립선언서」의 목적을 받아들일 때 이성, 자연, 신 혹은 이마누엘 칸트Immanuel Kant 같은 철학자들에 기대어 권리들을 도덕적인 최종심급으로 이해하는 관념만을 기반으로 할 것이 아니라, 적어도 그 권리들이 사람들이 소유물을 획득하기 위해 스스로 고안한 도구에 불과하다고 보는 현대 실용주의 철학의 관념 역시 기초로 삼아야 한다는 제안은 일리가 있다. 물론 모든 미국인들이 권리들의 원천과 내용에 대해 동일하고 근본적인 철학적 혹은 종교적 신념을 공유해야 한다고 강조할 이유는 없다. 어떤 이들은 실용주의자일 수 있고, 다른 이들은 칸트주의자일 수 있다. 누구는 전통적인 의미에서 종교적일 수 있고, 또 다른 많은 이들은 서로 다른 형태의 다양한 신앙을 가질 수 있다. 서로 동의할 수 있는 공통의 영역을 찾는 것만으로도 충분하다. 그러나 미국인들이 보장하고자 노력해야 하는 권리들이 반드시 「독립선언서」나 헌법을 채택한 사람들이 생각했던 대로 혹은 오늘날 어느 특정한 집단이 생각하는 대로 이해되어야 한다고 주장하는 대신에, 서로 공통으로 동의하는 바가 있을 경우 그것을 기꺼이 수용하려는 실천적인 마음가짐이 있어야만 한다. 미국인들은 「독립선언서」의 기획을 받아들이는 사람이라면 누구나 바로 그 기획의 파트너로 인정해야 한다. 그 인정의 근거가 21세기에 우세한 세계관이든 아니면 20, 19, 18세기, 심지어는 고대 시대에 우세했던 세계관이든, 혹은 북반구와 서양에서 우세한 세계관이든, 남반구와 동양에서 우세한 세계관이든 간에 그와 상관없이 말이다.

동시에, 21세기에 걸맞은 유익한 정치를 추구하는 우리는 모든 사람의 권리를 보장하려고 노력하는 데 무엇이 필요한지를 숙고했던 남북전쟁 시기 공화당원들의 입장을 더욱더 확장할 필요가 있다. 서로 긴밀히 연결된 노동의 역사와 민권 투쟁의 역사가 오랫동안 분명히 보여준 것처럼, 사람들이 그들의 권리를 행사하기 위해 필요한 경제적·교육적·정치적 자원과 능력들을 획득할 수 있도록, 정책과 실천 차원의 도움이 있어야 한다. 형식적인 권리 보장만으로는 충분치 않으며, 사실 그런 보장은 충분했던 적이 없다. 오늘날 다른 곳에서와 마찬가지로 미국에서는 극빈층과 그보다는 사정이 낫지만 그럼에도 세계화의 유행 때문에 스스로가 위기에 처했다고 느낄 합당한 근거가 있는 사람들, 이 두 집단의 필요와 염려에 효과적으로 집중할 수 있는 정책들을 고안하고 채택하는 것이 핵심적이다.

미국인들은 이 과제를 어떻게 수행할 것인지에 대해 뚜렷이 의견을 달리한다. 특히 재분배 관련 조치들과 공적 투자의 문제, 공공서비스의 직접 제공 문제와 관련해 그렇다. 링컨은 민형사 소송 행정을 비롯해 "공공 도로와 고속도로, 공립학교, 구호단체"와 "고아원"뿐만 아니라 개인들이 "스스로 **전혀** 할 수 없거나 혹은 **잘할 수 없는** 일들"에 국가가 투자하는 것을 지지했다.[67] 오늘날 어떤 이들에게는 그가 제시한 목록이도를 넘는 것으로 보일 터이다. 그렇지만 대부분의 미국인들은 여전히 경제적 세계화나 필수적인 환경규제로 인해 실업문제를 겪는 노동자들과 특정 지역 주민들에게 국가가 일정 정도 원조해 주는 것을 지지한다. 대다수는 이민자 유입에 따른 이익은 전국적인 효과를 발휘하지만, 그에 따르는 부담은 종종 몇몇 지역에 집중된다는 사실을 이제야 인지하고 있으며, 그렇기 때문에 새로 이민 온 사람들이 사회복지 혜택의 확대를 요구하는 문제에 직면한 지역에 원조 프로그램을 도입하는 것이 적절하다고 여기게 되었다. 많은 인구를 이민으로 유출하는 나라들이 임금인상 정책을 추진하도록 요구하는, 그래서 다른 나라로 이민하려는 동기 자체를 떨어뜨리는 무역협정은 이민과 관련한 경제적·문화적 우려 모두에 대한 답을 제시하는 데 도움을 줄 수 있다. 트럼프가 이 문제에 답하려 했다는 것은 인정할 만하지만, 그의 일 처리는 괴상했다. 그러나 트럼프가 공약했으나 이내 등한시했던 미국 우선주의 공약에는 아직 큰 기회들이 있다. 그것은 교통, 통신, 에너지 생산, 물 공급, 교육시설, 환경보호와 같은 기간시설에 공적 지출을 하는 것이다. 이와 같은 투자들은 트럼프를 지지했던 해고된 미국 노동자들과 트럼프가 맹렬히 공격한 이민자들의 고용을 당장 창출할 것이고, 그러면서도 앞으로 다가올 수십 년간 더 많은 일자리를 만들어내는 지속적인 경제성장에 박차를 가할 수 있을 것이다.

아프리카계 미국 시민들에 관해 링컨이 궁극적으로 인정한 바와 같이 자신들의 민주적 제도들을 개선하는 것은 미국인들의 지속적인 과업이다. 당연히 참여를 막는 장애물들을 부과하는 것이 아니라 제거함으로써 그렇게 해야 하고, 아마도 극단주의적 정치 행위자들의 영향력을 줄이는 쪽으로 후보자 선출 과정을 수정함으로써 그럴 수 있을 것이다. 현재 가장 중요한 일은 연방의회를 대의민주주의의 중심으로 만드는 것이다. 연방의회는 애초에 중심기관으로 고안됐으며, 실제로 수십 년간 그러했다. 선거에 대한 집착과 양극화가 심해져 의회가 스스로의 중심적인 권위를 다른 기관들에게 넘겨주기 전에는 말이다.[68]

더군다나 영향력이 큰 집단들이 미국 정부를 움직여 종종 그들이 선호하는 형태의 경제적인 행위, 종교적인 활동, 문화적 삶을 국내의 수많은 소수자들에게, 그리고 해외의 많은 나라들에 강요해 온 것은 틀림없는 사실이다. 이런 행태들은 「독립선언서」의 기획을 침해하는 일이다. 왜냐하면 「독립선언서」가 보장하고자 하는 권리들은 자유와 행복추구권을 포함하는데, 사람들이 저마다 맞닥뜨리는 사회적·경제적·정치적 장벽들이 다양한 만큼, 각자가 생각하는 행복 관념에 차이가 있는 것 역시 당연하기 때문이다. 모든 사람이 확실하게 각자의 기본권리를 누릴 수 있으려면, 정책들이 공감을 불러일으키고 존중을 지향해야 할 뿐 아니라 차이를 인정하는 공정을 추구해야 한다. 정부는 모든 사람을 전적으로 동일한 방식으로 다룰 수 없다. 공공정책을 결정하는 데 미국의 당국자들과 시민들은 끊임없이 변화하는 맥락 속에서 다양한 집단과 정체성을 위해 어떤 형태의 특별한 조치가 모든 이들의 '삶의 행복과 가치'를 증진할 수 있고, 어떤 형태의 차등 대우가 그저 분열과 불평등, 불공정을 조장할 것인지 아울러 지속적으로 판단해야 한다. 이런 판단은 까다로운 것이다. 그렇지만 만약 미국인들이 공동의 유산과 공동의 기획이 품고 있는 가장 훌륭한 측면을 발전시키는 방향으로 합당한 차이들을 존중하고자 한다면 그런 판단은 불가피하다.

내가 여태껏 주장한 것은 이와 같은 정책 판단을 잘하기 위해 미국인들이 「독립선언서」의 기획을 토대로 어떤 새로운 시민적 기풍을 발전시킬 필요가 있다는 점이었다.[69] 우리는 모든 사람이 개인적으로 또는 공동체 수준에서 추구할 수 있는 수많은 다양한 형태의 행복 가운데 본인

뿐 아니라 다른 사람들에게도 가장 가치 있을 것들을 택해 추구하도록 장려해야 한다. 왜냐하면 바로 그런 선택들이 다른 이들이 **저마다** 독특한 행복을 추구하는 것을 사람들이 어느 정도 용인하고 또 때때로 도와주도록 하기 때문이다. 자유민주주의를 자처하는 많은 현대사회들은 존 스튜어트 밀의 '위해 원칙Harm Principle'•에 따라 정의를 규정해 왔다. "문명화된 공동체에서 구성원들의 의지에 반해 정당한 방법으로 그들에게 권력을 행사할 수 있는 유일한 목적은 다른 이들에게 가해지는 위해를 막기 위한 것"뿐이라는 원칙이다.[70] 여기서 위해라는 것이 대개 "문명화된 공동체"라는, 밀 스스로도 종종 옹호했던 자민족 중심주의적 개념에 의해 규정될 것을 염려한 현대의 밀주의자들은 현명하게도 그의 위해 원칙을 랠프 왈도 에머슨Ralph Waldo Emerson이 제안한 것과 흡사한 방식으로 변형했다. 최근에는 '문명화된 공동체'의 표준을 말하기보다는 각자가 '스스로 정한' 자유와 자기실현을 다른 사람들이 저마다 정한 자유 및 자기실현과 양립하지 않는 한 최대치로 누릴 자격이 있다고 제안하는

• 존 스튜어트 밀은 19세기 자유주의 정치철학의 고전인 그의 1859년 작 『자유론(On Liberty)』에서 "문명화된 공동체"가 어느 개인에게 "당사자의 의지에 반하는" 형태로 권력이 행사할 때 그것이 "정당"하게 여겨질 수 있는 "유일한" 경우는 그 "목적"이 다른 이들에게 가해지는 "위해(harm)"를 막기 위해서일 때라고 주장했다. 이에 기반을 둔 자유주의 정치철학에서는 개인의 자유를 침해할 수 있는 강제력의 사용을 위해를 막는 경우로 최소화하는 입장을 "위해 원칙(Harm Principle)"을 따르는 것으로 표현하곤 한다. 물론 위해 원칙을 실제 생활에서 적용하는 일은 두 가지 측면에서 생각보다 까다로울 수 있다. 첫째, 위해를 정확하게 규정하는 문제가 관건이다. 위해는 단순한 방해와 성가신 일, 불쾌한 일과 어떻게 다른가? 둘째, 위해의 원인 제공의 문제이다. 우리는 타인에게 위해를 직접적으로 가하는 당사자만 통제할 수 있는가, 아니면 그렇지 않더라도 누군가에게 위해가 발생할 여지가 있는 경우 간접적인 역할을 하는 사람 역시 통제할 수 있는가? 따라서 밀의 위해 원칙을 따르면서도 관점에 따라 결과적으로 서로 다른 정책을 옹호할 수 있다.

것이 더 일반적이다.

그렇지만 '스스로가 정한' 자유를 보호한다는 이런 추세는 큰 위험 하나를 초래한다. 다양한 형태의 자기실현을 추구하는 사람들은 서로 협력하기보다 훨씬 더 많이 부딪칠지 모른다. 이와 같은 위험에 건설적으로 맞서기 위해 우리는 오늘날 대부분의 사람들이 과거보다 훨씬 더 많이 스스로를 다양한 소속, 관심, 열망이 합쳐진 그래서 다수의 정체성을 가진 복합적인 존재로 인식한다는 사실을 먼저 기억해야만 한다. 사람들은 이미 자신들이 어느 정도 충성심을 느끼는 여러 집단에 속한다는 사실과 앞으로 더 많은 집단에 속할 수도 있음을 알고 있다. 나는 앞서서 이런 인식 때문에 사람들이 범람하는 정체성 서사들의 불협화음에 압도되는 느낌을 받을 수 있고, 그로 인해 "인도가 우선이다!", "미국이 우선이다!"처럼 단순하고 편협하고 민족주의적인 호소에 더 끌릴 수 있다고 지적했다. 그러나 똑같은 인식 때문에 사람들은 자신들의 공동체 내에서, 또 여러 공동체에 걸쳐 더 다양한 형태의 차이를 인정하는 공적인 삶을 기꺼이 받아들이고픈 마음을 품을 수도 있다.

그것은 또한 많은 사람들이 다양한 방법으로 자기실현을 추구할 수 있다는 생각을 가질 수 있게 한다. 어떤 방법들은 본인에게 만족감을 주면서 다른 사람들에게도 더 나은 결과를 가져올 수 있을 것이고, 다른 방법들은 본인이 느끼는 만족감은 동일한데 다른 사람들에게는 더 나쁜 결과를 낳을 수 있을 것이다. 다른 사람들을 존중하기 위해 우리는 그런 결과들을 진지하게 고려해야만 한다. 그렇기 때문에 나는 미국인들이 「독립선언서」의 기획을 추구하는데, 앞서 말한 수정된 밀의 준칙을 개인적이면서 또한 시민적인 기풍으로 채택해야 한다고 제안한 것이다. 다른 현대사회의 구성원들도 해당 공동체의 독특한 역사와 역정歷程에 걸맞은 방식으로 같은 결정을 내릴 수 있을 것이다.

수정된 준칙이란 다음과 같다. "공동체와 개인이 할 수 있는 가장 바람직한 힘의 행사는 그들 자신을 해치지 않는 한도에서 다른 이들을 돕는 것이다." 21세기에 스스로의 욕구도 충족하면서 동료 시민들에게 옳은 일을 하기 위해 미국인들은 단순히 해악을 방지하는 것 이상을 추구해야 한다. 물론 여러 형태의 차별, 예속, 물질적인 궁핍을 없애는 것과 같이 해악을 물리치기 위한 노력은 핵심 과제로 남아야 한다. 그런 노력은 앞으로도 계속 쉽지 않을 것이고, 무엇을 '위해'로 규정해야 하는지와 그런 위해에 대해 누가 책임을 질 것인지에 관해 끊임없는 의견 충돌이 발생할 것이다. 그럼에도 불구하고 시민들이 개인적으로 또 국민으로서 자신들의 권리를 행사할 때, 그것이 자신들뿐 아니라 남들에게도 유익한 방식이 되도록 좀 더 의식적으로 노력한다는 것은 여전히 이치에 맞는 일이다. 그렇게 노력한다는 것은 때에 따라 연방정부, 주정부, 지역정부가 공공정책을 짤 때 특정한 소수의 개인이나 집단을 위해 특별한 편의와 면제 혜택들을 마련한다는 것을 의미한다. 그렇게 함으로써 더 평범한 시민과 집단들에 별다른 해악을 끼치지 않으면서도 그 소수의 특정한 사람들이 자신이 규정한 형태의 행복을 더 성공적으로, 또한 '주류'에 속한 이들이 누리는 기회들과 실질적으로 더 대등하게 추구할 수 있기 때문이다. 미국인들과 다른 현대사회의 국민들은 "네 삶을 뜻대로 살고, 남들도 그렇게 살도록 내버려 두어라", 혹은 "각자가 원하는 대로 살면서 그저 평화롭게 공존해라"● 라고 말하는 대신에 "네 삶을 뜻대로

● 평화로운 공존을 위해 서로가 있는 그대로 차이를 인정하고 각자 본인 뜻대로 사는 태도를 말하는 영어 속담 "live and let live"를 옮긴 것이다. 이는 여러 서양 언어권에서 공유하는 속담으로, 그 기원은 중세 상인들의 용법에서 찾는 것이 보통이다. 이 속담이 기록된 가장 오래된 영어 문헌은 1622년에 말린즈(G. de Malynes)가 펴낸

살고, 남들도 그렇게 살 수 있도록 도와라", 혹은 "모두가 원하는 대로 살 수 있는 진정으로 평화로운 공존을 위해 노력해라"라는 식의 시민적 기풍이 필요하다.[71]

미국인들의 「독립선언서」 기획은 특별히 이런 기풍에 힘입어서 단지 공감을 불러일으키고 존중을 도모하는 데 그치지 않고, 실질적으로 상황에 알맞은 공평한 정책과 관습을 위한 좋은 길잡이를 제공할 것이다. 미국의 원칙들에 대한 더 전통적인 이해 방식이 제공할 수 있는 것보다 더 훌륭하게 말이다. 종교 집단, 언어, 문화, 민족, 소수인종, 경제적 약자, 장애인, 여성, 성소수자 개인 및 집단들, 어린이, 노인 등과 같이 특별한 편의와 면제 혜택을 요구하는 아주 다양한 요구 사항들에 응답할 때, 공공정책을 수립하는 입법부와 행정부, 그리고 그 정책들과 관련한 판결을 내리는 사법부는 앞에서 말한 수정된 존 스튜어트 밀식의 준칙을 적용해야 한다. 지금 우리는 모든 특별대우를 일단 부당한 것으로 간주하는 것이 규범처럼 되어 있는데, 그러는 대신에 미국의 입법기관과 법원은 증명의 부담을 거꾸로 적용해야 한다. 즉, 집단들이 요구하는 특별한 차등 대우를 거절할 수 있는 경우는 그런 거절이 필수불가결한 통치 목적을 성취하기 위해 반드시 필요한 때로 제한해야 한다. 문제가 되는 특정 집단에 대한 단순한 적대감이나, 그런 집단에 국가에 대한 '절대적인 충성'을 요구한다는 명목으로 합당한 차등 대우를 거절해서는 안 되는 것이다.

비록 이런 변화가 언뜻 처음 보기에는 너무 급진적이어서 수용할 수 없을 것 같겠지만, 사실은 이미 오랫동안 차등 대우를 포함한 공정한 정

---

*Consuetudo*로, 이 책에서는 이 말을 네덜란드어 속담("leven en laten leven")으로 소개한다.

책들이 너무도 일상적으로 행해지고 있어서 우리가 눈치채지 못하는 경우가 많다. 어떤 형태의 차등 대우들은 물론 공공연한 비난의 대상이 되지만, 다른 차등적 조치들은 정당화를 할 필요조차 제기되지 않는 경우가 대부분이다. 박물관·동물원·공원·교통시설 등의 공공기관과 많은 사기업 영업장에서는 대개 노인과 어린이에게 할인 혜택을 제공해 왔다. 또 다수의 공립·사립 기관들은 일상적으로 사용자의 지불 능력에 따라 다양한 수준의 서비스를 이용할 수 있도록 함으로써 계급 불평등 상황에 유연하게 대응하는 (그래서 그 상황을 강화하기도 하는) 정책을 써왔다. 약간의 논쟁은 있었지만, 최근 수십 년 동안 장애가 있는 사람들은 필수공인학력시험을 볼 때 추가 시간을 허용받아 사용할 수 있었다. 그리고 비록 최근에 많은 공공기관과 사설기관 건물에서 모든 성性이 쓸 수 있는 화장실을 설치하는 점진적인 변화를 볼 수 있지만, 사실 이런 최신 경향은 남성 집단과 여성 집단 모두에게 공정하기 위해 성별로 서로 다른 시설을 제공했던 기존의 정책 노선에서 벗어난다. 이 문제를 포함한 많은 영역에서 오래 정착된 차등 대우의 전통과는 다른 새로운 시도인 것이다.

그렇게 훌륭히 정착된 차등 정책은 한 가지 매우 중대한 문제를 제기한다. 어쩌면 지금이야말로 성에 따른 특수한 필요를 고려해 차등적 시설을 제공하는 화장실 정책의 전통을 바꿀 때인지 모른다. 그러나 일반적인 수준에서 말하자면, 진정으로 모두를 포용하고 존중하기 위해서는 해고된 노동자나 새로 유입된 이민자, 오랫동안 혜택받지 못한 소수자 등뿐 아니라 보수적인 종교집단까지도 우리가 공적 편의 제공을 고려해야 하는 대상에 포함시켜야 한다. 꽤 많은 사람들이 「독립선언서」의 기획이 오늘날에 시사하는 함의 중 바로 이 점을 가장 받아들이기 어려운 부분으로 꼽을지도 모른다. 너무 광범위하게 편의를 제공하는 것이 평등 지향적이고 포용적인 취지의 공동 노력을 고무하기보다 오히려 사회의 파편화와 불평등을 더욱 심화할 것이라는 우려는 합당한 면이 있다. 만약 편의 제공이 다른 사람들의 기회를 박탈하는 방식으로 소수에게, 특히 전통적으로 특권을 누려온 집단들에 주어진다면, 그런 우려는 한층 더 심해질 것이다.

이와 같이 매우 타당한 우려를 어느 정도로 반영해야 하는지 생각할 때, 우리는 한 가지 근본적인 안전장치를 명심해야 한다. 만약 우리가 사람들이 누리는 권리는 동등해야 한다고 믿는다면(다시 말해서, 각 집단과 개인에게 부여된 권리의 가치는 다른 집단과 개인들에게 부여된 권리의 가치와 비슷한 정도로 존중받을 뿐, 더 우월한 것으로 중시되는 것은 아니라면), 국가는 특정 개인이나 집단이 특별한 권리와 혜택을 간청(혹은 요구!)하는 것을 거부할 만큼 중대한 이익이 있다는 것을 종종 확인할 수 있을 것이다. 정부가 어느 한 집단에 혜택을 제공하는 순간, 자신들의 행복 추구를 위해 특정한 혜택이 반드시 필요하다고 비슷한 주장을 하는 다른 모든 집단에도 그에 상응하는 무언가를 제공해야만 한다. 특별한 대우를 요구하는 이들의 말을 되도록이면 최대한 들어주려는 태도를 갖추는 것은 곧 운 좋은 소수의 집단들에만 적용되는 특별대우 요구를 단호히 거절하는 태도를 보이는 것이기도 하다.

이것이 의미하는 바는 입법부와 사법부 모두 그런 특전을 부여하는 것이 초래할 결과에 대해 잘 살펴봐야 한다는 것이다. 예를 들어 '오바마 케어Affordable Care Act'● 에서 요구하는 의무 사항을 면제받을 수 있는

● 미국 연방대법원은 2014년 6월, 버웰 대 하비 라비(Burwell vs. Hobby Lobby) 사건을 심사하며, 미연방의 '종교자유회복법(Religious Freedom Restoration Act of 1993)'에 의거해 하비 라비와 같은 소유집중회사(closely-held corporation)도 종교

권리를 보수 종교집단이나 소수의 신자들이 소유한 기업들뿐 아니라 비슷한 요구를 하는 모든 실체들에게 다 허용할 때 생길 수 있는 결과를 생각해 봐야 한다. 이것이 트럼프 정부가 지지한 입장이었다.[72] 만약 그런 단체들이 많다면, 그에 따른 모든 특별대우 비용이 금전적으로나 다른 공공 목표에 끼칠 영향 측면에서 받아들일 수 없을 정도로 너무 클 것이다. 비슷한 맥락에서 만약 1954년에 통과된 세법의 존슨 수정안을 폐기하고 종교집단이 선거에 나선 후보들을 지지할 수 있도록 허가하면 (트럼프 대통령이 그렇게 하려 했다), 우리는 면세 혜택을 받는 모든 이익집단들도 후보 지지를 할 수 있도록 해줘야 할 것이다. 우리는 환경주의자나 동물의 권리를 옹호하는 단체들에 정치적 발언권을 부여하지 않으면서, 종교적 근본주의자들에게만 그것을 최대로 보장할 수는 없다. 트럼프 정부가 면세 혜택을 받는 모든 조직에 대해 일괄적으로 정치적 발언권을 최대치로 부여하는 것을 지지할지는 분명치 않다. 그러므로 트럼프 정부는 설교자들에게 면세 특권을 상실하지 않고서도 교단에서 특정 후보를 지지하는 발언을 할 수 있다고 약속하는 일을 포기해야만 할지 모른다. 끝으로, 만약 종교적 근본주의자인 케이크 디자이너들이 동성 부부에게 웨딩케이크를 만들어주지 않겠다고 거부하는 것이 그 부부들

기관과 마찬가지로 오바마 케어의 '피임 비용' 건강보험 의무 적용에서 면제 권한을 가질 수 있다고 판결했다. 미국 세법은 해당 연도의 가장 최근 6개월 동안 5명 이내의 개인이 발행 주식의 50% 이상을 소유하는 회사를 소유집중회사로 규정하는데, 하비 라비는 창업자 데이비드 그린(David Green)을 비롯해 소수의 가족 구성원이 소유하고 경영을 맡아 1만 3000여 명의 종업원을 고용하고, 500여 개의 미술·공예 상점을 운영하는 소유집중회사다. 소유주인 그린가(家) 사람들은 자신들의 종교적 신념에 따라 기독교 정신에 입각해 회사를 운영했는데, 오바마 케어가 부과한 의무 사항 중 특별히 낙태와 관련된 '피임 비용'을 사용자가 지불해야 하는 부분에 대해 면제를 요구했고, 승소했다.

이 원하는 웨딩케이크를 구할 수 있는 가능성을 현저하게 떨어뜨린다거나, 혹은 그들이 그 때문에 물질적인 부담에 맞닥뜨린다는 것을 의미할 때 케이크 디자이너들에게 차별금지 정책 적용을 면해준다면 정당성이 없는 것이 된다.

그러나 만약 특별대우 요청이 적은 수의 단체, 사업장, 개인들에 국한될 뿐이고, 그런 특혜 때문에 피해를 입을 사람들의 이익이 비교적 품이 덜 드는 대안을 통해 보장될 수 있다면, 그와 같은 특혜 제공을 지지하는 것이 현명하고 정의로운 일일 것이다. 보수적인 웨딩케이크 디자이너들도 여기에 포함된다. 그들이 자신들의 정책을 공개적으로 미리 광고해 동성애자 고객들이 모욕적인 충돌을 경험하는 일을 미연에 방지한다면 말이다. 그런 광고는 아마도 케이크를 만드는 사람들의 사업 비용을 증가시킬 것이고, 그럼으로써 시간이 지날수록 그들이 정책을 수정하도록 하는 압력으로 작용할 것이다. 그런 변화가 일어나기 전까지는 어떤 특정한 사업장에서 서비스를 제공받지 못한다는 사실 때문에 동성애자 부부들이 아마 스스로의 존엄과 정체성이 존중받지 못한다고 충분히 느낄 수 있다. 비록 다른 많은 사업장에서 그럴듯한 웨딩케이크를 살 수 있을지라도 말이다. 그러나 만약 종교적으로 신실한 업주가 자신의 도덕관념을 위반하는 행사를 위해 서비스를 제공하도록 강요받는다면 그들 역시 동일하게 자신들의 존엄과 정체성을 존중받지 못한다고 느낄 것이다. 동성 부부들이 대부분의 다른 사업장에서 훌륭한 서비스를 제공받을 수 있다면, 가능한 한 최대로 특별대우를 제공하고자 하는 시민의식은 종교적인 케이크 디자이너에게 면제 혜택을 제공하고자 할 것이다.

요컨대 우리는 오랫동안 차별을 받거나 경시된 집단이 개진하는 특별한 대우에 대한 요청들뿐 아니라, 경제적 세계화나 환경규제, 기술혁신이나 현실과 동떨어진 공공정책들로 인해 새로운 경제적 불안을 경험하는 집단들이 내놓은 요구들과 전통적인 종교적·문화적 공동체들의 요구를 모두 진지하게 받아들여야 한다. 스스로의 지위가 위협받고 있다는 후자 집단들의 정서가 트럼프의 비전을 기꺼이 받아들이는 토대가되었다. 만약 특별대우와 면제 혜택이 현대 미국인이 기본적인 민권이라고 정의하는 것을 억압하거나 혹은 다른 중차대한 공공의 목적을 방해하는 데까지 미치지 않는다면 그런 혜택들이, 많은 이들이 충실한 방법으로 행복을 추구할 수 있는 가능성을 높이면서 시민사회의 평화에이바지하고 시민 참여를 고취할 수 있을 것이다. 어쩌면 역설적으로, 그러나 운이 좋게도 현대 미국의 엄청나게 풍부한 다양성 덕분에 결과적으로 수혜자가 비교적 적은 수의 집단이 특별히 뚜렷이 구분되는 특권을 요청할 것이고, 그렇기 때문에 그중 대부분은 무난히 그런 혜택을 부여받을 것이다.

게다가 이런 정책들은 많은 이들이 미국 민주주의의 시민성을 기르는최고의 배움터로 지목하는, 다양한 시민단체들의 번영을 촉진할 것이다. 이 단체들은 미국인에게 필요한 시민적 기풍을 진작할 수 있다. 그곳들은 종종 개인의 사익뿐 아니라 공동선을 추구하는 데, 타인들과 협력해 일하는 습관을 기르는 데 적합한 훌륭한 장이다. 그런 노력을 통해중서부 농업 종사자, 공공기관 노동조합 조직책, 이민자를 위한 압력단체, 기독교 근본주의자들, 지나칠 정도로 자긍심이 높은 농인 문화단체, 혼혈 인종 모임, 성전환자 가족들 등등 광범위한 경제적·문화적 집단들모두가 스스로 미국의 정치적 기획의 진정한 일부임을 느낄 수 있다. 그러면 그들이 「독립선언서」의 기본적인 권리를 모든 사람이 유의미하게향유하도록 만들고자 진지하고 끈덕지게 분투하는 다원주의적이면서도통일된 국가로서의 미국의 비전을 실현하기 위해 함께 힘쓸 수 있다.

앞서 언급한 이유에서 나는 모든 사람을 위해 「독립선언서」의 원칙들을 실현하는 일에 헌신하는 미국인을 그려내는 미국 시민의 서사가 트럼프의 미국 우선주의 서사보다, 심지어 듀이 같은 인물로 대표되는 민주주의 서사들이나 오바마의 '에 플루리부스 우눔' 서사보다도 훨씬 더 설득력 있고 유망하다고 주장한다. 그럼에도 불구하고 「독립선언서」가 수많은 상이한 입장을 이롭게 하기 위한 증거로 이용됐던 그간의 역사가 보여주는 바는 「독립선언서」 자체가 현대 미국이 안고 있는 모든 문제를 다루는 데 어떤 정해진 길잡이를 제공할 수는 없다는 것이다. 그것은 또한 많은 점에서 제한적이어서 다수의 미국인들은 그들의 정체성과 목적에 대한 또 다른 설명을 선호할 수 있다.

이 장의 서두에서 내가 말했던 것처럼 내 목표는 이 서사를 (비록 나는 이것을 더 좋아하지만) 모든 이들이 옹호해야만 하는 미국인의 시민적 정체성의 '유일한' 관념으로 제시하려는 것이 아니며, 절대적인 옹호를 바라는 것은 더더욱 아니다. 치마만다 응고지 아디치에Chimamanda Ngozi Adichie 작가가 높은 조회수를 기록한 테드TED 강연에서 말한 것처럼 "단일한 서사는 위험"하다. 왜냐하면 그것이 우리가 우리의 다름을 완전히 인지하고서 "우리의 평등한 인간성을 인식하는 것"을 방해함으로써 "사람들의 존엄성을 앗아가기" 때문이다.[73] 내가 주장하는 서사가 유일한 미국 국민 서사라고 주장하는 대신에, 나는 다른 이들도 스스로에게 가장 호소력 있는 더 나은 국민 서사들을 찾아내어 발전시켜 나가도록 고무하기를 희망한다. 그렇게 되면 우리가 부정의에 저항할 수 있는 공통 토대와 진보를 향한 공통 진로를 찾을 수 있을 것이다. 이런 일은 우리 모두가 어느 하나의 국민 서사를 개진하는 것을 통해 이뤄지는 것이 아니다. 그것은 오히려 많은 사람들이 다양한 서사를 내세우면서도 동시에 한목소리로 외국인 혐오, 인종주의, 여성 혐오, 종교적인 증오 등은 지금 우리 미국인의 정체성이 "아니다"라고, 미국이라는 나라는 더 긴밀하게 통합될 수 있을 뿐 아니라 우리가 만들고자 희망하는 바에 따라서 가장 바람직한 모습이 될 수 있다고 주장하는 것을 통해 가능하다. 우리는 공감을 불러일으키고, 상호 존중을 가능케 하며, 차등 대우를 포함한 공정성을 지향하는 서사들을 찾아야 한다. 그런 서사들은 우리 사회를 구성하는 조직들과 우리가 속한 유익한 지역적·세계적 조직들 중 가능한 한 최대로 많은 다양한 집단에 안전한 환경을 제공한다. 그렇게 함으로써, 우리는 우리의 서사들이 많은 조화를 이루는 것을 확인할 수 있을 터이고, 우리가 서로 갈라졌던 것을 이어주는 다리를 놓을 수 있을 것이다. 우리가 다리를 잘 건설한다면 우리 모두는 그 위에 설 수 있을 것이고, 그곳에서 우리가 함께 써 내려가는 미래를 새로운 희망을 품고 조망할 수 있을 것이다. 어쩌면 지금껏 있어왔던 모든 서사들보다도 더 훌륭한 서사를 우리가 쓰고, 말하고, 또 살아낼 수 있을 것이다.

후기

/

아직도 설득되지 않은 독자들께 드리는
마지막 이야기

여기까지 책을 읽은 독자들이라면 우리의 정치적 정체성이라는 것이 상당 부분 인위적으로 만들어진, 그래서 종종 극심한 논쟁의 대상이 되는 구성물이라는 주장에 아마 동의할 것이다. 대부분은 아마도 이런 논쟁이 한편으로는 '상상의 공동체'에 대해 서로 필적하는 여러 견해가 각기 주창되면서, 또 다른 한편으로는 서로 다른 국민 정체성 서사들이 격돌하면서 진전된다는 사실을 받아들일 것이다. 그들은 내가 '병리적 포퓰리즘'이라고 부르는 종류의 민족주의가 '국민'을 치켜세우고 사악한 엘리트를 힐난하는 서사를 통해 호소력을 얻었다는 점에 동의할 것이다. 많은 이들은 모든 포퓰리즘 서사가 특정한 문화 전통들, 이미 자연스럽게 여겨지는 신화들, 국민들, 장차 지도자가 되려는 사람들이 이끌고자 하는 유권자들이 겪은 역사 속의 승리와 고난의 이야기들을 표현하는 내용들로 윤색되고 치장된다는 점을 인정할 것이다. 그리고 그중 몇몇은 폭넓게 공감할 수 있는 좀 더 평등 지향적이고 포용적인 서사가 그런 포퓰리즘의 서사에 맞서야 한다고 생각할 것이다.

그러나 다른 독자들은 병리적 포퓰리즘에 맞설 수 있다는 희망에 동감하지 못할 수 있으며, 내가 제안한 것들의 가치에 의심을 품을 수 있다. 어떤 이들은 국민 정체성 서사가 정치에서 매우 중요하다는 데 여전히 동의하지 않을 수 있다. 그들에게 나는 이렇게 묻는다. 그렇다면 왜 정치 행위자들은 항상 국민 정체성 서사를 (특히 아주 성공적인 이야기들을) 개진하는 것일까? 또한 그런 이야기들이 보여주는 집단적인 노력에 대한 공유된 비전 없이, 우리는 대규모의 지속적인 기획에 사람들이 자발적으로 협력할 수 있다는 것을 상상이나 할 수 있을까? 사람들이 합리적 자기 이해에 대한 개별적인 계산만으로 협력할 수 있다고 주장하는 것은 충분하지 않다. 사람들이 언제나 더 필요로 하는 것은 그런 계산들의 결과로 그들이 협력하도록 유인되는 집단적인 활동이 정확히 어떤 것인지에 대한 설명이다. 마지막으로, 이런 정치적 정체성 서사가 왜 중요한지에 대해 앞서 설명한 것과 관련된, 그러나 좀 더 근본적인 원인을 다시 한번 이야기하고자 한다. 우리의 이익과 열망 중에 그 자체로 더는 설명이 필요 없이 자명한 것은 거의 없다는 점이 그것이다. 특히 정치적 삶을 수반하는 복잡한 행위라면 더더욱 그렇다. 우리는 스스로가 무언가를 원하고 또 필요로 한다고 느낀다. 그러나 여기에는 원하는 것과 필요한 것을 어떻게 충족시킬 수 있는지를 가리키는 구체적인 내용이 있어야 한다. 이에 대한 길잡이는 우리 스스로와 우리가 받아들이는 우리 공동체에 대한 서사들에서 찾을 수 있다. 이는 인간 실존의 매우 기본적인 면모인 탓에, 마치 우리가 마시는 공기처럼 그 상태가 확연히 나빠지기 전에는 그에 대해 대체로 의식하지 못할 뿐이다.

지금까지 내 주장에 완전히 동의하지 못하는 독자들 중 또 다른 유형은 정체성 서사가 중요하다는 사실에는 동의하지만, 그러면서도 현 상황의 불안과 분노에 훨씬 더 효과적으로 반응할 수 있는 것은 내가 이 책에서 설명한 "더 훌륭한" 국민 정체성 서사가 아니라 당연히 민족주의적 포퓰리즘이 전하는 이야기들이라는 우려를 나타낼 수 있을 것이다. 형식과 내용 모두에서 포퓰리즘 서사는 대단히 단정적이고, 지나친 노력을 필요로 하지 않도록 편리하게 짜여 있다. 포퓰리즘 서사는 어떤 기계적인 법칙이 국민들이 처한 정치적 운명을 결정한다고 암시한다. 즉, 부패한 엘리트가 통치할 때는 국민이 고통을 당하며, 국민 스스로가 통치하면 (실제로는 국민들을 옹호하는 이들이 권력을 잡으면) 모든 것이 다 좋다는 법칙 말이다. 국민들은 마치 '미스터 로저스Mr. Rogers'가 텔레비전을 보는 아이들에게 하는 말처럼 '있는 그대로' 훌륭하기 때문이다.* 포퓰리즘 서사는 국민은 변화하거나 성장하지 않아도 된다고 말한다. 오래된 행동 방식이나 믿음을 버릴 이유도, 더 나아지기 위해 노력할 필요도 없다. 국민들은 그저 그들의 훌륭함을 잘 알고 또 그들을 지켜주려는 사람들을 권력에 앉혀야 할 뿐이다.

포퓰리즘 서사에 비한다면, 내가 주장하는 '더 훌륭한' 서사는 형식이나 내용 모두에서 훨씬 호소력이 약한 열등한 것으로 비칠 수 있다. 이런 서사는 포퓰리즘 서사만큼 위안을 주지도 못하고, 게다가 요구하는 바가 적다고 하기도 어렵다. '더 훌륭한' 서사는 보통 역사적·목적론적 서사의 구조를 갖추고 있다. 눈앞의 문제에 대한 맥락적인 해결책들을 강조하는데, 그러면서도 민주주의의 심화, 더 완전한 연방의 확립, 기본권을 더 많은 사람들이 의미 있게 향유할 수 있도록 확대할 것과 같은 어려운 장기적인 목표에 전념하는 것으로 그 '해결책들'을 정의한다. 이런 서사는 진보의 가능성을 약속하지만, 그것은 수십 년에 걸쳐 많은 노력을 쏟아부었을 때만 가능하다고 이야기한다.

그렇다고 '더 훌륭한' 서사가 완전히 매력이 없다는 말은 결코 아니다.

• 1968년부터 2001년까지 방영한 어린이들을 위한 텔레비전 프로그램 〈로저스 아저씨의 동네〉를 제작하고 진행을 맡은 프레드 M. 로저스(Fred Rogers, 1928~2003)를 말한다.

좋은 이야기는 그 첫 번째 요건으로서, 정치적 서사가 있는 그대로의 국민의 모습에서 시작하고, 또 현재 국민이 느끼는 필요, 가치, 소속감, 열망에 공감하는 공동체의 비전과 공동의 목적을 명확히 표현할 것을 요구한다. 좋은 이야기는 그 속에서 국민들이 자기 스스로를 찾을 수 있어야 하고, 또 그들이 자신의 이야기를 그것의 일부라고 여길 수 있어야 한다. 나는 미국과 또 다른 나라들에서 이런 요건을 충족하는, 그리고 그곳의 많은 사람들이 자기 고유의 이야기라고 생각하는 포용적이고 평등 지향적인 서사들이 있다는 것을 보여주었다.

그런데 두 번째 요건은, 이 서사가 전체 인류에 속하는 모든 이들에 대한 기본적인 존중을 표할 수 있는 것이어야 한다고 요구한다. 어떤 집단과 그들의 생활방식이 아무리 불쾌할 정도로 상이하거나 심지어 위험해 보이고, 혹은 실제로 그렇다고 할지라도 말이다. 가장 부담이 큰 세 번째 요건은 이 서사가 각자의 서로 다른 필요와 가치에 따라 가지각색의 방법으로 사람들을 대우하는, 즉 차이를 인정하는 공정한 정책들을 받아들임으로써 다양성을 가능한 한 최대로 수용하도록 국민들에게 요구한다는 것이다. 종합해 보면 이 요건들은, 정치 지도자들은 모름지기 그들의 공동체에서 지금 가장 유력한 사람들을 우선시해야 한다는 생각 자체를 기각한다. 그런 집단의 사람들이 일반적으로 자신들이 '최우선'이어야 한다고 스스로 강력히 믿고 있더라도 말이다. 왜 사람들은 영광스러운 과거를 복원하자고 약속하는 지도자 대신에, 더 힘든 여정을 함께하자는 이들을 따라야 하는 것일까? 왜 사람들은 자신들이 경멸하는 이들이나 혹은 그들이 가장 가치 있게 여기는 것을 위협한다고 느끼는 그런 집단의 편의를 봐줘야만 하는 것일까? 이 책이 주장하는 식의 '더 훌륭한' 서사가 현재, 아니 적어도 언젠가는, 대중적인 지지를 받을 수 있다는 생각을 현실적이라고 할 수 있을까?

이 질문에 대해 "그렇다"라고 답할 수 있는 세 가지 이유가 있다. 비록 그런 서사의 성공이 보장된 것은 전혀 아니지만 말이다. 첫째는 실질적이고 정치적인 이유이다. 완전한 민주주의 유토피아에서는 모두가 보편적인 동의에 도달할 때까지 토론을 지속할 수 있겠지만, 현실 세계에서의 정치는 그런 방식으로 진행될 수 없다. 정치적인 성공을 달성하기 위해서는 선거 과정을 통해서 (혹은 때에 따라서는 다른 수단에 의해서) 상대편을 이길 수 있는 충분한 수적 우위에 서거나, 아니면 여타의 자원을 제공하는 세력들과 연합해야 한다. 비록 작금의 추세는 반대 방향으로 흘러왔지만, 가까운 장래에는 포용적이고 평등 지향적인 정치공동체의 관념을 기꺼이 받아들이는 세력들의 연합이 우세해질 가능성이 높을 것이다. 오늘날 많은 사회들에서는 이와 같이 더 포용적인 국민 정체성 관념에 의해 개인적으로 이익을 얻을 것이라고 믿는 사람들이나, 또 다른 여러 이유로 그런 관념이 더 매력적이라고 생각하는 사람들이 늘어나는 추세다. 미국에서는 젊은 유권자들이 노년층보다 진보적인데, 특별히 문화적 다양성과 관련된 이슈에 대해 더욱 그렇다. 그리고 이들 젊은 세대 중에는 백인이 아니라고 간주되거나 스스로를 그렇게 인식할 가능성이 큰 사람들이 점점 더 많아지고 있다. 이들은 폐쇄적인 국민 정체성에 끌리지 않으며, 특히 배타적인 백인 기독교인의 민족주의를 추종할 리는 만무하다.[1]

세계 곳곳의 젊은이들은 그들의 지도자에 불만을 품고 정치에 환멸을 느끼고 있다. 그럼에도 그들은 자신들의 세대가 빈곤과 같은 문제들을 더 잘 완화할 수 있으며, 교육과 일자리를 단지 소수가 아닌 모두에게 더 잘 제공할 수 있다고 자신한다.[2] 이들이 원하는 사회에 대한 비전은 포퓰리스트 지도자들을 포함하는 현재 지도자들이 실제로 성취하는 것은 물론이거니와 그들이 추구한다고 내세우는 것보다도 훨씬 더 많은 이들에게 유익하다. 그리고 많은 국가들은 종종 문화적으로 보수적인 포퓰리즘 운동을 유발하곤 하는 이민의 증가나 세속화의 심화와 같은 일들을 겪고 있지만, 이런 상황은 역으로 유권자들에게 다시 말해 특히 젊은 층에게 포퓰리즘에 반대하는 세력 연합을 형성할 수 있는 계기를 제공하기도 한다.[3] 따라서 많은 나라에서 현재의 패자들이 장차 승자가 될지 모른다. 왜냐하면 국민을 구성하는 사람들 자체가 변하고 있기 때문이다.

어쨌거나 여타 지도자들과 마찬가지로 보수 민족주의 포퓰리즘 정당의 지도자들은 설득력 있는 서사를 이야기하는 것만으로 지금의 인기를 영원히 유지하기를 바랄 수는 없다. 어느 정도 시간이 지나면, 확신을 주는 어떤 결과를 만들어내야만 한다. 그들은 주된 경제 공약 중 대부분을 확실히 이행해야 하는데, 특별히 그들 정권하에서 정치적 영향력을 빼앗긴 이들의 원한이 깊어가는 상황에서는 그 점이 더욱 중요하다. 앞서 언급했던 것과 같이, 이스탄불과 앙카라에서 치러진 2018년 봄 시장 선거에서 에르도안의 민족주의 정당인 정의개발당AKP 후보가 예상과 달리 고전을 면치 못한 것은 에르도안의 점점 심해지는 권위주의적 통치를 향해 격해지는 분노 때문이기도 하지만, 더 큰 이유는 그와 더불어 터키 경제가 쇠퇴하고 있었기 때문이다.[4] 모든 국가가 경기침체를 겪기 때문에, 언젠가는 대부분의 나라에서 또 다른 국민 서사를 주창하는 사람들이 지지를 얻을 수 있는 기회를 잡을 수 있을 것이다. 물론 그 서사가 경제적인 고충들을 확실히 다루는 경제정책과 다른 주제를 담고 있다면 말이다. 또 많은 국가에서, 정치적 자유를 획득하거나 회복하기를 도모하는 이들의 세력 연합이 권위주의자들에 맞서는 일도 점점 더 가능해질 것이다.

이에 대해 일부 독자들은 어쩌면 다음과 같이 반응할지 모르겠다. '아 그래, 그럴 수도 있겠지. 그렇지만 적어도 가까운 미래에는 경제적 고충이 계속되고, 문화적 다양성이 심화되고, 정치적 분열도 깊어질 테니, 이런 조건들 때문에 민족주의적 포퓰리스트들이 공포와 분노를 한층 더 조장하면서 충분히 강력한 세력 연합을 형성할 것이고, 그들이 다양성과 포용을 주창하는 세력을 이길 가능성이 크지 않겠는가? 어쩌면 이 말이 맞을지 모른다. 그러나 그렇다고 해도 얼마나 오랫동안 포퓰리스트 세력이 지속될 것인가? 광신적인 애국주의에서 거리를 두는 국민 정체성 서사가 성공할 수 있다고 생각하는 두 번째 이유로 들 수 있는 것은 대부분의 사람들이 평소에 실제로는, 물리적인 폭력을 수반하는 전쟁은 물론이거니와 심지어 문화전쟁보다도 평화로운 정세를 더 선호한다는 점이다. 수백 년 전에 마키아벨리가 주장했던 바와 같이 모든 사회에는 권력욕과 지배욕을 가진 이들이 있지만, 대부분의 사람들은 그저 "지배당하지 않기만을 바라며" 억압과 혼란이 없는 삶을 살 수 있길 희망할 뿐이다.[5] 물론 사람들은 자신이 부패한 엘리트들 때문에 고통을 겪는다고 확신하게 되면 포퓰리스트 지도자들을 맹렬히 지지하도록 선동당할 수 있다. 그러나 이런 심리적이고 정치적인 분위기는 오랫동안 지속되기 어렵다. 끊임없이 혐오와 다툼에 응하는 것은 대단히 소모적인 일이다. 시간이 지나면, 특히 포퓰리즘 반대편의 지도자들이 유권자의 이해와 가치에 대한 뚜렷한 존중을 포함하는 좀 더 덜 격정적이고 보다 더 평온한 정치적 방향을 제시한다면, 포퓰리즘이 조장하는 혐오와 다툼에 흔쾌히 응하려는 움직임은 약해질 것이다. 사람들에게 "네 삶을 뜻대로 살고, 남들도 그렇게 살 수 있도록 도와라" 혹은 "모두가 원하는 대로 살 수 있는 진정으로 평화로운 공존을 위해 노력해라"라고 요청하는 정치적 목적의 서사는 물론 어떤 이들에게는 과도하게 들리겠지만, 그런 사람들조차 자신들이 일상생활에서 경험하는 반목과 갈등을 완화해 줄 수 있고 그들 자신과 이웃들이 "각자가 원하는 대로 살면서 그저 평화롭게 공존할" 수 있다는 희망을 주는 공정한 정책들에 여전히 이끌릴 수 있다.

세 번째 이유는 앞서 지적한 것의 더욱더 적극적인 표현이 될 것이다. 아무리 사람들이 자신에 대해 지금 모습 그 자체로 훌륭하다는 이야기를 듣는 것을 좋아하고, 특히 그들 자신이 오랫동안 무관심과 무시의 대상이었다고 느껴서 그런 이야기를 더 기꺼운 마음으로 받아들인다고 하더라도, 사람들 대부분은 그런 말들을 전적으로 믿지 않을 가능성이 크다. 사람들은 그들이 더 나아질 수 있다고 생각하고, 더 나아져야 한다고 생각하며, 마음속 깊은 곳에서는 더 나아지기를 희망한다. 돌아가신 나의 아버지는 대단히 보수적인 사업가였는데, 실제로 어떤 신학적 확신이 있으셨던 것은 아니지만 매주 일요일 교회 예배에 참석하셨다. 아주 독실하게 말이다. 그곳에서 대개 자유주의 신학 계열의 목사들이 하는 설교를 들으셨다. 그 까닭은 여러 가지가 있겠는데, 일부는 경제적인 이유였다. 교회 예배에 잘 참석하는 사람이 되는 것은 사업에 보탬이 되었기 때문이다. 그러나 한 번은 내게 다른 이유를 말씀한 적이 있다. 오늘날 이 세상에서 좋은 사람이 되는 것의 의미에 대해, 사려 깊고 품위 있는 사람들이 자신의 생각을 말하는 것을 듣는 일 자체가 좋다는 말씀이었다. 물론 어떤 교인들은 그런 이유보다는 하나님에게 사랑받고 있다는 위안을 얻기 위해 혹은 따뜻하고 우호적인 공동체의 일원이 되는 경험을 하기 위해 교회에 나왔겠지만, 대부분은 자신들이 생각하는 "그들 본성에 깃든 보다 선량한 천사*로 성장하는 일에 응답하는 것, 그럴

• 1861년 3월 4일 링컨의 대통령 취임 연설 말미에 나오는 유명한 구절 "우리 본성에 깃든 보다 선량한 천사(the better angels of our nature)"를 차용한 표현이다. 링컨이 취임할 당시 남부의 7개 주는 이미 연방 탈퇴를 선언한 상태였다. 미연방이 무너질 수 있는 절체절명의 위기에서 링컨은 다음과 같은 말로 취임사를 마무리했다. "이쯤에서 삼가 마무리할까 합니다. 우리는 적수가 아니라 동지입니다. 우리는 서로 적이 되어서는 안 됩니다. 비록 감정이 격해지고 뒤틀렸을 수도 있겠지만, 그것이 우리

수 있게 도움받는 것, 또한 그런 일에 더 열심히 스스로를 맞춰가는 것에 내 아버지만큼이나 기뻐하는 것처럼 보였다.

주로 백인, 중산층, 중서부 출신이 대부분인 이 장로교회 교인들은 (도널드 트럼프가 성장할 때 속했던 교파와 같은 교파다) 분명 이민자들을 원망하고 유색인종에 두려움을 느끼며, 더 강력한 재분배와 평등 지향적 사회, 경제정책을 주장하는 데 위협을 느낄 여지가 있었다. 그러나 대부분은 그들의 비좁은 사적 이익을 다른 모든 것보다 우선시하는 것을 부끄럽게 생각할 줄 알았고, 이렇게 부끄러움을 느낄 수 있다는 것을 긍지로 삼을 줄도 알았다.[6] 그리고 가난한 사람들이나 다른 문화권에서 온 사람들, 혹은 단순히 우리 모두가 더 나은 삶을 살 수 있는 방법에 대해 참신한 생각을 가진 사람들과 더 좋은 관계를 형성하고 함께 발전을 이룩하는 일에 기뻐할 수 있었다. 이들은 스스로의 신념과 정체성이 품고 있는 이와 같은 측면 덕분에 더 어둡고 사악한 호소에 대해 결국 이렇게 결론을 내릴 수 있었다. "그건 우리의 모습이 아니야." 지나간 좀 더 전통적인 사회 복원을 이따금 희망하는 많은 이들조차도 여전히 그들 자신과 이웃, 또 국가와 세계를 장래에 좀 더 나은 모습으로 만들 수 있는 방법에 대한 이야기를 듣고자 하는 마음이 여전히 열려 있다고 나는 생각한다. 그들도 마음 한구석에서 그런 이야기를 믿고 싶어 한다. 그런 서사를 믿을 수 있다고 느낄 때, 그런 서사를 살아내고 싶어 한다.

의 우호적인 유대를 끊을 수는 없습니다. 이 드넓은 땅 전역에 있는 모든 전쟁터와 모든 애국선열의 무덤에서부터 모든 살아 있는 사람들의 마음과 가정에까지 뻗어 이어져 있는 신비한 추억의 심금을 우리 본성에 깃든 보다 선량한 천사의 손길이 다시금 울리게 될 때면 (분명 그렇게 될 날이 올 것입니다) 하나 된 연방을 노래하는 합창 소리가 한층 드높게 울려 퍼질 것입니다."

그렇기 때문에, 내가 이 책에서 제안한 서사에 동참하고자 하는 사람들이 각자 자신들의 삶에서 가장 가깝게 여기는 (혹여 쉽게 포퓰리즘에 동원될 것으로 생각하기 쉬운) 사람들을 위해 더 훌륭한 국민 정체성 서사를 고안하고자 하는 것은 그저 공상적이거나 가망 없는 일로 치부될 수 없다. 그들이 한때 훌륭했던 과거로 회귀하자는 주장에 부응하는 대신에, 지금까지 경험했던 것보다 훨씬 더 훌륭하고 여러 중요한 면에서 새로운 미래 전망에 고무될 것이라는 희망을 품으면서 말이다. 오히려 그런 서사들 없이 더 나은 미래에 도달할 수 있다고 믿는 것이 훨씬 더 공상적으로 보인다. 미국의 과거에 대해 경건한 태도를 보이는 많은 보수주의자들조차 추억 속의 과거의 미국을 부활시키겠다고 말하는 대신에 국민들이 미래에 '아메리칸 드림'을 실현하도록 자신들이 돕겠다고 종종 약속하면서 지지를 얻고자 노력한다.

마지막으로, 국민 정체성 서사가 중요한 까닭은 그것이 꿈을 만들어낸다는 점 때문이다. 물론 꿈들은 모두 다르다. 어떤 이에게 아름다운 꿈이 다른 이에게는 악몽일 수 있다. 그러나 새 희망이 떠오르고 있었음에도 불구하고 여전히 냉전의 악몽이 전 세계를 괴롭히던 때, 미국 중서부 작은 마을 출신의 한 시인은 오늘날 모든 정치공동체의 구성원들이 서로에게 건네면 좋을 다음과 같은 약속을 노래했다.

내가 만일 당신의 꿈에 들어갈 수 있다면, 당신을 내 꿈에 들어올 수 있게 해줄게요. •

• 미국 미네소타주 출신의 팝가수이자 노벨문학상 수상자이기도 한 밥 딜런(Bob Dylan)이 1963년에 발매한 앨범 〈The Freewheelin'〉에 수록된 노래 「Talkin' World War III Blues」의 마지막 소절이다.

감사의 말

이 책은 예일대학교의 '윤리학, 정치학, 경제학 프로그램EPE Program' 의 후원으로 열린 나의 2018년 캐슬 강연에 기초했다. 나는 EPE 프로그램의 소장 프랜시스 매컬 로젠블루스와 담당자 켈리 앤 판햄, 그리고 내 과거 학문의 본거지로의 귀향을 매우 즐겁게 만들어준 모든 예일 식구들에게 감사한다. 나는 세일라 벤하빕, 이언 서피로, 스테판 스크로닉, 스티븐 스미스를 포함하는 내 옛 예일 친구들과 새로 만난 여러 사람들에게 값진 피드백을 받았다. 예일대학교 출판부가 지정한 두 심사자의 평가서는 큰 도움이 됐으며, 편집자 윌리엄 프룩과 원고 정리를 맡은 댄 히턴의 조언도 도움이 됐다. 캘버트 존스, 나드야 너덜스키, 잰 패디오스, 캐시 크레이머는 친절하게도 그들의 연구에 대한 내 분석에 조언해 주었다. 안데스 베르그 쇠렌센과 트뢸스 스카드하우게는 내게 덴마크에 대해 알려주었고, 피터 가드너는 북아일랜드에 대해 가르침을 주었다. 데비시 카푸어의 제안들과 그가 펜실베이니아대학교(유펜) 인도 고등연구센터에서 연 세미나들은 인도에 대한 내 시각을 형성해 주었다. 시걸 벤 포라스는 오랫동안 내게 대화로써 이스라엘을, 행동으로써 인간의 선함을 가르쳐주었다. 도널드 트럼프에 대한 내 설명들은 내가 데스먼드 킹과 함께 계속 진행하고 있는 연구에 기초했다. 앤 노턴은 이 책의 근간이 된 세 편의 강의록 원고를 모두 읽고 훌륭한 피드백을 주었다. 재커리 코슬로스키와 잭 오닐은 빼어난 연구 조교들이었고, 특히 재커리는 도표 작성에 큰 도움을 주었다. 이 책에서 개진한 몇몇 주장은 다음의 학술회의, 연구소, 대학 등에서 발표한 것이다. 미국정치학회, 북동부정치학회, 매튜 J. 라이언 센터, SSRC 인민 주권 프로젝트, 뉴욕주립대학교 앨버니 캠퍼스, 캘리포니아주립대학교 버클리 캠퍼스, 메릴랜드주립대학교 볼티모어 카운티 캠퍼스, 컬럼비아대학교, 콜로라도대학교, 조지타운대학교, 뉴욕시립대학교 헌터 칼리지, 노트르담대학교, 스와스모어대학교, 시라큐스대학교. 나는 이 모든 곳에서 나눴던 유익한 토론들에 감사한다. 메리 서머스는 지난 30년이 넘는 시간 동안 이 책이 다룬 주제들을 비롯한 모든 것에 대한 내 생각을 개선시켰을 뿐 아니라, 일과 글 밖의 삶을 풍요롭게 만들어주었다. 비록 내 아이들에 대한 생각들이 매순간 나를 자극하지만, 이번 책은 집에서 내 일을 방해하는 아이들이 없는 상태에서 쓴 첫 번째 책이다. 이 책에서 무언가 부족한 부분이 있다면, 그 모든 결함은 (그 어느 때보다도 더 온전히) 나만의 책임이다.

옮긴이의 글

/

포퓰리즘 시대에 쓰는 '우리' 정체성 서사

지난 10여 년간 여러 나라에서 포퓰리즘 정치세력이 급부상했다. 그중 미국의 도널드 트럼프를 비롯해 브라질의 자이르 보우소나루, 필리핀의 로드리고 두테르테, 헝가리의 오르반 빅토르와 같은 정치인들은 많은 유권자의 열성적인 지지를 이끌어내어 정권 획득에도 성공했다. 예를 들어, 오르반은 2014년 총선 승리 직후 '비자유주의적 민주주의'를 선언하면서 서구식 자유민주주의를 부정하고 언론과 사법부를 정부의 통제 아래 놓을 수 있도록 새로운 법을 만들고 헌법을 개정했다. 이뿐만 아니라 공개적으로 "혼혈민족이 되기를 원하지 않는다"라면서 다양성의 정치를 거부하고 나섰다. 트럼프와 보우소나루처럼 최근 재집권에 실패한 포퓰리즘 지도자들도 여럿 있지만, 그런 경우에도 이들의 이름은 여전히 주요 뉴스의 헤드라인을 채우고 있다. 포퓰리즘 정치 세력이 아직도 건재한 것이다.

이 책은 이와 같은 포퓰리즘에 대한 세밀한 분석이자 통렬한 비판이다.

저자는 미국 정치학계를 대표하는 석학 로저스 스미스 교수다. 스미스는 20세기 최고의 정치사상가 중 한 사람으로 꼽히는 주디스 슈클라 Judith N. Shklar(1928~1992)의 제자로, 지난 40여 년간 미국 정치사상과 법

사상, 미국 정치발전사 그리고 미국 헌법과 시민권 분야에서 독보적인 학자로 활동했다. 이 책은 스미스가 2018년에 예일대학교 '윤리학, 정치학, 경제학 프로그램'의 캐슬 강연자로 초청되어 행한 강연에 기초한다. 미국 정치학계에서 스미스는 유명한 복수-전통 테제The Multiple Traditions Thesis의 주창자로 널리 알려져 있다. 그는 미국이 자유주의와 공화주의 전통에 근거한 통치 이념으로 건립되고 그 이상의 현실화를 꾸준히 이룩해 낸 나라라는 주류 통설의 한계를 지적하면서, 식민지 시기부터 오늘에 이르기까지 미국에서는 자유주의와 공화주의뿐만 아니라 '미국인'의 중심 정체성을 인종, 민족, 젠더, 종교와 같이 관습적으로 모든 개인이 태어나면서 '부여받았다'고 여기는 특징들에서 찾는, 위계적이고 불평등한 정치 이념들 역시 '전통'의 지위를 누리며 법과 제도, 정책을 통해 구체화되어 왔다는 점을 강조한다.

그의 복수-전통 테제는 미국 사회에 만연해 온 백인 우월주의, 성차별주의, 아메리카 원주민들에 대한 차별과 탄압, 소수 종교 배격 등을 단순히 시간이 지나면 자연스럽게 사라질 시대착오적인 편견이나 교육받지 못하고 세련되지 못한 일부 계층이 보이는 편협함, 혹은 미국 사회의 일부이지만 전혀 미국적이지 않은 안타까운 흠결 정도로 치부하지 않는다. 스미스가 보기에 이러한 현상들은 엄연한 미국의 '전통'의 발현이라고 볼 수 있는데, 이 전통은 자유주의와 공화주의 같은 다른 전통들의 기본 이념/이상들과 때로는 영합하고 때로는 대립하면서 미국 사회를 지배해 왔다. 미국 사회의 통치 이념과 관념을 장악해 온 엘리트들은 이와 같은 다양한 전통에 기대어 정치세력을 형성하고 그 세력들의 이익 증진을 위해서 특정한 방식으로 통치 제도와 이데올로기를 설계해 온 것이다. 스미스는 1998년 퓰리처상 최종 후보작이기도 한 그의 주저 『시민권의 이상들Civic Ideals』에서 특별히 미국 시민권의 차등적 형성 및 확대와 관련한 헌법 및 법률의 발전상을 엄밀히 추적하면서 앞서 언급한 미국의 복수 전통들이 벌인 여러 변주를 시대별로 조망한 바 있다.

스미스의 또 다른 오랜 관심은 바로 정체성 서사다. 그는 각각 2003년과 2015년에 출판한 『집합적 정체성 이야기들Stories of Peoplehood』과 『정치적 집합 정체성Political Peoplehood』 등에서 정치적 집단들이 하나의 공동체로서 제대로 기능할 수 있기 위해서는 그들이 집합적 서사를 통해 공동의 목적을 설정하고 상호 신뢰, 소속감, 결속력 등을 강화하는 것이 필수적이라고 주장했다. 스미스에 따르면 공동체의 집합적 서사에서 특별히 중요한 것은 단순히 물질적인 안녕과 번영을 약속하는 '경제적 서사'나 구성원들의 정치적 기능과 효능감 강화를 약속하는 '정치권력 서사'뿐 아니라, 공동체의 특수한 역사와 전통에 기인하는 공동의 가치와 그로 인해 형성되는 스스로의 독특한 정체성을 다루는 '도덕-구성적인 서사'다. 공동체에 대한 구성원들의 애착과 헌신을 확보하는 데 이 서사의 역할이 지대하기 때문이다.

정체성 서사를 논하면서 스미스가 강조하는 다른 하나는 정치의 장에서는 서사를 주도적으로 만들고, 선전선동의 도구로 사용하고, 끊임없이 재생산하고 또 변형하는 지배 엘리트층이 분명히 존재한다는 사실이다. 이는 곧 일반 시민들이 스스로의 정체성을 이해하는 데 결정적인 역할을 하는 공동체의 여러 이념 대부분은 특정 정치 세력들의 성공한 서사의 결과물일 수 있다는 말이다. 이러한 관점에서 보면, 정치세력 간의 경쟁과 투쟁이 계속되는 한 그들이 생성해 내는 서사들 간의 경합도 계속 이어질 것이고, 따라서 정치적 집단의 정체성 역시 불변하는 것이 아니라 언제나 유동적이다.

이 책은 전 세계적으로 기승을 부리는 포퓰리즘 현상에 대한 대단히 시의적절한 분석서일 뿐 아니라 '복수-전통 테제'나 '정체성 서사'와 같은 스미스의 오랜 연구 관심이 완숙하고 이해하기 쉬운 형태로 드러난 역작이라고 할 수 있다.

포퓰리즘Populism이라는 말의 기원은 미국 역사에 실제 존재했던 평민당The People's Party으로 거슬러 올라간다. 포퓰리즘은 바로 이 당과 관련한 정치를 의미했는데, 동일한 라틴어 어원 'populus'에서 기인한 'popul-'과 'people'이 같은 의미로 사용되었으므로 이 당의 별칭이 곧 포퓰리스트당The Populist Party이 되었기 때문이다. 평민당은 계속되는 경기침체와 가속화되는 산업화로 피해를 입은 미국 중서부와 남부 농민들을 중심으로 결성된 정당이었는데, 기존 농민 단체, 노동자 조합 등과의 병합을 통해 1892년 무렵 전국적인 수준의 정당으로 성장했다. 이때 미국의 포퓰리스트들의 입장은 민주당과 공화당이라는 두 거대 정당 엘리트들에 맞서고, 경제와 금융의 중심인 동북부 거대 도시들을 이끄는 경제 엘리트들에 맞서서 보통의 평범한 농민과 노동자들의 이익을 대변하는 것이었다.

19세기 말 20세기 초를 제한적으로나마 풍미했던 제3정당으로서의 이들의 실험은 비록 오래가지 못했으나, 고유명사 포퓰리즘은 이제 일반명사가 되어 기득권 엘리트에 대항해 일반 사람들의 이익을 대변하는 정치 노선과 정책 방향을 가리키는 말이 되었다. 그러다가 20세기 중후반에 이르면 포퓰리즘이라는 용어가 유럽과 남아메리카에서 행해진 여러 정치 실험과 결부되어 더욱 부정적인 뉘앙스를 띠게 되는데, 포퓰리스트들은 이제 대체로 진정으로 평범한 사람들의 이익을 대변하는 정책과 법률을 고안하는 데 집중하는 대신, 단지 대중을 쉽게 현혹하려는 목적으로 '반엘리트' 전선을 만들고 그렇게 만들어진 대결 구도에서 파생되는 단순한 선악의 구분에 기초해 선전선동을 일삼는 정치가들을 지칭하는 말로 의미가 분화되었다. 요즘 한국의 정치 현장에서도 '포퓰리즘'

과 '포퓰리스트'라는 말이 사용될 때는 그러한 의미가 전제되는 경우가 대부분이고, 그렇기 때문에 이 용어들은 보통 정치적 적수를 비난하는 멸칭으로 사용되는 경우가 많다.

역사 속에 실재했던 미국의 포퓰리즘 실험의 의미를 과소평가하지 않는 스미스는 포퓰리즘 일반을 무조건 부정적인 것으로 간주하지는 않는다. 그 대신에 최근 전 세계적으로 기승을 부리는 권위주의적·민족주의적·반민주주의적 성향의 포퓰리즘을 따로 '병리적' 포퓰리즘이라 일컬으며 그러한 운동이 광범위한 지지를 받게 된 경위와 대처 방안을 논한다. 이때 다른 포퓰리즘 연구가 보통 사회 경제적 불평등과 정치적 양극화 심화 혹은 세계화로 인한 문화충돌의 영향 등에 집중해 주류 지위를 위협받는 이들이 느끼는 불안감 등을 경험적으로 파악하는 데 열심이라면, 스미스는 그 대신 정체성 서사에 집중한다. 이는 본인의 학문적 입장에 바탕을 둔 차별화된 접근이기도 하다.

병리적 포퓰리즘을 유행시킨 정치인들이 성공을 거둘 수 있었던 까닭은 무엇일까? 한 가지 대답은 이들의 선전선동이 실제로 꽤 많은 사람들이 처한 사회경제적·문화적 현실을 설명해 주고, 그들의 품은 원한과 공포, 욕망과 이익에 응답해 주었다는 사실에서 찾을 수 있다. 그러나 병리적 포퓰리즘은 대개 정치공동체의 구성원 중 일부가 공유하는 특정 정체성을 집중적으로 강조하면서 사회 전체의 성격을 동질적이라고 가정하고, 그런 기반하에 배타적 민족주의와 광신적 애국주의로 많은 이들을 몰아가는 경향이 있다. 그러한 포퓰리스트 지도자들은 공동체 안에서 서로 다른 구성원을 온전히 존중하지 못하고 그들의 조건에 맞추어 최대한 차별화된 혜택을 조율하려는 노력을 경주하기보다는, 가령 이민자와 같은 소수집단들이 내보이는 다름을 약점 삼아 그들을 공격하면서 정치세력을 성장시키고자 한다.

스미스의 프로젝트는 이에 맞서는 대항 정체성 서사를 만들어내는 일이다. 그는 미국의 반포퓰리즘 성향의 자유주의자들이 보통 공동체의 집합적 서사를 적극적으로 만들어내길 꺼린다는 사실을 지적하는데, 그 까닭은 그러한 서사들이 어떤 방식으로든지 부득이하게 애국주의나 민족주의를 조장하기 십상이기 때문이다. 스미스는 자유주의자들의 우려를 많은 부분 타당한 것으로 받아들이지만, 정치공동체가 존재하는 한 그 공동체의 안전과 번영을 약속하고, 권력의 정당한 행사를 설득하고, 무엇보다 의미를 부여하는 '우리'의 이야기가 필수적이라는 사실을 강조한다. 그가 보기에 병리적 포퓰리즘에 저항하는 일은 단순히 평등, 다양성, 포용, 민주주의 등 추상적인 원칙이나 이상적인 목표를 내세우는 데 그쳐서는 안 된다. 병리적 포퓰리즘 서사에 맞설 수 있는 더 나은 정체성 서사, 즉 더욱더 민주적이고 포용적인 정체성 서사를 제공하는 것이 필수적인 것이다.

스미스는 훌륭한 국민 정체성 서사에 꼭 필요한 세 가지 요소로 구성원들이 공감resonant할 수 있을 것, 구성원들에게 존중respect을 표할 것, 그리고 그물망식reticulated 공정을 담을 것이라는 3R 원칙을 제시했다. 여기서 '국민 정체성'은 원문의 'peoplehood' 혹은 'people's identity'를 옮긴 것이다. 물론 'people'이 단지 '국민'만을 뜻하는 것은 아니지만, 국가 단위의 집합체를 지칭하는 말로 쓰인 경우에는 '국민'으로 옮겼다. 그러나 한국 인문사회과학계에서는 그런 경우에도 보통 영어의 'people'을 '인민'으로, 'nation'을 '국민'으로 옮기는 경우가 많기 때문에, 스미스 교수의 3R 기준을 논하기에 앞서 번역어 선정 관련해 몇 가지 설명을 여기에 남기고자 한다.

우선 기억해야 할 점 하나는 'people'과 'nation' 이 두 영어 단어의 개념 자체가 애초에 중첩되는 의미를 내포하고 있었다는 점이다. 정치체를 비롯한 특정한 공동체나 집단에 속하는 모든 구성원을 가리키는 단어로 'people'이 쓰이기 시작한 것은 14세기로 거슬러 올라간다. 비슷한 시기에 'nation' 역시 유사한 의미로 쓰이기 시작했다. 'people'의 어원은 사람들의 집합을 의미하는 라틴어 낱말 'populus'이고 'nation'의 어원은 출생을 의미하는 라틴어 낱말 'nātiō'라는 차이점이 있지만, 애초부터 두 낱말은 유의어였던 것이다.

　박명규가 『인민, 국민, 시민』(소화, 2009)에서 잘 설명한 것처럼 이 개념들의 번역과 수용 역사를 살펴보아도 'people-인민', 'nation-국민' 이 두 쌍의 용어가 반드시 서로 완벽하게 조응해 온 것은 아니다. 우선 '인민人民과 국민國民 모두 동아시아 한자문명권에서 오래전부터 쓰이던 말인데, 근대 서양 자유주의와 민주주의 사상이 수입되면서 통치의 대상이자 주체가 되는 집합체를 가리키는 말로 그 의미가 변경·확장되었다. 1860년대에 후쿠자와 유키치福澤諭吉(1835~1901)는 『서양사정西洋事情』에서 경우에 따라 'people'의 번역어로 '국민'을, 'nation'의 번역어로 '인민'을 선택하기도 했고, 20세기 초에 량치차오梁啓超(1873~1929)나 신채호(1880~1936)를 비롯한 중국과 조선의 지식인들은 정치적 자각이 있는 집합적 주체를 표현하기 위해 상황에 따라 '인민'과 '국민'을 섞어서 쓰기도 했다. 일제 식민지 시절, 일본 정부가 '국민교육', '국민윤리', '국민도덕' 등의 개념을 이용해 천황과 국체를 향한 충성을 강요하자 조선인들이 집합적 정치 주체임을 나타내기 위해 「기미독립선언서」에서 보이는 바와 같이 '민족'이나 '인민'이라는 표현을 선호한 경우가 있었던 것도 사실이지만, 이후 임시정부에서 작성한 문건이나 운영한 조직의 이름들을 보면 '국민' 개념 역시 꾸준히 사용되었음을 알 수 있다.

　1945년 해방 이후 한반도에서 좌익은 주로 '인민' 개념을, 우익은 대개 '국민' 개념을 통해 새로운 정치공동체의 집합적 주체를 표현했는데,

이에 직접적인 영향을 준 것은 사실 중국 국민당과 공산당의 대립이었다. 국민당과의 대항성을 내세워야 했던 공산당은 '국민' 개념을 의도적으로 배척했으며, 제2차 국공합작이 끝난 1946년에는 '국민' 개념을 폐기했다. '인민'은 이제 사회주의와 공산주의 사상의 주체인 억압받는 계급이자 혁명을 수행할 능력을 지닌 정치세력의 총체라는 의미를 분명하게 품게 되었고, 남북한의 정치 담론 역시 이러한 의미 분화의 맥락과 무관할 수 없었던 것이다. 당시 남한에서 '인민' 개념이 논란거리가 된 가장 좋은 예로 주권재민 원칙을 표명하는 '헌법' 2조를 두고 벌어진 논쟁을 꼽을 수 있다. 유진오가 쓴 초안에는 "국가의 주권은 인민에게 있고 모든 권력은 인민에게 나온다"라고 되어 있었는데, 윤치영을 비롯한 많은 제헌의원들이 '인민' 개념이 품고 있는 정치적 함의 때문에 이를 거부했다고 전해온다. 신익희가 주도한 행정연구회 초안은 '국민' 개념을 사용했고, 후에 유진오도 수정안에서 '인민' 대신에 '국민'을 선택했다.

이와 관련해 잘 알려진 대로 유진오는 다음과 같이 술회했다.

인민이라는 말은 구대한제국 절대군주하에서도 사용되던 말이고 미국 헌법에 있어서도 인민people, person은 국가의 구성원으로서의 시민citizen과는 구별되고 있다. '국민'은 국가의 구성원으로서의 인민을 의미하므로, 국가 우월의 냄새를 풍기어 국가라 할지라도 함부로 침범할 수 없는 자유와 권리의 주체로서의 사람을 표현하기에는 반드시 적절하지 못하다. 결국 우리는 좋은 단어 하나를 공산주의자에게 빼앗긴 셈이다.

_유진오, 『헌법기초회고록』, 65쪽; 박명규, 『인민, 국민, 시민』, 109쪽에서 재인용.

현재도 유진오가 표한 아쉬움에 공감하는 이들이 많다. 일각에서는 'people' 개념과 조응하는 적확한 번역어가 '인민'인데도 단지 반공주의의 영향으로 한국에서 '인민'이라는 말이 기피되어 왔음을 지적하면서, 제헌의원들의 대표 격이던 유진오와 같은 이의 의도를 되살려 다시 '인민' 개념을 적극적으로 사용할 것을 주장하기도 한다.

그러나 여기서 유진오의 오해 한 가지를 지적할 수 있겠다. 미국 헌법의 맥락에서 보면 오히려 'people'과 'citizen' 모두 특정 정치공동체에서 통치의 대상이자 주체가 되는 집합체를 의미하는 개념이고, 그런 점에서 양자 모두 특정 공동체의 구성원으로서 여러 권리와 의무를 지닌 사람을 가리킨다. 이에 비해 'person'은 한 공동체의 구성원으로서의 지위가 반드시 전제되지 않는 개인을 뜻한다. 일제시대 말기 '국민정신총동원운동' 등을 겪은 유진오가 '국민'이라는 말에서 "국가 우월의 냄새"를 느낀 것은 이해할 수 있지만, 'people'을 '국민'이라는 말로 옮기는 것이 적절하지 않은 이유가 'people'이 본래 "국가의 구성원으로서의" 사람들을 의미하지 않기 때문이라고 판단한 것은 오류로 볼 수 있다.

그렇다면 'people'은 맥락에 따라 '국민', '인민', '민중', '평민' 등으로 옮길 수 있는 광범위한 개념으로 이해하는 것이 바람직하다. 특히 'people'이 자연인의 단순 집합을 강조하는 맥락이 아니라 국가의 형태를 띤 특정 정치공동체 구성원으로서의 집합체를 뜻하는 말로 쓰인 경우에는 한국어 '국민'을 번역어로 선택해도 무방한 경우가 많다. 게다가 한국에서는 북한과 관련된 맥락을 제외하면 '인민'이라는 말이 극소수의 학자들의 추상적인 논의에서만 사용될 뿐 일반 정치 담론에서는 전혀 등장하지 않는다. 정치인들이나 지식인들이 "인민 여러분"이라든지 "우리 대한민국 인민은"라는 식의 표현을 사용해 공동체의 정체성을 규정하려는 사례가 전무한 것이다. 따라서 단순히 주권재민 개념 등 추상적인 정치철학의 맥락에서 'people'을 조명하기보다 특정 정치공동체에서 어떻게 자기만의 고유한 'people'의 정체성 서사를 만들고 발전시키는

지를 살피는 이 책의 특징을 감안했을 때, 대부분의 경우에서 'people' 을 '국민'으로 옮기는 것이 최선이라고 판단했다. 또한 'people'이 국가 단위에서 하나로 묶인 '국민'이 아닌 다른 집합체를 지칭할 때는 문맥에 따라 '집단', '집합' 등으로 옮겼다.

병리적 포퓰리즘은 스미스가 말하는 더 나은 서사의 세 가지 요건 중 하나인 공감은 충족할 수 있을지 몰라도, 나머지 두 가지인 존중과 그물 망식 공정은 충족하지 못한다. 정체성 서사가 국민들의 공감을 불러일 으킬 수 있어야 한다는 의미, 곧 현실을 살아가는 사람들이 처한 조건 과 그들이 겪는 난제들, 그들이 품고 있는 여러 불만과 열망을 정확히 이해하고, 그들이 정치를 통해 어떤 부분이 바뀌기를 원하는지 삶의 현 장에서 들려오는 요구에 응답할 수 있어야 한다는 것이다. 앞서 지적한 대로, 성공한 포퓰리스트들은 확실히 공감과 응답 능력이 탁월했다.

그렇다면, 포퓰리스트들 못지않게 공감과 응답 능력을 보이면서도 어 떻게 동시에 효과적으로 '존중'과 '그물망식 공정'을 추구할 수 있을까? 스미스는 비록 이 두 가지 요건을 충족시킨다는 목표가 이상적으로 비 칠 수 있지만, 다양성과 차이를 더 적극적으로 인정하고 포용해야 한다 는 사회적 다원주의에 대한 요구가 오늘날 거세지는 것 역시 사실이라 는 점을 강조한다. 병리적 포퓰리즘에 맞서면서 '존중' 요건을 충족시키 는 효과적인 서사를 만들자는 목표를 허황된 일로 간주할 이유가 없는 것이다. 한 국민을 구성하는 사람들이 점점 더 다양해지는 시대에, 국민 과 국민 간의 다채로운 형태의 교류가 폭발적으로 증가한 시대에, 그리 고 가까이 있는 이웃뿐만 아니라 멀리 떨어져 있는 다른 문화, 다른 언 어, 다른 전통을 지닌 사람들에 대한 뉴스까지도 실시간으로 공유되는 바로 이 시대에, 모든 이들을 가능한 한 '존중'하려는 노력은 큰 지지를 이끌어낼 수 있을 것이다. 각 공동체가 처한 상황에 대한 이해와 공감을 바탕으로 접근한다면 말이다.

'그물망식 공정'에 대한 요구 역시 '존중'과 자연스럽게 이어진다. 다양한 집단을 존중한다는 이야기는 모든 이들의 삶을 동질하게 간주하길 포기한다는 뜻이기도 하다. 스미스가 말하는 '그물망식 공정'을 다른 말로 표현하면 획일적이지 않은 공정, 차별화를 인정하는 공정, 합당한 선에서 특정 집단이 정당하게 누릴 수 있는 특혜와 면제를 인정하는 공정이다. 이미 많은 국가에서 인종, 성별, 전통, 종교, 나이, 장애 여부에 따라 법 적용을 달리하고, 공공서비스 제공 수준에 차이를 두는 정책을 실험해 온 만큼 이 역시 우리에게 완전히 낯선 원칙은 아니다. 스미스는 이와 같은 공정성의 개념을 명확하게 확립하고, 그와 같은 원칙이 구체적인 정책 차원에서 더욱더 적극적으로 적용될 수 있는 방안을 살핀다.

이 책은 수많은 국가의 여러 가지 사례를 소개하는데, 그중에서도 가장 핵심은 미국의 국민 정체성 서사를 다룬 3장이라고 할 수 있다. 스미스는 트럼프식의 '미국 우선주의'가 드러낸 병리적 포퓰리즘을 비판하면서, 미국의 전통에서 이에 맞설 수 있는 정체성 서사들을 발굴해 재해석한다. 대표적인 것이 바로 미국 정치 자체를 민주주의 확대 기획으로 보는 듀이식 서사, 다양성을 유지하면서 숙의민주주의를 통해 더욱더 완벽한 연방의 통합성을 추구하는 오바마식 '여럿이 모인 하나'의 서사, 기본권을 모두에게로 확장하도록 촉구하는 「독립선언서」의 이상을 미국인의 중심 정체성으로 보는 링컨식 서사이다.

세 종류의 대항 서사 모두 미국 고유의 경험과 자산에 기반하여 병리적 포퓰리즘에 맞설 수 있는 미국인의 정체성을 효과적으로 고안하리라 기대되는데, 스미스가 보기에 그중 앞의 두 가지는 분명한 한계를 노정하기도 한다. "정치적 삶의 핵심적인 목표로서 민주주의 자체에만 몰두"하는 듀이식 민주주의 기획 서사의 경우 '시민들을 결집할 수 있는 공동의 목적의식'을 충분히 구성할 수 있을지 의문인데, 미국 사회에서 민주주의적 참여에 열심인 사람들은 민주주의가 해결할 수 없는 근본적인 이견들 앞에서 대체로 속수무책이고, 대다수의 사람들은 민주주의 자체에 회의적이거나 무관심한 경우도 더러 있기 때문이다. 오바마식 '여럿이 모인 하나'의 서사 같은 경우에는 다양성을 희생시키지 않으면서 합의와 통합을 달성할 수 있는 숙의 과정 자체에 초점을 맞추기 때문에 특정한 비전과 구체적인 내용이 결여될 위험이 있다. 더군다나 오바마 자신이 임기 중에 경험했던 것처럼 숙의와 심의 자체를 거부하고 노골적인 반대와 방해를 일삼는 정치세력들 앞에서 숙의 과정의 중요성을 강조하는 것은 공허한 바람으로 끝날 수 있다.

이러한 문제 때문에 스미스는 링컨식의 서사를 계승하고 확장하는 데 특별한 관심을 보인다. "국민의, 국민에 의한, 국민을 위한 정부"라는 상징적인 문구로 우리에게도 매우 익숙한 링컨의 게티즈버그 연설은 다음과 같이 시작한다.

여든하고도 일곱 해 전에, 우리 선조들은 이 대륙에 새로운 한 나라를, 자유의 이념에서 비롯되고 모든 사람은 평등하게 태어났다는 사상에 헌신하는 그런 나라를, 탄생시켰습니다.

스미스는 바로 이 연설의 첫 구절에 주목하면서 링컨식 「독립선언서」 서사의 의미를 설명한다. 여기서 링컨은 미국 역사상 가장 많은 사상자가 발생한 최악의 전쟁이자 헌정을 위기로 몰고 간 남북전쟁 중에 연방군의 주요 승리를 기념하면서, 미국이라는 나라의 최상의 목표가 궁극적으로 모든 사람들의 권리를 보장하고 확대하는 것임을 주장하기 위해 87년 전인 1776년을 상기시킨다. 그때 발표되었던 미국인들이 자랑스러워하는 「독립선언서」의 문구를 직접 인용하며, 그것이 만들어낸 미국의 전통을 적극 활용한 것이다.

링컨의 호소가 앞서 말했던 듀이식의 민주주의 서사처럼 단지 일반적이고 형식적인 주장에 그치지 않는 이유는, 미국이라는 나라를 그와 같은 특수한 "목적에서 비롯되고 그런 목적에 헌신하도록" 만들어진 최초의 국가로 표현함으로써 미국인들 스스로가 이러한 역사적 책무에 자부심을 느끼고 현재 직면한 특수한 도전에 특별한 의미를 부여할 수 있도록 구체적인 공동의식을 고무하기 때문이다. 또한 다양성을 해치지 않고 통합성을 달성하는 목표 그 자체를 지나치게 강조해 때로 정치적 결단이 필요한 시점에 모호한 형식론을 반복하는 단점을 보인 오바마식 '여럿이 모인 하나'의 서사와는 달리, 링컨은 「독립선언서」가 설정한 기본권 존중이라는 목표를 분명하게 규범적 이상으로 삼아 자신의 비전과 구체적인 의제의 방향을 명백히 제시했다. 흑인들의 권리에 대한 그의 뚜렷한 입장은 바로 그와 같은 「독립선언서」 서사에 따른 마땅한 귀결이었다.

스미스가 해석하는 링컨의 서사는 「독립선언서」가 천명한 인간의 평등과 양도할 수 없는 기본 권리들에 주목하면서, 미국인 정체성의 중심에는 「독립선언서」의 이상을 목표로 삼아, 비록 그 목표를 "영원히 완전하게는 달성할 수 없다손 치더라도 끊임없이 그에 가깝게 성취할 수 있도록" 전력을 경주하고 "그것의 영향력을 끊임없이 넓히고 또 심화"함으로써 궁극적으로는 "인종에 관계없이, 모든 곳에 있는, 모든 사람의 삶의 가치와 행복의 수준이 높아지도록" 장려하는 선구자적 기품이 있다. 스미스는 이러한 「독립선언서」 서사가 약간의 수정과 확장을 거치면 오늘날에도 대단히 유효하고 호소력 있는 미국인들의 정체성 서사가 될 수 있으리라 기대한다. 그는 특별히 자유민주주의를 자처하는 현대사회에서 개인의 자유 보장 범위를 설정하는 기본 철칙으로 흔히 전제되곤 하는 스튜어트 밀의 '위해 원칙'과 링컨의 「독립선언서」 서사와의 창조적인 결합을 시도한다. 스미스에 따르면 기본권 확장이라는 목표를 적극적으로 추구하는 「독립선언서」 서사의 이상을 현대의 맥락에서 더 적극적으로 실현시키기 위해서는 "문명화된 공동체에서 구성원들의 의지에 반해 정당한 방법으로 그들에게 권력을 행사할 수 있는 유일한 목적은 다른 이들에게 가해지는 위해를 막기 위한 것"이라는 밀의 위해 원칙을 "공동체와 개인이 할 수 있는 가장 바람직한 힘의 행사는 그들 자신을 해치지 않는 한도에서 다른 이들을 돕는 것"이라는 새로운 준칙으로 변형해야 한다는 것이다. 그러한 서사가 만들어내는 미국 국민 정체성은 더 많은 이들에게 혜택을 줄 수 있는 대규모 기간산업에 공적 지출을 늘리는 정부의 정책이나 소수집단의 특수한 처지를 고려해 특혜와 편의, 면제 등을 차등으로 제공하는 정책에 더욱더 개방적인 태도를 보일 수 있을 것이다.

포퓰리즘의 급부상이 어느 한 국가의 국내 정치 문제에 머물지 않고 전 세계적인 파급력을 보였던 것과 같이, 그것에 대항하는 각 나라의 정체성 서사도 세계적인 의미를 지닐 수 있다. 스미스가 강조하는 것처럼 미디어 환경의 변화와 교류 확대로 인해 이제는 지구 반대편에서 벌어지는 여러 문제를 모르고 지나치기 어려울 뿐 아니라 그러한 일들이 이미 부지불식간에 서로서로의 삶에 큰 영향을 끼치고 있다.

예를 들어 2020년 미국 미네소타에서 아프리카계 미국인이었던 조지 플로이드George Floyd가 경찰들의 불필요한 과잉 진압으로 목숨을 잃은 이후, 엄청난 규모의 흑인 인권운동이 미국의 경계를 넘어 전 세계적으로 크게 번진 바 있다. 한 예로 영국연방에 속해 영국 여왕을 상징적인 국가 원수로 추대하던 바베이도스에서는 이와 같은 세계적인 추세에 힘입어 식민주의 과거를 뒤로하고 나라의 수장을 바베이도스인이 맡아야 한다는 정치운동이 일어났다. 그 결과 영국에서 독립한 지 55년 만에 입헌군주국에서 벗어나 공화국으로 새롭게 출범했다.

　한국도 예외는 아니다. 2017년 미국 할리우드의 영화 제작자 하비 와인스타인Harvey Weinstein의 성추문 사건 이후 SNS에 성범죄 피해를 당한 여성들이 해시태그 #MeToo를 달아 피해를 본 자신의 경험을 공유함으로써 성범죄의 심각성을 알리고자 한 사회운동이 미국을 중심으로 시작된 바 있는데, 이에 영향을 받아 한국에서도 법조계를 시작으로 문단·연극·정치계 등 사회 전반으로 미투운동이 확산됨으로써 많은 이들이 여성 인권과 페미니즘을 실질적으로 중요한 한국 사회의 이슈로 인식하게 되었다. 실제로 지난 몇 년간 경찰 내부에 성범죄 전담 인력이 늘어났고, 정치권에서도 성범죄 피해자를 보호하기 위한 입법안이 증가했다. 여성가족부 폐지 문제가 논란이 되었을 때는 수많은 시민들이 거리로 나와 반대 시위를 벌이기도 했다. 미국의 영화계에서 시작된 운동이 한국 사회에 변화를 일으키는 촉매가 된 것이다. 그런 점에서 병리적 포퓰리즘을 분석하고 그에 저항하기 위해 대항 서사를 구성하고자 미국인으로서 가용할 수 있는 자신의 사상적·문화적 전통을 재해석하는 스미스의 노력도 한국의 독자들에게 여러모로 자극이 될 수 있을 것이다.

　물론 가장 중요한 것은 우리 스스로 우리의 정체성을 어떻게 이해하고 구성하고 또 변화시키고 있으며, 서로 다른 어떤 형태의 국민 정체성 서사들이 서로 충돌하고 있는지, 호소력이 높은 서사들이 어떤 문제와 조건에 특별히 호응하고 있는지 등을 돌이켜 보는 것이다. 건국 이래 우리는 산업화·민주화·세계화 등에 집중한 여러 국민 정체성 서사들을 생산하고 소비해 왔다. 그중 한국인의 도덕-구성적인 정체성의 많은 부분은 반식민 독립운동과 반공산주의 전쟁이라는 역사적 기억에 의해 형성되었다. 물론 모든 역사적 기억은 자연의 산물이라 할 수 없고, 정파적 이해를 좇는 특정 정치인들과 지식인들에 의해 언제든지 확대·재생산되거나 축소·은폐되기도 하는 정치 산물이다. 21세기 들어 한국을 세계적 수준의 경제 대국으로, 성공적인 민주화를 이룬 정치 선진국으로, 또한 대중문화를 선도하는 문화 강국으로 인식하는 한국인들이 많아졌다. 한국에 대한 세계의 평가가 그만큼 달라진 까닭이다. 이와 같은 새로운 변화에도 불구하고, 여전히 반공주의와 반일감정은 사그라들지 않고 있다. 문재인 전 대통령이 내세운 "다시는 일본에 지지 않을 것"이라는 반일 캠페인이나 윤석열 대통령의 "종북 주사파 협치 불가" 발언을 보면 정치인들은 여전히 반북·반일 정서를 국민 정체성의 큰 일부로 여기고 있으며, 이를 기반으로 대중 동원을 시도한다고 볼 수 있다.

그러나 지나치게 단순한 반공주의나 반일민족주의 서사는 우리가 처한 지정학적인 조건을 정확히 이해하고 정치공동체로서 존립과 번영을 꾀하는 데 오히려 방해가 될 수 있다. 게다가 그러한 서사는 최근 종종 첨예한 대립을 일으키곤 하는 여성, 노인, 청년, 성소수자, 인구 감소, 이민자, 난민 문제 등을 우리가 한 공동체의 집합적 주체로서 더 건강하게 해결할 수 있는 토대를 제공하지도 못한다. 그런 점에서 우리는 더 나은 한국 국민의 정체성 서사를 계속 쓰고 발전시켜야 한다. 스미스는 이 책의 한국어판 서문에서 「기미독립선언서」가 한국의 국민 정체성을 "전 세계적인 진보적 혁신의 대업에 동참할 협력자이자 모든 이들이 유익함을 얻을 평화의 원천"으로 정의한다는 점에 주목한 바 있다. 우리는 「기미독립선언서」뿐만 아니라 우리의 역사, 문화, 전통, 신화, 관습에 뿌리 내리고 있는 활용할 수 있는 자산들을 십분 이용하는 동시에 현재 전 세계 곳곳에 퍼지고 있는 호소력 있는 서사들을 적극적으로 수용해, 대다수 국민이 현재 처한 조건에 충분히 공감하면서도 궁극적으로 우리 사회가 좀 더 민주적이고 포용적인 모습을 갖출 수 있게 구체적인 비전과 정책 방향을 제시할 수 있는 그런 정체성 서사를 이룩해야 한다.

이 책은 지금까지 한국인들의 마음을 사로잡은 모든 서사들보다도 더 훌륭한 정체성 서사를 쓰고자 하는 정치인, 정치인 지망생, 지식인뿐 아니라 그렇게 만들어진 서사에서 영감을 얻고, 그것을 수용하고 재해석해 끊임없이 변형시키며, 또한 그 서사가 가리키는 목표대로 '우리'의 공동의 삶을 살아내고자 하는 모든 동료 시민들에게 좋은 길잡이가 될 것이다.

끝으로 학문의 스승이자 학식과 인격 모든 면에서 본보기가 되어주신 로저스 스미스 선생님과 한국어판 책 출간을 함께 기뻐해 주시고 선뜻 추천사를 써주신 김성문, 차태서, 하상응, 쥐스틴 귀샤르 교수님, 그리고 책 제작에 힘써주신 한울엠플러스(주)의 윤순현 부장님과 편집부 직원들에게 깊은 감사의 말씀을 드린다.

2023년 4월

김주만·김혜미

주

한국어판 서문

1   Ishan Tharoor, "Welcome to 'Trump World,' the Climate Future Scientists Fear," *The Washington Post*, August 10, 2021, http://www.washingtonpost.com/world/2021/08/10/trump-world-climate-change/.

2   Lydia Gall, "Hungary's Orban Uses Pandemic to Seize Unlimited Power," *Human Rights Watch*, March 23, 2020, http://www.hrw.org/news/202/03/23/hungary-orban-uses-pandemic-seize-unlimited-power.

3   예를 들어 "Inaugural Address by Joseph R. Biden, Jr.," *The White House*, January 20, 2021, http://whitehouse.gov/briefing-room/speeches-remarks/2021/01/20/inaugural-address-by-president-joseph-r-biden-jr/ 참고.

4   Jake Silverstein, "The 1619 Project and the Long Battle over U.S. History," *New York Times Magazine*, Nov. 12, 2021, http://www.nytimes.com/2021/11/09/magazine/1619-project-us-history.html.

5   Gabriel Stargardter, "Bolsonaro's support hits fresh low ahead of Brazil 2022 vote, poll shows," *Reuters*, September 16, 2021, https://www.reuters.com/world/americas/bolsonaros-support-hits-fresh-low-ahead-brazil-2022-vote-poll-shows-2021-09-16/; Jon Henley, "Hungary: anti-Orbán alliance leads ruling party in 2022 Election poll," *The Guardian*, October 28, 2021, https://www.theguardian.com/world/2021/oct/28/hungary-anti-orban-alliance-leads-ruling-party-in-2022-election-poll.

6   Damon Linker, "A coalition united to defeat a right-wing populist. Then what?" *The Week*, October 21, 2021, https://theweek.com/joe-biden/1006019/a-coalition-unites-to-defeat-a-rightwing-populist-then-what; Henry Olsen, "The world's populists are ascendant," *The Washington Post*, September 13, 2021,

https://www.washingtonpost.com/opinions/2021/09/13/worlds-populists-are-ascendant/.

7   Senate Republican Communications Center, "Senate Republicans Notch Victory In Fight Against Radical Critical Race Theory," *The Newsroom*, August 11, 2021, https://www.republicanleader.senate.gov/newsroom/research/senate-republicans-notch-victory-in-fight-against-radical-critical-race-theory.

8   David Armitage, *The Declaration of Independence: A Global History* (Cambridge, MA: Harvard University Press, 2008), p.151.

9   Han-Hyo Kim, "Declaration of Independence"(March 1, 1919), http://afe.easia.columbia.edu/ps/korea/march_first_declaration.pdf.

10   Chaihark Hahm and Sung Ho Kim, *Making We the People: Democratic Constitutional Founding in Postwar Japan and South Korea*(New York: Cambridge University Press, 2015). 나는 이 책의 저자들과 다른 학자들이 동아시아 사회에서의 서로 다른 국민/인민 개념들을 탐색했던, 2011년에 서울에서 열린 한 학술회의에 초대되어 참석하는 행운을 누렸다.

11   Justine Guichard, "In the Name of the People: Disagreeing over Peoplehood in the North and South Korea Constitutions," *Asian Journal of Law and Society*, Vol.4(2017), pp.415~417, pp.420~429, pp.441~442 .

12   Rogers M. Smith, *Stories of Peoplehood: The Politics and Morals of Political Membership*(Cambridge University Press, 2003), pp.104~106.

들어가며

1   이것과 관련해서 특별히 정치학에서의 논의는 Rogers M. Smith, "Identities, Interests, and the Future of Political Science," *Perspectives on Politics*, Vol.2(2004), pp.301~312; Rawi Abdelal, Yoshiko M. Herrera, Alstair Ian Johnson, and Rose McDermett, "Identity as a Variable," *Perspectives on Politics*, Vol.4(2006), pp.695~711 참조. 사회학적으로 영향력이 컸던 연구로는 Rogers Brubaker, *Ethnicity without Groups*(Cambridge: Harvard University Press, 2004) 참조.

2   Oliver Wendell Holmes Jr., "The Path of the Law," *Harvard Law Review*, Vol.10 (1897), p.505.

3   Jo Wuest, "The Scientific Gaze in American Transgender Politics: Contesting the Meanings of Sex, Gender, and Gender Identity in the Bathroom Rights Case," *Politics and Gender,* July 27, 2018, pp.1~25, DOI: 10.1017/ S1743923X18000338 참고.

4   Aimi Hamraie, "Universal Design and the Problem of 'Post Disability' Ideology," *Design and Culture: The Journal of the Design Studies Forum,* August 19, 2016, pp.285~309, DOI: 10.1080/17547075.2016.1218714.

5   Aron Hirt-Manheimer, "What Does It Really Mean to Be 'The Chosen People'?" *ReformJudaism.org,* May 22, 2015, https://reformjudaism.org/blog/what-does-it-really-mean-be-chosen-people.

6   일반적으로 Eva Marie Garoutte, *Real Indians: Identity and the Survival of Native America* (Berkeley: University of California Press, 2003); Annie Linsky and Amy Gardner, "Elizabeth Warren Apologizes for Calling Herself Native American," *Washington Post,* February 5, 2019, https://www.washingtonpost.com/ politics/elizabeth-warren-apologizes-for-calling-herself-native-american/ 2019/02/05/1627df76-2962-11e9-984d-9b8fba003e81_story.html 참고.

7   인구조사 전문가의 비판적인 개관으로는 Kenneth Prewitt, *What Is Your Race? The Census and Our Flawed Efforts to Classify Americans* (Princeton: Princeton University Press, 2013) 참고.

8   최근 오바마의 각종 주제를 다루는 27개의 유명 연설에서는 총 여섯 번 이를 인용하고 있는데, 이는 그가 한 모든 연설 중 22퍼센트에 달한다. E. J. Dionne Jr. and Jo-Ann Reid(eds.), *We Are the Change We Seek: The Speeches of Barack Obama* (New York: Bloomsbury, 2018).

9   Richard N. Haas, "The Age of Nonpolarity: What Will Follow U.S. Dominance," *Foreign Affairs,* Vol.87, No.3(2008), pp.44~56, p.48, http://www. foreignaffairs.com/articles/united-states/2008-05-03/age-nonpolarity.

10 Maurice Charland, "Constitutive Rhetoric: The Case of the People Québecois," *Quarterly Journal of Speech,* Vol.73, No.2(1987), pp.133~150; Stuart Hall, "Ethnicity: Identity and Difference," *Radical America,* Vol.23, No.4(1989), pp.9~20; Andrew D. Brown, "A Narrative Approach to Collective Identities," *Journal of Management Studies,* Vol.43(2006), pp.731~753; Arjo Klamer, "Visualizing the Economy," *Social Research,* Vol.71, No.2(2004), pp.251~262; Jennifer L. Erkulwater, "Constructive Welfare: The Social Security Act, the Blind

and the Origins of Political Identity among People with Disabilities, 1935-1950," *Studies in American Political Development*, Vol. 32, No. 3(2019), pp. 1~29 참고. 나의 주장에 대해서는 Rogers M. Smith, *Stories of Peoplehood: The Politics and Morals of Political Memberships*(New York: Cambridge University Press, 2003) 와 *Political Peoplehood: The Roles of Values, Interests, and Identities*(Chicago: University of Chicago Press, 2015) 참고.

11   Benedict Anderson, *Imagined Communities: Reflections on the Origins and Spread of Nationalism*(New York: Verso, 1983).

12   Yuval Noah Harari, *Sapiens: A Brief History of Humankind*(New York: Harper Perennial, 2015), p. 27, p. 105.

13   Jeanne Morefield, *Empires without Imperialism: Anglo-American Decline and the Politics of Deflection*(New York: Oxford University Press, 2014), p. 3.

1장 서사들의 불협화음

1   Jan-Werner Müller, *What is Populism?*(Philadelphia: University of Pennsylvania Press, 2016), pp. 3~4.

2   같은 책, p. 101.

3   같은 책, p. 19.

4   Lawrence Goodwyn, *The Democratic Promise: The Populist Moment in America*(New York: Oxford University Press, 2007).

5   Cas Mudde and Cristóbal Rovira Kaltwasser, "Exclusionary v. Inclusionary Populism: Comparing Contemporary Eeurope and Latin America," *Government and Opposition*, Vol. 48, No. 2(2013), pp. 149~150; Cas Mudde and Cristóbal Rovira Kaltwasser, *Populism: A Very Short Introduction*(New York: Oxford University Press, 2017), p. 6.

6   Giorgos Katsambekis, "The Populist Surge in Post Democratic Times: Theoretical and Political Challenges," *Political Quarterly*, Vol. 88, No. 2(2017), pp. 204~205.

7   Kirk Hawkins, Madelieine Read and Teun Pauwels, "Populism and Its Causes," in Cristóbal Rovira Kaltwasser, Paul Taggart, Paulina Ochoa Espejo, and Pierre

Ostiguy(eds.), *The Oxford Handbook of Populism*(Oxford: Oxford University Press, 2017), pp.267~286, http://www.oxfordhandbooks.com/view/10.1093/oxfordhb/9780198803560.001.0001/oxfordhb-9780198803560-e-13.

8 양쪽 모두의 논의를 보기 위해서는 주 7) 참고. 문화적 사례를 보기 위해서는 Pippa Norris and Ronald F. Inglehart, *Cultural Backlash: Trump, Brexit, and Authoritarian Populism*(New York: Cambridge University Press, 2019) 참조. 경제적 사례를 위해서는 Yann Algan, Segei Guriev, Elias Papaioannu, and Evegenia Passari, "The European Trust Crisis and the Rise of Populism," *Brookings Papers on Economic Activity*, September 7~8, 2017, http://www.brookings.edu/wp-content/uploads/2017/09/4_ alganetal.odf 참조. 경제적 요인을 문화적 요인보다 강조하지만, 세계화 때문에 많은 이들이 경험하는 정치적 무력감을 조명하는 것으로는 Michael Cox, "Understanding the Global Rise of Populism," *LSE Ideas*(2019), http://www.lse.ac.uk/ideas/reasearch/updates/populism 참조.

9 Hawkins, Read and Pauwels, "Populism and Its Causes."

10 Viktor Orbán, "Speech at the 28th Bálványos Summer Open University and Student Camp," July 22, 2018, http://abouthungary.hu/speeches-and-remarks/viktor-orbans-speech-at-the-29th-balbanyos-summer-open-university-and-student-camp/.

11 Jane Louise Kandour, "President Erdogan — A Patriot or a Nationalist?" Daily Sabah, December 5, 2018, http://www.daulysabah.com/feature/2018/05/12/preseident-erdogan-a-patriot-or-a-nationalist. Meral Ugur Cinar, *Collective Memory and National Membership: Identity and Citizenship Models in Turkey and Austria*(New York: Palgrave Macmillan, 2015), pp.23~31 참고.

12 Boris Johnson, "The Rest of the World Believes in Britain. It's Time We Did Too," *The Telegraph*, July 15, 2018, https://www.telegraph.co.uk/politis/2018/07/15/rest-world-beliebes-britain-time-did/; Rob Price, "Here's Boris Johnson's Full Resignation Letter: 'We Are Truly Headed for the Status of Colony,'" *Business Insider*, July 9, 2018, https://www.businesssinsider.com/boris-johnson-resignation-letter-brexit-2018-7.

13 Sarah Song, "The Boundary Problem in Democratic Theory: Why the Demos Should Be Bounded by the State," *International Theory*, Vol.4, No.1(2012), pp.39~68.

14 예로는 Paulina Ochoa Espejo, *The Time of Popular Sovereignty: Process and*

the *Democratic State*(University Park: Pennsylvania State University Press, 2011); Rogers M. Smith, *Political Peoplehood: The Roles of Values, Interests, and Identities*(Chicago: University of Chicago Press, 2015), p.216 참조.

15　이와 관련된 논의로는 Margaret Canovan, *The People*(London: Politiy, 2005); Bernard Yack, *Nationalism and the Moral Psychology of Community*(Chicago: University of Chicago Press, 2012) 참조.

16　Yuval Noah Harari, Sapiens, *A Brief History of Humankind*(New York: Harper Perennial, 2015), pp.28~34.

17　같은 책, pp.24~25, p.27, p.34, p.103, p.110.

18　같은 책, p.26.

19　같은 책, pp.111~112. John Hutchinson, *Nationalism and War*(Oxford: Oxford University Press, 2017), p.22("War-making is dependent not just on organization but on normative consent and motivations"); Rogers M. Smith, *Stories of Peoplehood: The Politics and Morals of Political Memberships*(New York: Cambridge University Press, 2003), p.44("Warlords ⋯ always need at least some members who are persuaded to fight for them by words, not by arms alone").

20　Smith, *Stories of Peoplehood*, pp.56~60.

21　Smith, *Political Peoplehood*, p.2; Smith, *Stories of Peoplehood*, pp.19~20 참조.

22　Smith, *Political Peoplehood*, pp.50~53.

23　Meral Ugur Cinar and Rogers M. Smith, "National-Building Narratives: Implications for Immigrants and Minorities," in Anita Shapira, Yedidia Z. Stern, Alexander Yakobson, and Liav Orgad(eds.), *The Nation State and Immigration: The Age of Population Movement*, vol.3(Brighton, UK: Sussex Academic Press and the Israel Democracy Institute, 2015), pp.6~11.

24　Beth Simmons and Zachary Elkins, "The Globalization of Liberalization: Policy Diffusion in the International Political Economy," *American Political Science Review*, Vol.98, No.1(2004), pp.171~189 참조.

25　Philip G. Cerny and Alex Prichard, "The New Anarchy: Globalization and Fragmentation in World Politics," *Journal of International Political Theory*, Vol.13, No.3(2017), pp.378~394, p.383.

26　같은 책, pp.380~383.

27 Francis Fukuyama, *Political Order and Political Decay: From the Industrial Revolution to the Globalization of Democracy* (New York: Farra, Straus and Giroux, 2014), p.187.

28 은퇴 후에 발표한 새뮤얼 E. 파이너의 대작은 정치학에서 가장 광범위한 연구이다. Samuel E. Finer, *The History of Government from the Earliest Times* (Oxford: Oxford University Press, 1997).

29 일련의 예시와 그 분석은 Mahomood Mamdani, *Citizen and Subject: Contemporary Africa and the Legacy of Late Colonialism* (Princeton: Princeton University Press, 1996); Fukuyama, *Political Order and Political Decay*, pp.299~312; Franciscon Garrido and Diego Salazar, "Imperial Expansion and Local Agency: A Case Study of Labor Organization under Inca Rule," *American Anthropologist*, Vol.119(2017), pp.631~644; Josep M. Colomer, "Empires v. States," *Oxford Research Encyclopedia of Politics*, June 2017, 6, DOI: 10.1093/acrefore/9780190228637.013.608 참조.

30 Finer, *History of Government*, pp.1066~1076, pp.1261~1306. pp.1473~1566.

31 United Nations, "Decolonization," http://www.un.org/en/sections/issues-depth/decolonization/index.html; New World Encyclopedia, "Decolonization," http://www.newworldencyclopedia.org/entry/Decolonization.

32 John F. Kennedy, "Inaugural Address," The American Presidency Project, January 20, 1961, http://www.presidency.ucsb.edu/ws/index.php?pid=8032.

33 Francis Fukuyama, "The End of History?" *The National Interest*, Vol.16(1989), pp.3~18.

34 Richard N. Haas, "The Age of Nonpolarity: What Will Follow U.S. Dominance," *Foreign Affairs*, Vol.87, No.3(2008), pp.44~56, p.48, http://www.foreignaffairs.com/articles/united-states/2008-05-03/age-nonpolarity.

35 같은 책, p.45. Shaun Breslin, "Leadership and Followership in Post-Unipolar World: Towards Selective Global Leadership and a New Functionalism?" *Chinese Political Science Review*, Vol.2(2017), pp.494~522도 참조.

36 Haas, "The Age of Nonpolarity," pp.45~46.

37 Greenpeace, "About," https://www.greenpeace.org/usa/about/.

38 Nadya Nedelsky, *Defining the Soverign Community: The Czech and Slovak Republics* (Philadelphia: University of Pennsylvania Press, 2009), pp.195~196,

pp.234~235의 네델스키의 인용 참조.

39   같은 책, pp.194~220, pp.235~243.

40   David Frum, "The Toxic Politics of Migration in the Czech Republic," *Atlantic*, October 23, 2017, https://www.theatlantic.com/international/archive/2017/10/czech-elections/543669/.

41   David Lerner, "Why Slovakia Won't Embrace Migration: 'If Multiculturalism Is Failing in Places Like Paris and Brussels, Why Should We Try It Here'" *Politico*, August 7, 2016, http://www.politico.eu/article/why-slovakia-wont-embrace-migration-lubos-blaha-joself-rydlo/.

42   같은 책. 그리고 International Organization for Migration, "Migration in Slovakia," http://www.iom.sk/en/migration/migration-in-slovakia.html; Slovakia Immigration Detention, Global Detention Project, http://www.globaldetentionprokect.org/countries/erope/slovakia 참조.

43   Calvert W. Jones, *Bedouins into Bourgeois*(New York: Cambridge University Press, 2017), pp.38~39.

44   같은 책, pp.42~43, pp.46~47.

45   같은 책, pp.129~130.

46   같은 책, pp.48~62.

47   같은 책의 인용, p.60.

48   같은 책, p.195.

49   Jan M. Padios, *A Nation on the Line: Call Centers as Postcolonial Predicaments in the Philippines*(Durham, NC: Duke University Press, 2018).

50   같은 책, pp.2~3.

51   같은 책, pp.32~87.

52   Peter Robert Gardner, "Ethnicizing Ulster's Protestants? Ulster-Scots Education in Northern Ireland," *Identities: Global Studies in Culture and Power*, Vol.25, No.4(2016), pp.397~416. "What is Ulster-Scots," on the website of the movement, Ulster-Scots Agency, at http://www.ulsterscotsagency.com/what-is-ulster-scots/.

53   Peter Robert Gardner, "Diaspora, Defeatism, and Dignity: Ulster Protestant Reimaginations of the Self through Ulster-Scots Americanism," *Ethnic and*

Radical Studies, Vol.41(2018), pp.2048~2066.

54 같은 책, p.2058, p.2063.

55 같은 책, p.2063.

56 Katherine J. Cramer, *The Politics of Resentment: Rural Consciousness and the Rise of Scott Walker*(Chicago: University of Chicago Press, 2016). 트럼프를 지지한 이들에 대한 크레이머의 분석은 Katherine J. Cramer, "The Competence of Others: Understanding Perceptions of Others' Civic Abilities," *items: Insights from the Social Sciences, Social Science Research Council*, July 25, 2017, http://items.ssrc.org/the-competence-of-others-understanding-perceptions-of-others-civic-abilities/ 참조.

57 Cramer, *The Politics of Resentment*, pp.23~24.

58 같은 책, pp.66~72, p.165.

59 Breslin, "Leadership and Followership."

60 Google, http://www.google.com/about/.

2장 무엇이 훌륭한 국민 정체성 서사를 만드는가?

1 Yascha Mounk, *The People vs. Democracy: Why Our Freedom Is in Danger and How to Save It*(Cambridge: Harvard University Press, 2018), p.197, pp.207~210.

2 William A. Galston, *Anti-Pluralism: The Populist Threat to Liberal Democracy*(New Haven: Yale University Press, 2018), p.4, pp.66~71, p.96, pp.117~119.

3 Francis Fukuyama, *Identity: The Demand for Dignity and the Politics of Resentment*(New York: Farrar, Straus and Giroux, 2018), pp.7~11, p.142, p.162, p.166, pp.170~174, p.178.

4 일반적으로 David Ricci, *Why Conservatives Tell Stories and Liberals Don't: Rhetoric, Faith, and Vision on the American Right*(Boulder, CO: Paradigm, 2011); David Ricci, *Politics without Stories: The Liberal Predicament*(New York: Cambridge University Press, 2016) 참조. 연관된 분석으로는 Eldon J. Eisenach, "Can Liberalism Still Tell Powerful Stories?" *European Legacy*, Vol.11, No.1(2006), pp.47~71 참조.

5	야엘 타미르(Yael Tamir)는 그의 저서 *Why Nationalism*(Princeton: Princeton University Press, 2019)에서 바람직한 형태의 민족주의를 진전시키는 것의 중요성에 대한 설득력 있는 논의를 보여준다. 여기서의 분석은 현재 쇼비니즘의 과도함을 피하고 기존 민족국가의 체계 내에서 미래에 가능한 개선의 길을 여는 방법에 대해 다룬다.

6	Michael Walzer, *Interpretation and Social Criticism*(Cambridge: Harvard University Press, 1993) 참조.

7	예를 들어 United Nations Population Fund, "Core International Human Rights Instruments," 2004, http://www.unfpa.org/resources/core-international-huyman-rights-instruments; Switzerland Federal Department of Foreign Affairs, "International Human Rights Conventions," September 11, 2018, http://www.eda.admin.ch/eda/en/home/foreign-policy/international-law/un-human-rights-treaties.html 참조.

8	Publius(James Madison), "The Federalist No.10," in Alexander Hamilton, James Madison, and John Jay, The Federalist Papers, Ian Shapiro(ed), pp.47~53(New Haven: Yale University Press, 2009), pp.48~49.

9	Marie Helweg-Larsen, "Why Denmark Dominates the World Happiness Report Rankings Year after Year," *CNBC Life*, April 16, 2018, http://www.cnbc.com/2018/04/16/why-denmark-dominates-the-world-happiness-report-rankings-year-after-year.html.

10	Christian Joppke, Citizenship and Immigration(Cambridge: Polity, 2010), p.53, p.61, pp.134~135; Richard Jenkins, "Citizenship, Belonging, and Identification: The State of Demark," in Michael Böss(ed.), *Narrating Peoplehood amidst Diversity*, 41-60(Aarhus: Aarhus University Press, 2011), pp.57~58.

11	Søren Karup, cited in Claus Møller Jørgensen, "The Writing of History and National Identity: The Danish Case," in Böss(ed.), *Narrating Peoplehood amidst Diversity*, pp.231~259, p.245.

12	Kristian Thulesen Dahl, "The Party Program of the Danish People's Party," as established October 2002, http://danskfolkeparti.dk/politik/in-another-languages-politics/1757-2/.

13	같은 책.

14	"Denmark Personal Income Tax Rate," *Trading Economics*, https://tradingeconomics.com/denmark/personal-income-tax-rate.

15 "Party Program."

16 같은 책.

17 Jørgensen, "The Writing of History and National Identity," pp.232~233.

18 같은 책, p.253; Ove Korsgaard, "Grand Narratives in Danish History: From Functional Identity to Problematic Identity," in Böss(ed.), *Narrating Peoplehood amidst Diversity*, pp.261~272, pp.263~264.

19 Jørgensen, "The Writing of History and National Identity," p.249; Korsgaard, "Grand Narratives in Danish History," pp.264~269.

20 "Foreign-born population," OECD Data, http://data.oecd.org/migration/foreign-born-population.htm.

21 Jørgensen, "The Writing of History and National Identity," pp.253~254; Korsgaard, "Grand Narratives in Danish History," p.271.

22 Jenkins, "Citizenship, Belonging, and Identification," p.54.

23 Jørgensen, "The Writing of History and National Identity," p.247.

24 Staff and Agencies, "Denmark Passes Law Banning Burqa and Niqab," *The Guardian*, May 31, 2018. http://www.theguardian.com/world/2018/may/31/denmark-passes-law-banning-burqa-and-niqab; Emma Graham-Harrison and Janus Engel Rasmussen, "Stigmatised, Marginalized: Life inside Denmark's Official Ghettos," *The Guardian*, August 12, 2018, https://www.theguardian.com/world/2018/aug/12/denmark-official-ghettos-cultural-assimilation-country-once-tolerant; Jon Henley, "Danish Mayors Vow to Ignore Citizenship Handshake Plan," *The Guardian*, September 20, 2018, https://www.theguardian.com/world/2018/sep/20/danish-mayors-vow-to-ignore-citizenship-handshake-rule 참조. 이 문헌을 소개해 준 Anders Berg-Sørensen에게 감사한다.

25 선두를 달리는 덴마크 사회 자유당의 이 말과 함께 (덴마크에서) 최근의 노력은 Ida Auke, *Dansk*(Copenhagen: People's Press, 2018) 참조.

26 Manoj Mate, "Constitutional Erosion and the Challenge to Secular Democracy in India," in Mark A. Graber, Sanford Levinson and Mark Tushnet(eds.), *Constitutional Democracy in Crisis?* 377~394(New York: Oxford University Press, 2018), pp.378~379.

27 Bharatiya Janata Party, "Election Manifesto 2014: Ek Bharat Shreshtha Barat,

Sabka Saath Sabka Vikas," https://www.bjp.org/images/pdf_2014/full-manifesto-english_ 07.04.2014.pdf.

28   같은 글.

29   같은 글.

30   같은 글.

31   Mate, "Constitutional Erosion," p.386.

32   같은 책, pp.390~392; Jeffrey Gettleman, Suhasini Raj, Kai Schultz and Hari Kumar, "India Revokes Kashmir's Special Status, Raising Fears of Unrest," *New York Times*, August 6, 2019, https://www.nytimes.com/2019/08/05/world/asia/india-pakistan-kashimir-janmu.html; Christophe Jaffrelot, "Toward a Hindu State? India Democracy at 70," *Jornal of Democracy*, Vol.28, No.3(2017), pp.52~63, pp.54~57, p.59, p.61.

33   Mate, "Constitutional Erosion," p.394.

34   NDTV, "Election Results 2014: 5 Factors that Helped BJP and Narrendra Modi Win the Election," May 16, 2014, https://www.ndtv.com/cheat-sheet/election-results-2014-5-factors-that-helped-bjp-and-narrendra-modi-win-the-election-562309; Sunil Khilnani, *The Idea of India*(New York: Farrar Strauss and Giroux, 1997), pp.183~184; C. A. Bayly, "The End of Liberalism and the Political Thought of Nehru's India," *Modern Intellectual History*, Vol.12(2015), pp.605~626, pp. 624~625.

35   Louise Tillin, "Indian Elections 2014: Explaining the Landslide," *Contemporary South Asia*, Vol.23, No.2(2015), pp.117~122, p.118, pp.120~121와 이 심포지엄 자료의 다른 글 참고.

36   Office of the Registrar General and Census Commission of India, "religion," http://censusindia.gov.in/Census_And_You/religion.aspx; Al Jazeera, "Hindus Drop Below 80% of India's Population," August 26, 2015, https://www.aljazeera.com/news/2015/08/hindus-drop-80-percent-india-population-muslims-cencus-150826052655585.html; Gyan Varma, "BJP Is No Longer Limited to Specific Social Base: PM Modi," *LiveMint*, April 23, 2018, https://www.livemint.com/Politics/hyeH2ZDnSCh7qlZmpbNIFM/BJP-os-no-longer-limited-to-specific-spcial-base-PM-Modi.html; D. L. Sheth, *At Home with Democracy: A Theory of Indian Politics*, Peter Ronald deSouza(ed.)(Singapore: Palgrave Macmillan, 2018), pp.18~19.

37 Khilnani, *The Idea of India*, p.2.

38 같은 책, pp.154~155.

39 같은 책, p.159; Sheth, *At Home with Democracy*, pp.27~29, pp.36~38.

40 Bayly, "The End of Liberalism," p.622, p.626; Khilnani, *The Idea of India*, p.154, pp.164~166; Sheth, *At Home with Democracy*, p.29, pp.38~39; Luis Cabrera, "'Gandhiji, I Have No Homeland': Cosmopolitan Insights form BR Ambedkar, India's Anti-Caste Campaigner and Constitutional Architect," *Political Studies*, Vol.65(2016), pp.576~593, p.579.

41 Khilnani, *The Idea of India*, p.17.

42 같은 책, pp.167~176, p.192; Sheth, *At Home with Democracy*, pp.39~44.

43 Cabrera, "'Gandhiji, I Have No Homeland'," pp.585~589.

44 Khilnani, *The Idea of India*, pp.36~37, pp.49~50, pp.181~183; Sheth, *At Home with Democracy*, p.45, pp.256~262.

45 BW Online Bureau, "The Great India Debate: The Idea of India Needs to be Recreated," *Business World*, April 6, 2018, http://www.businessworld.in/article/The-Great-India-Debate-The-Idea-Of-India-Needs-To-Be-Recreated/06-04-2018-145700/.

46 같은 책; Peter Ronald deSouza, "Introduction: A Political Theory of Indian Democracy," in Sheth , *At Home with Democracy*, pp.16~19 참고.

47 The Editions, "Netanyahu's Embrace of Far-Right Populists Risks Betraying Israel's Values," *WPR: World Politics Review*, January 10, 2019, https://www.worldpoliticsreview.com/trend-lines/27160/netanyahu-s-embrace-of-fa-right-populist-risks-betrating-israel-s-values.

48 Meral Ugur Cinar and Rogers M. Smith, "Nation-Building Narratives: Implications for Immigrants and Minorities," in Anita Shapira, Yedidia Z. Stern, Alexander Yakoboson, and Liav Orga(eds.), *The Nation State and Immigration: The Age of Population Movements*, vol.3(Brighton UK: Sussex Academic Press and the Israel Democracy Institute, 2014), pp.20~21.

49 같은 책.

50 Raoul Wootliff, "Final Text of Jewish Nation-state Law, Approved by the Knesset Early on July 19," *The Times of Israel*, July 18, 2018, https://www.timesofisrael.com/final-text-of-jewish-nation-state-bill-set-to-become-law/.

51 Ronald S. Lauder, "Israel, This Is Not Who We Are," *New York Times*, August 14, 2018, https://www.nytimes.com/2018/08/13/opinion/israel-ronald-lauder-nation-state-law.html. 나는 로더의 글이 실리기 전에 이 책의 제목을 이미 정했었다. 물론 이 글이 나의 결정에 더 힘을 주었다.

52 Naftali Bennett, "Israel Is Proud of Who We Are," *New York Times*, August 15, 2018, https://www.nytimes.com/2018/08/15/opinion/israel-nationality-law-naftali-bennett.html?searchResultPosition=1.

53 비슷한 맥락에서 '평등주의적 시오니즘'을 옹호한 다음 글 참조. Chaim Gans, *A Political Theory for the Jewish People*(New York: Oxford University Press, 2016).

54 Michael Krumholz, "Jorge Muñoz Elected Mayor of Lima," *Peru Reports*, October 7, 2018, https://perureports.com/jorge-munoz-elected-mayor-of-lima/8561/; Alejandro Telleria Torres, "Peru Elections: Right-wing Populism Defeated at the Polls," *WikiTribune*, https://www.wikitribune.com/article/90862/.

55 같은 글. 그리고 "César Acuña," *Peru Reports*, https://perureports.com/cesar-acuna/.

56 "Jorge Muñoz Wells Elected Mayor of Lima," *UCCI: Unión de Cuidades Capitales Iberoamericanas*, October 15, 2018, https://ciudadesiberoamericanas.org/jore-munoz-wells-alcalde-electo-de-lima-tomara-posesion-del-cargo-el-1-de-enero-de-2019/.

57 "Does Péter Márki-Zay's New Movement Pose a Threat to Fidesz?" *Hungarian Specturm*, February 28, 2019, http://hungarianspecturm.org/2019/02/28/does-peter-marki-zays-new-movement-pose-a-threat-to-fidesz/.

58 Marc Santora, "Sweeping Election Victory Gives hungary's Ruler Control over Constitution," *New York Times*, April 9, 2018, https://www.nytims.coml/2018/040/08/world/europe/hungary-election-viktor-orban.html. 그러나 2019년 10월에 피데스당의 후보는 부다페스트와 열 개의 여타 도시에서 패배했다.

59 "Does Péter Márki-Zay's New Movement Pose a Threat to Fidesz?"

60 "Péter Márki-Zay: My Hope Would Be for a Technocrat Government," *VPost: Visegradpost*, April 6, 2018, https://visegradpost.com/en/2018/04/06/peter-marki-zay-my-hope-would-be-for-a-techocrat-governemt/.

61 Carlotta Gall, "Turkey's President Suffers Stinging Defeat in Istanbul Election

Redo," *New York Times*, June 24, 2019, https://www.nytimes.com/2019/06/23/world/europe/istanbul-mayor-election-erdogan.htm

3장 오늘날 '우리 미국인들'은 누구인가?

1   Samuel P. Huntington, *Who Are We? The Challenges to America's National Identity*(New York: Simon and Schuster, 2004).

2   Carlos Lozada, "Samuel Huntington, a Prophet for the Trump Era," *Washington Post*, July 18, 2017, https://www.washingtonpost.com/news/book-party/wp/2017/07/18/samuel-huntington-a-prophet-for-the-trump-era/?utm_term=.d3e03f86dd24.

3   Huntington, *Who Are We?* p.46, 371n15("미국의 신조를 구성하는 정치 이념들이 국가 정체성의 근간이 되어왔다"라는 본인의 과거 주장을 인용하면서, 헌팅턴은 이제 와서 보면 그런 주장은 오해의 소지가 있다고 본다고 지적했다).

4   같은 글, p.49.

5   같은 글, pp.221~256, pp.357~362.

6   트럼프는 취임 연설에서 공식 연설문에 없는 "오직(only)"이라는 단어를 추가하고 강조했으며, "미국이 우선이다"라는 표현도 한 번 더 말하며 강조했다. 트럼프의 공식 연설문(https://www.whitehouse.gov/briefings-statements/the-inaugural-address/)과 그의 실제 연설(https://www.youtube.com/watch?v=FFH7QMZ5N1K)을 비교해 보라. 미국에서 "미국이 우선이다"라는 선전 문구는 역사적으로 1941년 9월에 찰스 린드버그가 미국이 독일의 나치와 맞서 싸우는 것을 반대한 운동과 결부된다. 트럼프는 이 같은 계보를 처음에 알지 못했을 수 있는데, 언론에서 이를 강조하며 보도한 이후에도 연관성을 계속 무시했다. Louisa Thomas, "America First, for Charles Lindbergh and Donald Trump," *New Yorker*, July 24, 2016, https://www.newyorker.com/news/news-desk/america-first-for-charles-lindbergh-and-donald-trump.

7   Kirk Hawkins, Madeleine Read, and Teun Pauwels, "Populism and Its Causes," Cristóbal Rovira Kaltwasser, Paul Taggart, Paulina Ochoa Espejo, and Pierre Ostiguy(eds.), *The Oxford Handbook of Populism*(Oxford: Oxford University Press, 2017), pp.267~286, http://oxfordhb-9780198803560-e-13.

8   Trump, "Inauguration Speech," www.whitehouse.gov.

9   Donald J. Trump, "Remarks at Youngstown State University in Youngstown, Ohio," The American Presidency Project, August 15, 2016, http://presidency. proxied. lsit.ucsb.edu/ws/index.php?pid=119503.

10   같은 글.

11   Michael C. Bender, "Trump Strikes Nationalistic Tone in Inaugural Address," *Wall Street Journal*, January 20, 2017, https://www.wsj.com/articles/donald-trump-strikes-nationalistic-tone-in-inaugural-speech-1454957527?tesla=y&mod=e2tw.

12   David Leonhardt and Ian Prasad Philbrick, "Donald Trump's Racism: The Definite List," *New York Times*, January 15, 2018, https://www.nytimes.com/interactive/2018/01/15/opinion/leonhardt-trump-racist.html.

13   Jan-Werner Müller, "Donald Trump's Use of the Term 'the People' Is a Warning Sign," *The Guardian*, January 24, 2017, https://www.theguardian.com/commentisfree/2017/jan/24/donald-trumps-warning-sign-populism-authoritarianism-inauguration에서 재인용.

14   John Sides, "Race, Religion, and Immigration in 2016," *The Democracy Fund Voter Study Group*, June 2017, https://www.voterstudygroup.org/publication/race-religion-immigration-2016, 17.

15   Lynn Vavreck, "The Great Political Divide over American Identity," *New York Times*, August 12, 2017, https://nytimes.com/2017/08/02/upshot/the-great-political-divide-over-american-identity.html.

16   Leonhardt and Philbrick, "Donald Trump's Racism"과 함께 다음 참조. John Sides, Michael Tesler, and Lynn Vavreck, *Identity Crisis: The 2016 Presidential Campaign and the Battle for the Meaning of America*(Princeton: Princeton University Press, 2018), 특히 pp.201~220.

17   Charlie Savage, "Justice Dept. to Take on Affirmative Action in College Admissions," *New York Times*, August 2, 2017, https://www.nytimes.com/2017/08/01/us/politics/trump-affirmative-action-universities.html.

18   Conor Arprey, "The Business Implications of Disparate Impact's Uncertain Future," BLR Buzz Blog, *American University Business Law Review*, April 17, 2017, http://www.aublr.org/2017/04/business-implications-disparate-impacts-uncertain-future/.

19   Laurel Raymond, "Trump Administration Eliminates Funding for Group Countering White Nationalism," *ThinkProgress*, June 23, 2017, https://thinkprogress.org/white-nationalism-group-funding-f1d35fb5604e/.

20   Christopher Ingraham, "Here Are the First 10 Members of Trump's Voting Commission," *Washington Post*, July 6, 2016, https://www.washingtonpost.com/news/wonk/wp/2017/07/06/here-are-the-first-10-members-of-trumps-voter-fraud-commission/?utm_term=.abadedb44f38.

21   Emily Bazelon, "Department of Justification," *New York Times*, February 28, 2017, https://www.nytimes.com/2017/02/28/magazine/jeff-sessions-stephen-bannon-justice-department.html?_r=0.

22   Peter Baker, "Trump Supports Plan That Would Cut Legal Immigration by Half," *New York Times*, August 3, 2017, https://www.nytimes.com/2017/08/02/us/politics/trump-immigration.html; Michael Wines and Adam Liptak, "Trump Considering an Executive Order to Allow Citizenship Question on Census," *New York Times*, July 6, 2019, https://www.nytimes.com/2019/07/05/us/census-question.html.

23   Michael D. Shear and Julie Hirschfeld Davis, "As Midterm Vote Nears, Trump Reprises a Favorite Message: Fear Immigrants," *New York Times*, November 1, 2018, https://www.nytimes.com/2018/11/01/us/politics/trump-immigration.html.

24   관련 논의와 인용은 다음 참조. Rogers M. Smith, *Political Peoplehood: The Role of Values, Interest, and Identities* (Chicago: University of Chicago Press, 2015), pp.206~209.

25   Daniel T. Rodgers, *As a City on a Hill: The Story of America's Most Famous Lay Sermon* (Princeton: Princeton University Press, 2018).

26   John Winthrop, "A Defense of an Order of the Court," in Sue Davis(ed.), *American Political Thought: Four Hundred Years of Ideas and Ideologies* (Englewood Cliffs, NJ: Prentice-Hall, 1996), pp.34~35; Rodgers, *As a City on a Hill*, pp.78~79.

27   Rodgers, *As a City on a Hill*, pp.200~201.

28   Smith, *Political Peoplehood*, p.207에서 인용.

29   Rogers M. Smith, *Stories of Peoplehood: The Politics and Morals of Political Membership* (New York: Cambridge University Press, 2003), pp.197~212.

30 예로 Publius[James Madison], *The Federalist*, No.10, in Alexander Hamilton, James Madison, and John Jay, The Federalist Papers, ed. Ian Shapiro(New Haven: Yale University Press, 2009), pp.47~53 참조.

31 예로 John Dewey, *Reconstruction in Philosophy*, enlarged(ed.)(1920; Boston: Beacon, 1948), p.186, pp.200~209 참조.

32 Chantal Mouffe, *For a Left Populism*(New York: Verso, 2018), p.62.

33 같은 글, p.76.

34 같은 글.

35 같은 글, p.71.

36 같은 글, p.6, p.45.

37 Ruth Braunstein, *Prophets and Patriots: Faith in Democracy across the Political Divide*(Berkeley: University of California Press, 2017).

38 같은 글, pp.176~178.

39 같은 글, p.188.

40 같은 글.

41 Frances McCall Rosenbluth and Ian Shapiro, *Responsible Parties: Saving Democracy from Itself*(New Haven: Yale University Press, 2018); Publius [Madison], *The Federalist*, No.10, p.53.

42 Robert Foa and Yascha Mounk, "Are Americans Losing Faith in Democracy?" *Vox*, December 8, 2015, https://www.vox.com/polyarchy/2015/12/18/9360663/is-democracy-in-trouble; Larry Diamond, "Are People Losing Faith in Democracy?" *American Interest*, March 16, 2018, http://www.the-american-interest.com/2018/03/16/people-losing-faith-democracy/.

43 "Obama 2004 Democratic National Convention Keynote Address," *American Rhetoric*, http://www.americanrhetoric.com/speeches/convention2004/barackobama2004dnc.htm.

44 같은 글.

45 "Barack Obama's Campaign Speech," *The Guardian*, February 10, 2007, http://www.guardian.co.uk/world/2007/feb/10/barackobama.

46 "Transcript of Obama's Speech on Race," *NBC News*, http://www.msnbc.com/id/23690567/print/1/displaymode/1098/.

47 "Remarks by the President at Cairo University, 6-04-09," at https://
obamawhitehouse.archives.gov/the-press-office/remarks-president-cairo-universit
y-6-04-09.

48 "Obama's 2012 Nomination Acceptance Speech," The American Presidency
Project, http://www.presidency.ucsb.edu/ws/index.php?pid=101968.

49 "Obama's Second Inaugural Address," The American Presidency Project,
http://www.presidency.ucsb.edu/ws/index.php?pid=102827.

50 Rogers M. Smith, "The Constitutional Philosophy of Barack Obama:
Democratic Pragmatism and Religious Commitment," *Social Science Quarterly*,
Vol.93(2012), pp.1251~1271.

51 Linsey Boerma, "Obama Reflects on His Biggest Mistake as President," *CBS
News*, July 12, 2012, http://www.cbsnews.com/news/obama-reflects-on-his-
biggest-mistake-as-president/.

52 Ben Rhodes, *The World as It Is: A Memoir of the Obama White House*(New
York: Random House, 2018), p.372.

53 Barack Obama, "Address at the Hiroshima Peace Memorial," May 26, 2017,
American Rhetoric, http://www.americanrhetoric.com/speeches/barackobama/
barackobamahiroshimaspeech.htm.

54 같은 글.

55 예로 Ronald Reagan, "The Shining City upon a Hill," January 25, 1974, htt
p://originofnations.org/books,%20papers/quotes%20etc/Reagan_The%20Shi
ning%20City%20Upon%20A%20Hill%20speech.htm; Rodgers, *As a City on a Hi
ll*, p.137, p.146 참조.

56 Ted Widmer, "Where Does American History Begin?" *American Scholar*,
September 1, 2008, https://theamericanscholar.org/where-does-american-
history-begin/#.W706E2hKjIU.

57 Charles H. Cosgrove, "The Declaration of Independence in Constitutional
Interpretation: A Selective History and Analysis," *University of Richmond Law
Review*, Vol.32, No.4(1998), pp.107~164; Garry Wills, *Lincoln at Gettysburg:
The Words That Remade America*(New York: Simon and Schuster, 1992), p.261.

58 간략한 개관은 Smith, *Political Peoplehood*, pp.133~144 참조.

59 예로 William M. Wiecek, *The Sources of Antislavery Constitutionalism in*

America, 1769-1860*(Ithaca, NY: Cornell University Press, 1977); Mark Tushnet, *Taking the Constitution Away from the Courts*(Princeton: Princeton University Press, 1999), pp.182~193 참조.

60 Lysander Spooner, *The Unconstitutionality of Slavery*(1845; Boston: Bela Marsh, 1860), pp.37~38, available at http://www.lysanderspooner.org/works/.

61 Frederick Douglass, "The Constitution of the United States: Is It Pro-Slavery or Anti-Slavery?" March 26, 1860, BlackPast.org, https://blackpast.org/1860-frederick-douglass-constitution-united-states-it-pro-slavery-or-anti-slavery.

62 Cosgrove, "The Declaration of Independence in Constitutional Interpretation," p.107, pp.112~113, pp.117~126.

63 예로 Robert W. Johannsen(ed.), *The Lincoln-Douglas Debates*(New York: Oxford University Press, 1965), p.304 참조.

64 링컨의 사상과 오바마 사상의 비교연구로는 다음 참조. Rogers M. Smith, "Lincoln and Obama: Two Visions of American Civic Union," in Richard Marback(ed.), *Representing Citizenship*(Detroit: Wayne State University Press, 2016), pp.17~51.

65 Abraham Lincoln, "Letter to Joshua Speed," August 24, 1855, http://www.abrahamlincolnonline.org/lincoln/speeches/speed.htm.

66 예로 David Armitage, *The Declaration of Independence: A Global History* (Cambridge: Harvard University Press, 2008) 참조.

67 Abraham Lincoln, "Fragment on Government," in Harry T. Williams(ed.), *Abraham Lincoln: Selected Speeches, Messages, and Letters*(New York: Holt, Rinehart, and Winston, 1957), pp.38~39

68 유익한 분석과 권고들은 Josh Chafetz, *Congress's Constitution: Legislative Authority and the Separation of Powers*(New Haven: Yale University Press, 2017); Frances Lee and Eric Schickler(eds.), *Report of the APSA Task Force Project on Congressional Reform*(2019) 참조.

69 상세한 설명은 Smith, *Political Peoplehood*, pp.197~199, pp.202~205 참조.

70 John Stuart Mill, *On Liberty*, David Spitz(ed.)(1859; New York: Norton, 1975), pp.10~11.

71 이 어구에 관해 윌리엄 바클레이 앨런에게 감사를 표한다.

72 Internal Revenue Service, Department of Treasury, and Healthy and Human

Services, "Moral Exemptions and Accommodations for Coverage of Certain Preventive Services under the Affordable Care Act," October 7, 2017, http:// s3.amazonaws.com/public-inspection.federalregister.gov/2017-21852.pdf.

73 Chimamanda Ngozi Adichie, "The Danger of a Single Story," *National Geographic Learning*, http://ngl.cengage.com/21centuryreading/resources/sites/ default/files/B3_ TG_AT7_0.pdf.

후기: 아직도 설득되지 않은 독자들께 드리는 마지막 이야기

1 Emily Badger and Clair Cain Miller, "How the Trump Era Is Molding the Next Generation of Voters," *New York Times*, April 2. 2019, https://www.nytimes. com/2019/04/01/upshot/trump-era-molding-young-voters.html;   Kim Parker, Nikki Graf, and Ruth Igielnik, "Generation Z Looks a Lot Like Millennials on Key Social and Political Issues," *Pew Research Center*, January 17, 2019, https://www.pewsocialtrends.org/2019/01/17/generation-z-looks-a-lot-like-millennials-on-key-social-and-political-issues/.

2 IPSOS Game Changers, "Understanding the Perspectives of Young People around the World," September 24, 2018, https://www.ipsos.com/en-us/news-polls/ate-goalkeepers-youth-optimism.

3 Eduardo Porter and Karl Russell, "Migrants Are on the Rise around the World, and Myths about Them Are Shaping Attitudes," *New York Times*, June 20, 2018, https://www.nytimes.com/interactive/2018/06/20/business/economy/immigr ation-economic-impact.html; Pew Research Center, "The Age Gap in Religion around the World," June 13, 2018.

4 Carlotta Gall, "Political Quake Via Ballot Box Stuns Erdogan," *New York Times*, April 2, 2019, https://www.nytimes.com/2019/04/01/world/europe/turkey-erdogan-election-loss.html.

5 Niccolò Machiavelli, *The Prince and the Discourses* (New York: Modern Library, 1950), pp.35~36, p.119, p.122.

6 종종 역효과를 낳을 수 있긴 하지만 이런 사실은 백인의 수치(white shame)에 주목하는 것을 정당화한다. 특별히 Christopher J. LeBron, *The Color of Shame: Race and Justice in Our Time* (2013; New York: Oxford University Press, 2015) 참조.

찾아보기

지은이

로저스 M. 스미스(Rogers M. Smith)

1974년 미시간 주립대학교 제임스 매디슨 칼리지를 졸업하고, 하버드대학교 정치학과 대학원에서 1978년에 석사학위를, 1980년에 박사학위를 취득했다. 1980년부터 2001년까지 예일대학교 정치학과에서 21년을 가르친 뒤, 펜실베이니아대학교(유펜) 정치학과로 자리를 옮겨 다시 21년을 가르치고 지난 2022년 여름에 은퇴했다. 정치사상, 미국 헌법, 시민권, 정치발전사 등 분야의 권위자로 *Liberalism and American Constitutional Law* (1985), *Civic Ideals* (1997), *Stories of Peoplehood* (2003), *Political Peoplehood* (2015) 등의 단독 저서 외에도 다섯 편의 편저와 100편이 넘는 논문을 썼다. 미국학예원(American Academy of Arts and Sciences), 미국정치사회과학학술원(American Academy of Political and Social Sciences), 미국철학회(American Philosophical Society) 등 유서 깊은 학술 단체의 회원으로 선출되었고, 2018~2019년에는 미국정치학회(American Political Science Association) 114대 회장을 지냈다. 현재 유펜 정치학과에 크리스토퍼 H. 브라운 명예 석좌교수로 있으면서 *Civic Ideals*의 후속작인 *Civic Horizons* 집필을 비롯해 여러 연구 프로젝트를 진행 중이다.

옮긴이

김주만

연세대학교 정치외교학과를 졸업하고 동 대학원에서 석사학위를, 유펜 정치학과에서 박사학위를 받았다. 공군사관학교 법정학과/국제관계학과에서 생도들을 가르친 바 있으며, 오레곤대학교 정치학과와 로스쿨 방문교수를 지냈다. 현재 메릴랜드주 타우슨대학교에서 정치학과 조교수 겸 '법과 미국 문명(Law and American Civilization)' 과정 전공 주임교수로 일하고 있다. 한나 아렌트(Hannah Arendt), 에밀 뒤르케임(Emile Durkheim), 막스 베버(Max Weber) 등의 사상을 다룬 논문을 썼고, 토니 주트(Tony Judt)의 "'The Problem of Evil' in Postwar Europe"을 「전후 유럽에서의 '악(惡)의 문제」로 옮겨 국내에 소개했다. 현재 민주주의의 근본 조건으로서의 좌절을 조명하는 책을 집필 중이다.

김혜미

연세대학교에서 경영학과 정치외교학을 전공하고, 동 대학원에서 루소의 정치사상 연구로 석사학위를 받았다. 월간 ≪새가정≫에 「세상을 앞서간 여성들」, 「민주주의 이야기, 우리 문화 이야기」, 「한국에서 미국을, 미국에서 한국을, 새롭게 다시 보기」를 연재한 바 있고 민주주의 정치, 다양성과 관용, 건강한 회의주의 등과 관련한 글과 번역을 준비 중이다. 현재 미국 메릴랜드주 가우처대학교 글로벌 교육처에서 국제 교류 프로그램 관리를 맡고 있다.

한울아카데미 2435

반포퓰리즘 선언!
민주주의의 위기와 정체성 서사

지은이 ㅣ **로저스 M. 스미스**
옮긴이 ㅣ **김주만·김혜미**
펴낸이 ㅣ 김종수
펴낸곳 ㅣ 한울엠플러스(주)
편집책임 ㅣ 최진희

초판 1쇄 인쇄 ㅣ 2023년 5월 3일
초판 1쇄 발행 ㅣ 2023년 5월 17일

주소 ㅣ 10881 경기도 파주시 광인사길 153 한울시소빌딩 3층
전화 ㅣ 031-955-0655
팩스 ㅣ 031-955-0656
홈페이지 ㅣ www.hanulmplus.kr
등록 ㅣ 제406-2015-000143호

Printed in Korea.
ISBN 978-89-460-8252-6 93330